# 中小学生"国际理解"素养的培养研究

## ——以山东省济宁市为例

游小云 ◎著

东南大学出版社

·南京·

图书在版编目(CIP)数据

中小学生"国际理解"素养的培养研究:以山东省济宁市为例 / 游小云著. — 南京:东南大学出版社,2024.12. — ISBN 978-7-5766-1773-3

Ⅰ.G633.202

中国国家版本馆 CIP 数据核字第 2024AJ1202 号

责任编辑:丁志星　责任校对:子雪莲　封面设计:王　玥　责任印制:周荣虎

### 中小学生"国际理解"素养的培养研究——以山东省济宁市为例
Zhongxiaoxuesheng "Guoji Lijie" Suyang de Peiyang Yanjiu——Yi Shandong Sheng Jining Shi Weili

| | |
|---|---|
| 著　　者 | 游小云 |
| 出版发行 | 东南大学出版社 |
| 出 版 人 | 白云飞 |
| 社　　址 | 南京市四牌楼 2 号　邮编:210096　电话:025 - 83790585 |
| 网　　址 | http://www.seupress.com |
| 电子邮件 | press@seupress.com |
| 经　　销 | 全国各地新华书店 |
| 印　　刷 | 广东虎彩云印刷有限公司 |
| 开　　本 | 700mm×1000mm　1/16 |
| 印　　张 | 14 |
| 字　　数 | 300 千字 |
| 版　　次 | 2024 年 12 月第 1 版 |
| 印　　次 | 2024 年 12 月第 1 次印刷 |
| 书　　号 | ISBN 978-7-5766-1773-3 |
| 定　　价 | 68.00 元 |

(本社图书若有印装质量问题,请直接与营销中心联系。电话:025 - 83791830)

# 自序

当今世界呈现出经济全球化、世界多极化、危机多发化、文化多样化和信息普及化的特点。这"五化"一方面给全世界和全人类带来共商、共治、共赢和共享的发展契机,另一方面也给人与社会、人与自然、人与人之间带来冲突与分歧。化解政治、经济、文化、生态等全球性危机问题,培养"国际理解"素养具有迫切性和重要意义。"国际理解"素养已经成为我国中小学生的一个必备素养。以上认识将我们带进山东省济宁市中小学生"国际理解"素养的培养研究。

本研究从以下几个部分开展:

首先,揭示"山东省济宁市中小学生'国际理解'素养的培养"这一研究缘起和意义。"国际理解"素养的培养对于指导教师教学、提供"国际理解"素养培养的新方向、促进教师的专业发展、丰富"国际理解"素养培养的理论研究,具有必要性和可行性。在此背景下,本研究从"国际理解"教育、"国际理解"素养和"国际理解"素养的培养等三个方面对国内外相关研究文献进行梳理和述评,以研究现状为基础,运用文献分析法、访谈研究法、问卷调查法、案例研究法等方法,进一步提出研究问题,构建论文研究框架。本研究主要围绕三大问题展开:如何理解中小学生"国际理解"素养的内涵和特征;山东省济宁市中小学生"国际理解"素养的培养现状、存在问题及原因探析和改进措施;如何提升山东省济宁市中小学生的"国际理解"素养。

其次,从本质层面阐释第一个问题,分三个部分进行研究。第一,揭示中小学生"国际理解"素养的本质内涵。第二,对中小学生"国际理解"素养的特征进行揭示,主要有心胸的开放性与理解性、视域的本土性与国际性、对话的求同性与存异性、思维的深刻性与批判性、影响的延时性与广泛性。第三,从个体"知情意行"发展的角度阐释"国际理解"素养的形成过程,具体分为素养萌芽:产生共同体意识;素养生长:形成全球性理解;素养发展:生成跨文化对话能力;素养形成:外化"国际理解"自觉四大阶段。

再次,从现实层面揭示山东省济宁市中小学生"国际理解"素养的培养现状、存在问题、问题原因和改进措施,主要从四个部分开展研究:第一,通过调查问卷和访谈,揭示山东省济宁市中小学生"国际理解"素养的培养现状。第二,对培养现状进行分析,阐述山东省济宁市中小学生"国际理解"素养培养存在的问题,主要有教师对教科书"国际理解"内容的价值认识不足,教学过程中存在"国际理解"素养目标偏离,培养过程中没有注重"教－学－评"的一致性。第三,揭示"国际理解"素养培养存在问题的主要原因,即教师的教育理念窄化了"国际理解"内容的价值,教学过程中存在诸多困难,"国际理解"素养评价的缺位引起"教－学－评"的不一致。第四,分析山东省济宁市中小学生"国际理解"素养培养的改进措施,主要有改进教学理念、改进教学方式和改进评价方式。

最后,对于第三个问题的回答构成了对山东省济宁市中小学生"国际理解"素养培养的建议。"建议"这一部分从四个方面进行研究:第一,营造环境氛围,筑牢中小学生"国际理解"素养培养的基础;第二,构建课程内容,提供中小学生"国际理解"素养培养的载体;第三,转变教学方式,丰富中小学生"国际理解"素养培养的路径;第四,完善评价体系,增强中小学生"国际理解"素养培养的动力。

# 目录

**第一章 绪论** …… 001
    第一节 研究缘起与意义 …… 002
    第二节 国内外文献述评 …… 008
    第三节 研究对象、问题及框架 …… 029
    第四节 研究方法 …… 031

**第二章 中小学生"国际理解"素养的内涵与特征** …… 035
    第一节 中小学生"国际理解"素养的内涵 …… 036
    第二节 "国际理解"素养的特征 …… 058
    第三节 "国际理解"素养的形成过程 …… 064

**第三章 山东省济宁市中小学生"国际理解"素养的培养现状** …… 075
    第一节 山东省济宁市中小学基本情况及调查问卷设计与实施 …… 076
    第二节 山东省济宁市中小学校"国际理解"素养的培养目标 …… 081
    第三节 山东省济宁市中小学校培养"国际理解"素养的课程内容 …… 084
    第四节 山东省济宁市中小学校培养"国际理解"素养的主要做法 …… 086
    第五节 培养现状的主要问题：不充分、不均衡的发展 …… 090

## 第四章 山东省济宁市中小学生"国际理解"素养培养存在的问题及原因探析 ······ 097
- 第一节 "国际理解"素养培养存在的主要问题 ······ 098
- 第二节 存在问题的原因探析 ······ 111

## 第五章 山东省济宁市中小学生"国际理解"素养培养的改进 ······ 125
- 第一节 改进教学理念:倡导"国际理解"视角 ······ 126
- 第二节 改进教学方式:倡导对话和追求理解 ······ 133
- 第三节 改进评价方式:倡导全面、多元的导向 ······ 138

## 第六章 对山东省济宁市中小学生"国际理解"素养培养的建议 ······ 141
- 第一节 营造环境氛围,筑牢中小学生"国际理解"素养培养的基础 ······ 142
- 第二节 构建课程内容,提供中小学生"国际理解"素养培养的载体 ······ 148
- 第三节 转变教学方式,丰富中小学生"国际理解"素养培养的路径 ······ 161
- 第四节 完善评价体系,增强中小学生"国际理解"素养培养的动力 ······ 169

参考文献 ······ 176
附录 ······ 191

# 第一章 绪 论

经济全球化、世界多极化、危机多发化、文化多样化和信息普及化,[①] 这"五化"一方面给全世界和全人类带来共商、共治、共赢和共享的发展契机,另一方面也带来人与社会、人与自然、人与人之间的冲突与分歧。因此,需要化解政治、经济、文化、生态、价值等全球性危机问题。鉴于此,基于人类命运共同体的视角,研究山东省济宁市中小学生"国际理解"素养的培养具有非常重要的理论和实践意义。当今社会,全球变暖、国际恐怖主义、欧洲难民危机、黑客与网络安全等一系列全球治理问题给我们带来严峻的挑战。在核心素养时代,"国际理解"素养的培养能够引导中小学生共同关注全球性问题,有力推动个人和社会的高质量发展和可持续发展。

---

① 张立文. 中国传统文化与人类命运共同体 [M]. 北京:中国人民大学出版社,2018:14-15.

# 第一节
# 研究缘起与意义

"国际理解"已经成为我国中小学生的一个必备素养,培养中小学生"国际理解"素养是核心素养时代的应有之义;我们研究中小学生"国际理解"素养的培养,是解决当下培养过程中存在问题的现实需要;此外,还有一个重要的缘由就是山东省济宁市中小学生"国际理解"素养培养的区域性实践具有一定的代表性和典型性。

## 一、研究缘起

(一)"国际理解"作为我国中小学生发展的核心素养之一,需要强化研究,揭示其内涵特征,是培养的前提和基础

2010年7月,中共中央、国务院印发《国家中长期教育改革和发展规划纲要(2010—2020年)》(简称《纲要》)。[1]《纲要》指出,要加强"国际理解"教育,培养国际化人才。[2] 2016年9月,北京师范大学牵头的专家组正式发布《中国学生发展核心素养》,"国际理解"成为我国学生发展六大素养之"责任担当"的一个要点。[3] 2018年,教育部公布《普通高中课程方案(2017年版)》,要求学生"尊重和理解文化的多样性,具有开放意识和国际视野"[4],"国际理解"素养成为学生的培养目标之一。2020年

---

[1] 李桐. 新加坡中学社会科中国际理解教育的研究[D]. 上海:上海师范大学,2020.
[2] 国家中长期教育改革和发展规划纲要(2010—2020年)[EB/OL].(2011-10-29)[2018-03-25]. http://www.moe.gov.cn/srcsite/A01/s7048/201007/t20100729_171904.html.
[3] 林崇德. 构建中国化的学生发展核心素养[J]. 北京师范大学学报(社会科学版),2017(1):66-73.
[4] 中华人民共和国教育部. 普通高中课程方案(2017年版)[M]. 北京:人民教育出版社,2018:3.

6月,《教育部等八部门关于加快和扩大新时代教育对外开放的意见》(以下简称《意见》)正式印发。《意见》提出,在基础教育领域要加强中小学"国际理解"教育,帮助学生树立人类命运共同体意识,培养德智体美劳全面发展且具有国际视野的新时代青少年。从以上文件的内容要求可以看出,"国际理解"作为我国中小学生发展的核心素养之一,需要强化研究。揭示其内涵特征,是培养的前提和基础。

未来社会充满着各种"不确定性"。"不确定性"一方面给全世界和全人类带来共商、共治、共赢和共享的发展契机,另一方面也给人与社会、人与自然、人与人之间带来冲突与分歧。如何共商、共治、共赢和共享,又如何解决冲突与分歧,这就指向了一种必备素养——国际理解。我国从20世纪90年代开始关注"国际理解",至今已有30多年,但是,还没有形成系统的"国际理解"理论体系。比如"国际理解"的内涵是什么,它包含哪些内容,它有哪些特征,如何培养中小学生的"国际理解"素养,在培养过程中我们需要关注什么……以上问题都需要我们不断地追问和思考,以共同探索中小学生"国际理解"素养培养的路径与策略。以"'国际理解'包含哪些内容"为例,"国际理解"是分为"知识、技能和情感价值观",还是分为"价值观、态度、技能、知识与批判性理解",又或是分为"全球意识、跨文化对话能力和共同体观"?全球意识又包含哪些内容,这些内容是怎么来的……"培养什么""怎么培养"这一系列问题有待研究清楚,这样才有利于我们教师深刻理解"国际理解"素养的本质,有利于我们教师提高对关于"如何培养人""培养什么样的人""为谁培养人"等问题的理性认识。

(二)我国中小学生"国际理解"素养的培养实践不尽如人意,存在的问题急需研究解决

我国研究"国际理解"已有30年。但是,目前中小学生"国际理解"素养的培养实践不尽如人意,存在的问题急需研究解决:当下的课堂教学重智力、轻素养,重结果、轻过程;教师成为知识的"搬运工",学生则成为知识的"容器"。教师讲、学生听是最常见的教学方式,背诵记忆和重复的机械练习是最常见的学生学习方式,纸笔测试是最常见的评价方式。目前,教育教学过程中仍然存在着巴西教育家保罗·弗莱雷在《被压

迫者教育学》中所描述的情形：教师教，学生被教；教师问，学生答；教师作出选择，学生被选择；教师作出行动，学生通过教师组织的活动而行动；教师确定教学内容，学生适应教学内容……课堂教学本应关注的是学科知识的高效传授和接受，但现实的课堂教学关注的却是知识的简单记忆和机械训练，关注的是"唯分数""分数至上""分数是检验学生的唯一标准"。教师教研的重点在于分析历年中、高考试卷，考什么教什么，不考什么就不教什么，以"考"定"教"，学习过程、表现性评价和"教—学—评"的一致性等没有被重视。在以升学率为导向的中高考"指挥棒"下，语文课变成了抄写背诵课，数学课变成了重复训练课，品德与社会（生活）课变成了枯燥说教课，英语课变成了题海操练课……基于以上现状，我们可以得知，中小学生"国际理解"素养的培养被严重忽略了！

（三）山东省济宁市"国际理解"素养培养的区域性实践具有一定的代表性

山东省济宁市中小学生"国际理解"素养的培养实践，具有一定的区域性和代表性特征。山东省济宁市中小学教师对"国际理解"素养的认知状况的调查数据显示：在1 141位被调查者中，只有44位教师非常了解"国际理解"素养，仅占3.86%；有160位教师比较了解"国际理解"素养，占14.02%；有549位教师一般了解"国际理解"素养，占48.12%；有318位教师表示不太了解"国际理解"素养，占27.87%；还有70位教师一点都不了解"国际理解"素养，占6.13%。据此，一般了解及以下共有937位教师，共占82.12%。调查数据还显示，中小学教师不了解"国际理解"素养的原因各有不同，主要有缺乏了解渠道、不感兴趣、没有时间、认为没有必要等四种情况。在1 141位被调查者中，有779位教师缺乏了解渠道，占68.27%；有109位教师不感兴趣，占9.55%；有234位教师认为没有必要，占20.51%；有425位教师认为工作忙，没有时间，占37.25%；其他原因345位，占30.24%。从以上数据可以看出，绝大多数教师不了解"国际理解"素养，甚至存在都没有听说过"国际理解"素养这一概念的情况。山东省济宁市中小学教师不了解"国际理解"素养的原因在全国范围内有着普遍性和代表性。调查数据和访谈还显示，在教学实践过程中，大多数教师几乎没有"国际理解"素养培养的教学目标。也就是说，课程方案或课程标准的要求和课程执行者（教师）的教学目标存在"脱节现象"。"国际理解"课程目标与教学目标的这一"脱节现象"，制约着中小学生"国际理解"素养的培养。

首先，本研究之所以选择山东省济宁市中小学生作为研究样本，是因为其除了有区域性和代表性之外，还具有研究的典型性特征，这是因为山东省济宁市曲阜市是孔孟儒家文化的发源地，有着深厚的优秀传统文化基础，在有着深厚的儒家文化背景的地区研究中小学生"国际理解"素养的培养，更有利于促进教学改革和教师的发展，这对其他区域的"国际理解"素养培养有借鉴意义。其次，本研究者长期在山东省济宁市工作，并担任一所九年一贯制学校（区直属学校）的校长，对当地的教育现状、存在问题及问题原因比较了解，在山东省济宁市担任一校校长也有利于问卷调查数据的收集和整理。最后，山东省济宁市基础教育是中国大部分内陆城市基础教育的典型缩影，以山东省济宁市的中小学生为研究样本，揭示并推广"国际理解"素养的培养策略，是一项积极而又有意义的探索。总之，培养中小学生的"国际理解"素养非常重要，也非常有必要。需要特别说明的是，本研究中的中小学生特指 6~15 岁的小学和初中学生，培养的范围特指学校教育。本研究暂不讨论家庭和社会场域的培养路径和建议。

## 二、研究意义

（一）推动中小学生"国际理解"素养的培养研究，进一步丰富"国际理解"理论体系

我国从 20 世纪 90 年代开始关注"国际理解"教育，至今已 30 多年。对于"国际理解"素养的研究，我们经历了"对国外成果引进和对国内教育思考"的兴起阶段，"基本理论研究和学科渗透研究"的探索阶段以及"国际理解教育研究"的拓展阶段。但是，大多数研究是对国外理论和经验的介绍，还没有形成明确的"中国化"的中小学生"国际理解"内容框架和系统完备的"国际理解"素养培养的理论体系。本研究通过对山东省济宁市中小学生"国际理解"素养的培养进行研究，分析我国中小学生

"国际理解"素养的内容组成、设计中小学生"国际理解"素养的评价表、设计中小学生"国际理解"素养培养的基础性课程图谱和拓展性课程图谱、探索中小学生"国际理解"素养的培养路径等。"国际理解"素养的内容组成、课程体系,对学生、教师、教学过程的评价指标量表以及培养策略等内容将进一步丰富"国际理解"的理论体系。

(二)推动中小学课程理念、教学理念与评价方式的转变

1946年,联合国教科文组织(United Nations Educational, Scientific, and Cultural Organization, UNESCO)在第一届大会上首次提出"国际理解教育"。[①]经过多年的发展,教科文组织提出了"培养学生责任感和合作精神""关注全球共同存在""环境教育、人口教育、和平文化""认知国际相互依存关系与全球共同存在""以思维多元为导向,以表象多元为基础,以反思教育为途径,追求全球共同利益,力图营造共存环境"等教育理念或内容。[②]这些教育理念或内容对中小学教学有重要的指导意义。传统课堂教学把知识当成客观存在的真理,教学就是教师带着学生学,是纯粹的求知活动。"国际理解"素养培养的价值不在于教师给学生现成的东西,而在于教师为学生提供不断创造的生长点。"国际理解"教育理念有利于影响和改变中小学一线教师的学生发展观、教学设计观、教学师生观、教学目的观和教学评价观,进而改善我们的课堂教学效果。

本研究将进一步推动教师教学理念的转变,形成"国际理解"视角的教学理念;进一步推动课程理念的转变,形成素养取向的教科书内容选择和设计,为教科书的编写提供参考;进一步推进教学方式的转变,倡导对话和追求理解的教学方式;也将进一步推进评价方式的转变,倡导全面多元的评价方式,最终达成"教—学—评"的一致性。

(三)山东省济宁市中小学生"国际理解"素养的培养实践为其他城市的培养提供经验借鉴

本研究以山东省济宁市为例,通过问卷调查和访谈的方法,从"培养

---

[①] 李桐.新加坡中学社会科中国际理解教育的研究[D].上海:上海师范大学,2020.

[②] 熊梅,王敏.国际理解教育:联合国教科文组织倡导之回顾与展望[J].外国教育研究,2018,45(12):112-122.

目标、培养内容、主要做法、发展得'不充分、不均衡'"等四个方面阐述了山东省济宁市中小学生"国际理解"素养的培养现状。培养现状有优势和不足两个方面。本研究通过对不足层面的进一步分析，抽取出山东省济宁市中小学生"国际理解"素养培养过程中存在的问题，主要有教师对教科书中"国际理解"内容的价值认识不足，教学过程中的"国际理解"素养培养目标偏离，培养过程中没有注重"教－学－评"的一致性。随后，本研究揭示出"国际理解"素养培养存在问题的主要原因，从教师、教学和评价等方面出发。可以说，山东省济宁市中小学生"国际理解"素养培养的现状、存在问题和背后原因在全国范围内有一定的代表性和普遍性。本研究对山东省济宁市中小学生"国际理解"素养培养提出的建议，为我国其他城市中小学生"国际理解"素养的培养提供经验借鉴。

# 第二节
# 国内外文献述评

"科学研究是许许多多相互分享研究成果的研究者,以共同体的力量来追求知识的集体努力。"[①] 为了全面、准确、清晰地了解山东省济宁市中小学生"国际理解"素养的培养现状,揭示中小学生"国际理解"素养的内涵和特征,本研究通过线上数据库文献与线下图书馆文献相结合的方式,检索与"国际理解""国际理解素养""国际理解素养培养"相关的研究成果,并对以往的研究成果进行整体梳理与述评,同时尝试建立以往研究与本研究之间的联系,从而为本研究相关问题的解决提供视域与思路。另外,需要指出的是,本研究所提及的"国际理解""国际教育""跨文化教育""多元文化教育""全球教育"等相关概念,虽然名称、形式和目的各有不同,但本节文献述评中会出现"国际理解""跨文化教育"等概念并用的现象,原因在于不同的理论来源导致不同的称呼以及相异内涵。本节文献述评从"国际理解教育""国际理解素养"和"国际理解素养培养"等三个方面展开。

## 一、关于"国际理解"教育的相关研究

"国际理解"自1946年提出以来,从理论和实践两个层面分析,是按照两条路线推动的。第一条路线是联合国教科文组织推动的。联合国教科文组织借助多种形式积极推进"国际理解"教育在世界各国的发展,不断丰富完善"国际理解"理论,出现了许多相近的概念,如"和平教育(Peace Education)""人权教育(Human Rights Education)""发展教育(Development Education)""跨文化教育(Intercultural Education)""多元文化教育

---

[①] 纽曼. 社会研究方法:定性和定量的取向(第五版)[M]. 郝大海,译. 北京:中国人民大学出版社,2007:122.

(Multicultural Education)""环境教育（Environmental Education)""可持续发展教育（Education for Sustainable Development )""全球公民教育（Global Citizenship Education)""国际教育（International Education)""全球教育（Global Education）"等。这些相关的教育理念，在形式和内容上与教科文组织的"国际理解"教育一脉相承，与"国际理解"教育相互补充、相互促进。第二条路线是各国对"国际理解"教育的理论研究和实践探索。借鉴联合国教科文组织"国际理解"的教育目标与内容，各国根据本国的实际情况，进行理论研究和实践探索。研究内容与目标体系对联合国教科文组织"国际理解"的教育理念既有继承、又有创新，名称的使用也有一些不一样。

关于"国际理解"教育的相关研究，我们先从基本理论方面进行文献综述，基本理论研究又从国外和国内两条线分别进行，国外对"国际理解"教育基本理论的相关研究分为联合国教科文组织对"国际理解"教育的专门研究和其他国家或组织的相关研究。

(一) 国外对"国际理解"教育的研究

1. 联合国教科文组织对"国际理解"教育的研究

1945年11月16日，《联合国教育、科学及文化组织法》(*Constitution of the United Nations Educational, Scientific and Cultural Organization*，简称《组织法》）签署，标志着"以建立真正和平文化为宗旨，避免人类再次遭受战争之苦"的联合国教育与科学文化组织，即联合国教科文组织（UNESCO）正式成立。《组织法》提出对"国际理解"教育的实施要求，也为确立"国际理解"教育思想奠定基础并提供依据。[①]《组织法》认为：人类的相互理解和尊重是消除对立和仇视、实现和平的有效方法，建议各国的学校实施"国际理解"教育。

1946年，UNESCO在第一届大会上首次提出"国际理解教育"这一名称。1950年，"国际理解教育"被命名为"世界国民教育"，1952年被命名为"世界共存教育"，1954年再次回归"国际理解教育"并长期应用。

---

① 熊梅，王敏. 国际理解教育：联合国教科文组织倡导之回顾与展望 [J]. 外国教育研究, 2018, 45 (12): 112-122.

1946—1948年间,"国际理解"教育的内容几经更迭,先以"增进民族或国家之间的相互理解,促进世界和平"为初衷,后转向"理解国际重大问题;尊重联合国和国际关系;消除国际冲突的根源;发展对他国的友好印象"。① 1948年,又将推行的主要内容转变为"培育学生的责任感和社会合作精神,发展其对世界、社区的责任和国际团结意识等"②。

20世纪50至60年代,UNESCO采取多样举措推动"国际理解"教育的实施与发展。③一方面,从学校教育出发,UNESCO继续沿用合作学校计划(Associated Schools Project,ASP)实施"国际理解"教育,陆续翻译、编写、出版参考资料和指导书,比如《中小学国际理解教育指针》(Guidelines on Education for International Understanding in Primary and Secondary Schools)。④

1974年,UNESCO通过《关于教育促进国际理解、合作与和平及教育与人权和基本自由相联系的建议》(Education for International Understanding, Cooperation Peace and Education relating to Human Rights and Fundamental Freedoms,简称《1974年建议》)。建议明确了"国际理解"教育的任务主要包括公民与道德、文化、研究和解决人类主要问题以及其他(如国际惩罚及解决问题办法、国际合作与发展的策略等)四个方面,同时指出不少阻碍UNESCO基本理念实现的地方,指出各国要互相理解不同文化和事物的思维方法及生活方式的不同点,提高个人的素质、个性和能力。⑤

1996年,《教育——财富蕴藏其中》(Learning: The Treasure Within,也称"德洛尔报告")明确指出:"国际理解"教育是世界各国在国际社会组织的倡导下,以"国际理解"为理念所开展的教育活动。其目的在于增进不同文化背景、宗教信仰和不同种族、国家、地区的人们之间的相互

---

①~③ 熊梅,王敏.国际理解教育:联合国教科文组织倡导之回顾与展望[J].外国教育研究,2018,45(12):112-122.

④ 姜英敏.东亚国际理解教育的价值冲突探析[J].比较教育研究,2007(5):53-58.

⑤ UNESCO. Records of the general conference eighteenth session Paris, 17 October to 23 November 1974, v. 1: Resolutions[EB/OL]. (1974-11-19)[2018-04-10]. http://unesdoc.unesco.org/images/0011/001140/114040e.pdf#page=144.

了解与相互宽容；加强相互合作以便共同处理全球社会存在的重大共同问题；促使"每个人都能够通过对世界的进一步认识来了解自己和他人，将相互依赖变成有意识的团结互助。"①

2001 年，联合国教科文组织公布的《世界文化多样性宣言》(Universal Declaration on Cultural Diversity) 促使"多元文化教育"成为在经济、信息全球化背景下发展"国际理解"教育的新热点。②

2004 年，UNESCO 提出教育质量框架和支持质量教育的 10 个关键方面的标准，其在价值方面的标准强调团结、性别平等、包容、相互理解、尊重人权、非暴力、尊重人类生命和尊严等。③

2005 年出台的《保护和促进文化表现形式多样性公约》(Convention on the Protection and Promotion of the Diversity of Cultural Expressions)，要求缔约方采取具体措施保护文化多样性，并以适当方式向世界其他国家开放文化，为各国在文化多样性保护方面开展合作提供了必要的法律框架。④

2015 年，UNESCO 在研究报告《反思教育：向"全球共同利益"的理念转变？》(Rethinking Education: Towards a Global Common Good?) 中特别倡导"尊重文化的多样性"和反思"全球共同利益"等理念，再次强调人文教育。⑤

2022 年，UNESCO "教育的未来"国际委员会发布了全球研究报告《一起重新构想我们的未来：为教育打造新的社会契约》，在"过去的承诺和不确定的未来之间"这一部分提出了教育在全球面临的公平性和适切性的双重挑战。第二部分"教育改革"主张从"教学法、课程体系、

---

① 联合国教科文组织总部中文科. 教育：财富蕴藏其中：国际 21 世纪教育委员会报告 [M]. 北京：教育科学出版社，1996：34.
② UNESCO. Records of the general conference, 31st session, Paris, 15 October to 3 November 2001, v. 1: Resolution (chi) [EB/OL]. (2001 - 11 - 02) [2018 - 04 - 11]. http: //unesdoc. unesco. org/images/0012/001246/124687c. pdf♯page=84.
③ 张娜. 联合国教科文组织的核心素养研究及其启示 [J]. 教育导刊，2015，(7)：93 - 96.
④ UNESCO. 保护和促进文化表现形式多样化公约 [EB/OL]. (2005 - 10 - 20) [2018 - 4 - 20]. http: //unesdoc. unesco. org/images/0014/001429/142919c. pdf.
⑤ 联合国教科文组织. 反思教育：向"全球共同利益"的理念转变？[M]. 联合国教科文组织总部中文科，译. 北京：教育科学出版社，2017：28 - 48，12.

教学、学校，以及生活中和不同文化与社会空间中寻求广泛教育机会"。最后一部分为"推动形成新的教育社会契约"，提出了"通过呼吁开展研究、呼吁全球团结和国际合作，建立新的教育社会契约的想法"①。

  从以上文献内容我们可以看出，自1945年联合国教科文组织成立以来，"国际理解"教育已经经历了70多年的发展。在"国际理解"教育理论70多年的发展过程中，《1974年建议》明确了"国际理解"教育任务；1981年，UNESCO提出了"国际理解"教育的主要目标；1996年，德洛尔报告阐述了"国际理解"教育的概念以及"国际理解"教育的目的；再到2015年的研究报告《反思教育：向"全球共同利益"的理念转变?》强调人文教育，尊重文化的多样性；最后，《一起重新构想我们的未来：为教育打造新的社会契约》强调开展社会对话、共同思考和共同行动，呼吁研究和创新，呼吁全球团结和国际合作。70多年来，"国际理解"教育研究形成了丰富的理论成果。联合国教科文组织在对"国际理解"教育的实施过程中，倡导对话、尊重、理解、平等、互助等理念，这些先进的教育理念对中小学教育实践有指导意义。综上所述，联合国教科文组织在推动"国际理解"教育的发展过程中，建构了相对较多的基础理论，主要以报告的形式给全球各个国家教育机构进行参考。但是，"国际理解"教育的实践探索相对较少，讨论"国际理解"教育的宏观政策较多，比如富尔报告提出"终身学习"的理念；德洛尔报告提出学习的"四大支柱"；《反思教育：向"全球共同利益"的理念转变?》提出"呼吁对话"，秉承"人文主义"教育观和发展观，立足于尊重生命和人格尊严、权利平等、社会正义、文化多样性、国际团结以及可持续发展分担未来责任；②"教育的未来"国际委员会提交的《一起重新构想我们的未来：为教育打造新的社会契约》，主张从教学法、课程、教学、学校和生活等五个维度革新教育。而且，关于"国际理解"素养由哪些内容组成、具有"国际理解"素养的人有什么特征等等这些方面的研究也比较少。研究就实践教学过程中，尤

---

① 联合国教科文组织．一起重新构想我们的未来：为教育打造新的社会契约［M］．北京：教育科学出版社，2022：15．
② 熊梅，王敏．国际理解教育：联合国教科文组织倡导之回顾与展望［J］．外国教育研究，2018，45（12）：112-122．

其是中小学（6～15岁）阶段的日常教学中，如何培养中小学生的"国际理解"素养、进行学科渗透等的实际操作方法或策略、"国际理解"素养的课程实施与评价等方面很少进行具体阐述。

2. 其他国家或组织对"国际理解"教育的研究

美国是世界上较早开展"国际理解"教育的国家，在开展过程中出现许多不同的名称，有"国际理解"教育、全球教育、国际教育、世界公民教育等，但使用较多的是全球教育。从本质上说，以上名称都是"国际理解"教育的范畴。美国丹佛大学汉威认为，全球教育应该包含五个基本要素：(1) 全球视角；(2) 全球相互依存意识；(3) 跨文化意识；(4) 世界知识；(5) 人类不同选择的意识。① 20世纪80至90年代，美国"国际理解"教育的理念纷争，包括"国际理解"教育的目标、出发点和价值观等问题，如"国际理解"教育的目标是培养"全球公民"还是"合格国民"，"国际理解"教育的价值观是"美国传统价值观"还是"人类普遍价值观"。②

英国的非政府组织乐施会（Oxfam）颁布的《全球公民教育：学校指南》（Education for Global Citizenship—A Guide for Schools）认为，全球公民意识主要有三个关键要素：知识和理解、技能、价值观和态度。

澳大利亚的"国际理解"教育更侧重于文化间的理解，关注多元文化教育。澳大利亚"国际理解"教育主要有五大学习主题：(1) 理解全球化趋势；(2) 尊重多元文化；(3) 重视人权；(4) 和平观念；(5) 可持续发展。③

日本二战之后积极倡导"国际理解"教育，于1953年加入联合国教科文组织合作项目。在合作项目中，日本学者提出四个"国际理解"教育学习主题：(1) 全球问题与联合国的作用；(2) 人权、民主与宽容；(3) 异

---

① Hanvey R G. An attainable global perspective [J]. Theory into Practice，1982，21 (3)：162-167.
② 姜英敏，王雪颖.20世纪80～90年代美国国际理解教育论争刍议 [J]. 比较教育研究，2010，32 (1)：59-62.
③ 靳文卿. 澳大利亚中小学国际理解教育浅析：基于新南威尔士州和西澳大利亚州的案例分析 [J]. 教育参考，2018 (3)：56-61，67.

文化理解；(4) 环境教育。① 1982 年，日本文部省颁布《国际理解教育手册》，其"国际理解"教育的目标基本上与联合国教科文组织 1981 年编写的《国际理解教育手册》一致：培养和平的人；启发和培养人权意识；培养本国认识和国民自觉；增加对其他国家、民族和文化的理解；形成基于国际相互依存关系和人类共同重要课题的世界一体感；养成国际协调合作的实践态度。② 米田伸次、大津和子、田渊五十生等人认为，"国际理解"教育就是"培养尊重自身和他人的人权、承认异文化的存在并与世界人民共同生存的人的教育"。③ 1996 年，日本中央教育审议会的报告《展望 21 世纪我国教育的实施模式》指出，"国际理解"教育不仅是知识的理解和学习，而且更应进行体验学习和课题学习，培养实践的态度、素养和能力。

韩国在"国际理解"教育方面也取得了卓越的成就。联合国教科文组织韩国委员会提出"国际理解"教育的目标为"全球家族意识和地球村意识的培养""面对世界人种、文化的多样性，培养文化相对主义的宽容态度""理解世界的相互依赖性及相互关系""培养全球沟通的能力和态度""对全球问题的理解与探究能力的培养""深入理解韩国在急剧变化的世界体系中的地位和作用""认识到在解决个人、社会问题的过程中形成世界视角与未来视角的重要性""致力于韩国文化的世界传播，认识到在国际社会文化中确立自身文化体系的必要性""理解全球秩序以及国际组织的作用"。④

从以上文献资料可以看出，各国在联合国教科文组织倡导下开展的"国际理解"教育，与联合国教科文组织的"国际理解"教育理念一脉相承。在"国际理解"教育研究与实践过程中，虽然"国际理解"的名称没有固定统一，但是教育理念的本质是一致的。美国、日本、韩国等国家对

---

① 卜剑锋. 日本国际理解教育的发展及理论之考察 [J]. 湖北广播电视大学学报，2008，28 (4)：39-40.
② 姜英敏. 全球化视域下的国际理解教育政策比较研究 [M]. 太原：山西教育出版社，2018：198.
③ 王威. 日本国际理解教育政策变迁研究 [D]. 北京：北京师范大学，2008：41.
④ 姜英敏. 韩国"全球公民教育"的发展及其特征 [J]. 比较教育研究，2013，35 (10)：49-54.

于"国际理解"素养的培养开展得相对较好,在"国际理解"素养的培养理念等方面做了许多有意义的尝试。可以看出,发达国家比欠发达国家在"国际理解"教育方面做得好。质言之,"国际理解"教育与当地的经济发展水平有着紧密的联系。从"国际理解"的教育目标和学习主题来看,世界各国都提出了"国际理解"素养培养的教育目标和课程内容。总体上看,"尊重、理解、公平、正义、和平、发展"等都是各国"国际理解"教育普遍认同的价值观。

(二)国内对"国际理解"教育的研究

20世纪90年代,我国开始关注"国际理解"教育,至今已有30年。但是,还没有形成系统的理论体系,与各地蓬勃发展的"国际理解"教育实践不相称。

北京师范大学顾明远教授指出,"国际理解"是国际和平的基础。伴随着世界文化的多元化和教育的多元化,"国际理解"变得特别重要。"国际理解"需要我们站在一个平等的基础上去理解别国的文化和教育,站在客观的立场认识事物。文化的多元化需要"国际理解",需要互相信任、互相学习、共同繁荣。教育,特别是比较教育肩负着"国际理解"的重要使命。顾教授提出在"加强人员的交流、互派留学生和访问学者、加强资料信息的交流、加强合作研究和举办各种学术研讨会"等四个方面继续努力。[1]

北京师范大学姜英敏教授提出"国际理解"教育的发展特征,主要表现为理论来源的多元化、是培养"全球公民"还是"合格国民"、"全球竞争力"和"全球共生力"素养的融合、内外全球化对策之间的矛盾等。对"国际理解"教育理论体系建设,她提出了"厘清理论来源,拾取我国'国际理解'教育的立论坐标,关注全球化时代需求,探索'国际理解'教育的目标维度,根据实践需要建构本土化的内容框架和探索'国际理解'教育的实施模式。"[2]

南京师范大学张蓉教授指出,应构建中小学"国际理解"教育课程体

---

[1] 顾明远. 国际理解与比较教育[J]. 比较教育研究,2005(12):1-3.
[2] 姜英敏. 全球化时代我国国际理解教育的理论体系建构[J]. 清华大学教育研究,2017,38(1):87-93.

系，有效开展"国际理解"教育已成为世界各国的共识。世界各国需要继续推行"国际理解"教育，完善中小学"国际理解"教育课程建设。①

北京教育学院王远美教授指出，在推进"一带一路"重大倡议的背景下，中小学校推进"国际理解"教育，要进行多方探索和开拓，如构建"国际理解"核心素养目标体系、优化"国际理解"教育内容体系、培养具有国际视野的"引路人"、加强人文交流机制建设、建立"国际理解"教育学术组织等，以促进民心相通和文化理解。②

贵州师范大学熊梅教授在"国际理解教育：联合国教科文组织倡导之回顾与展望"一文中回顾了"国际理解"教育70多年的发展历程中不同政策的演变历程。围绕 UNESCO 提出的"国际理解"教育这一核心概念，立足于概念的内涵转变维度，从"追求和平的萌芽阶段（1946年—1954年）、充满困惑的初步实施阶段（1955年—1979年）、目标明确的深入推进阶段（1980年—1999年）、倡导多元文化教育的推动阶段（2000年至今）"四个发展阶段对 UNESCO"国际理解"教育的政策演变进行回顾与梳理。③

江西师范大学何齐宗教授、晏志伟从联合国教科文组织提出的文献中梳理出德育主张，从个体维度、个体与他人维度、个体与社会维度建构德育目标，选择品性教育、人权教育、和平教育、跨文化教育、环境教育等作为德育内容，高度重视发挥德育课程、教材、教师的作用以推动德育策略的实施。④

中央民族大学高兵教授、李英源、常永才教授等认为，"国际理解"实际上就是一种跨文化理解，文化取向是"国际理解"教育深化的必需，"国际理解"教育的深化需要心理学基础。⑤ 贝理的跨文化心理学理论对

---

① 张蓉. 中小学国际理解教育课程建设的未来展望：基于国际比较的视角 [J]. 课程·教材·教法，2020，40（12）：46-51.
② 王远美. 促进"民心相通"：中小学国际理解教育的使命与愿景 [J]. 中小学管理，2017（5）：9.
③ 熊梅，王敏. 国际理解教育：联合国教科文组织倡导之回顾与展望 [J]. 外国教育研究，2018，45（12）：112-122.
④ 何齐宗，晏志伟. 全球视野的德育理念：目标、内容、策略及启示：基于联合国教科文组织教育文献的研究 [J]. 教育科学，2020，36（6）：7-13.
⑤ 高兵，李英源，常永才. 试论文化视角国际理解教育革新的心理学基础：基于跨文化心理学家约翰·贝理思想的分析 [J]. 外国教育研究，2017，44（1）：102-114.

"国际理解"教育有特别的启示。①

西南大学徐辉教授、王静认为,"国际理解"教育是面向21世纪的新的教育观念,是推进世界和平的重要教育内容。他们以英、美、日等国为例,分析世界各国开展"国际理解"教育的具体措施,提出了我国中小学在"国际理解"教育方面可以从"推广外语教学、开设国际问题专业课、鼓励师生对外交流和学习"等方面进行尝试。②

北京市海淀区教育科学研究所宋世云老师在"中小学国际理解教育课程实施的有效模式"一文中指出"国际理解教育作为课程的基本属性"。文章阐明了"国际理解"教育主要有"民族文化的传承及民族精神的弘扬""全球化的胸怀与视野""理解世界各国共同发展、相互依存的关系""和平、人权、公正、资源开发、环境保护等重大国际问题的世界观教育""国际沟通与交往的实践能力"等五个课程内容,从知识、情感态度价值观和思维方式与技能层面分析了"国际理解"教育的目标,揭示了"国际理解"教育的七类模式。③

浙江大学张文军副教授、金琦钦指出,"国际理解"素养是一种综合性素养,可以分解为"知识、技能、价值观和行为倾向"等维度,适合用质性评价和形成性评价等方式进行评价,并强调在评价过程中应关注和渗透学习者的自我反思,将学习者作为关键评价主体。④

综上所述,我国"国际理解"教育的文献以介绍国外"国际理解"教育的理论为主,梳理"国际理解"教育的发展阶段、"国际理解"教育的价值,提出构建"国际理解"教育课程体系和德育主张,把"国际理解"教育、跨文化理解和比较教育建立勾连。倡导通过跨学科、跨文化等多种

---

① 高兵,李英源,常永才. 试论文化视角国际理解教育革新的心理学基础:基于跨文化心理学家约翰·贝理思想的分析[J]. 外国教育研究,2017,44(1):102-114.
② 徐辉,王静. 国际理解教育研究[J]. 西南师范大学学报(人文社会科学版),2003(6):85-89.
③ 宋世云. 中小学国际理解教育课程实施的有效模式[J]. 北京教育学院学报,2013,27(6):28.
④ 金琦钦,张文军."学会共存"视野下的学生国际理解素养评价[J]. 教育测量与评价,2016(9):17.

方式拓宽学生的学习主题，让学生理解并掌握本国和本民族文化，了解他国和他民族文化，在平等、互助、尊重、理解的氛围下进行跨文化对话。

## 二、关于"国际理解"素养的相关研究

### 1. 关于素养的相关研究

在近代学校教育中，"素养"意味着"初步的读写能力"，即以书面语言为媒介形成的书面文字沟通的能力。① 19世纪80年代，"读、写、算"成为学校必备的基础教学内容。到了20世纪二三十年代，每一个社会成员必须掌握读写能力——功能性素养。20世纪70年代，巴西的"被压迫者教育学"之父保罗·弗莱雷倡导：必须借助教育，使受压迫、受贬低的被压迫者能够批判性地直面自身所处的社会现实，争取自身的解放与社会的变革。这种素养就是"批判性素养"。② 国际学生评价项目（Programme for International Student Assessment，PISA）测试主要有"阅读素养""数学素养"和"科学素养"。

"素养"概念经历了三个历史发展阶段的演进。第一阶段：素养即技能。它是一种去语境的，批判性素养不承认"素养"的具体语境和制约。③ 第二阶段：素养即学校传授的知识技能。这种观点同现代教育制度的出现和发展有关。④ 第三阶段：认识到素养即社会文化的创造，强调知识的社会建构过程、学习者的背景性知识和既有经验、读者和文本之间的交互作用。⑤ 不同国家或地区都分析"国际理解"素养的构成要素，大体上可以分成三类：第一类是读写能力、数学能力和处理信息与通信技术（ICT）之类的语言、数学、信息的"基础性素养"；第二类就是以批判性思维为中心的、高阶的"认知技能"；第三类就是社会能力、自我管理能力等同他者与社会的关系以及其中有关自律性的"社会技能"。⑥

---

① ~④ 钟启泉. 学科教学的发展及其课题：把握"学科素养"的一个视角 [J]. 全球教育展望，2017，46（1）：11 - 23，46.

⑤ 钟启泉，崔允漷. 核心素养与教学改革 [M]. 上海：华东师范大学出版社，2018：4.

⑥ 钟启泉，崔允漷. 核心素养与教学改革 [M]. 上海：华东师范大学出版社，2018：11.

## 2. 关于中国学生发展核心素养的研究

"核心素养"一词来源于英语"key competencies"。"key"在英语中用作形容词时，意思是"关键的""必不可少的"，而"competencies"是名词"competency"的复数形式，有"能力""技能""权限"等意思，"key competencies"既涵盖个人所拥有的学识、所表现的行为举止，还包含认知和实践技能的应用、创新能力以及态度、动机和价值观，这与中文的"素养"是相吻合的。[①] 1997 年 12 月，经济合作与发展组织（Organization for Economic Co-operation and Development，OECD）在"素养的界定与遴选：理论和概念基础"项目中最早提出"核心素养"，并在报告《核心素养促进成功的生活和健全的社会》中正式采用"核心素养"一词。

2014 年 4 月，教育部印发《关于全面深化课程改革落实立德树人根本任务的意见》，确立了"核心素养"的重要地位。2016 年 9 月，北京师范大学牵头的专家组正式发表中国学生发展核心素养的框架和内涵。中国学生发展核心素养主要指学生应该具备的、能够适应终身发展和社会发展需要的必备品格、关键能力和正确的价值观。"中国学生发展核心素养"涵盖文化基础、自主发展、社会参与等三个领域，综合表现为人文底蕴、科学精神、学会学习、健康生活、责任担当、实践创新等六大模块，具体细化为十八个基本要点。综观十八个基本要点我们不难发现，核心素养是每个学生适应个人和社会发展、获得成功的不可或缺的必备素养，它从知识、技能、情感态度价值观等多方面综合考量学生的表现。作为核心素养的六大模块之一，责任担当主要指学生在处理自己与社会、国家、国际等的关系方面所形成的情感态度、价值取向和行为方式，包括社会责任、国家认同、国际理解等三个基本要点。"国际理解"就是责任担当中的一个要点。

## 3. 关于"国际理解"素养的相关研究

当前，对于"国际理解"素养的理解主要有三大流派。[②]

第一种流派以联合国教科文组织为代表，初期以关注"世界各国的和

---

① 郐广武. 学生发展核心素养中的责任担当意识探析 [J]. 中国教育学刊，2017 (S1)：225-228.

② 郑梦萍. 基于主题单元教学的国际理解素养培育研究 [D]. 上海：华东师范大学，2020.

平、宽容与互助"为主要内容，后期以官方文件形式从知识、技能、态度和价值观三方面构建"国际理解"教育的目标内容。知识层面主要有"民族平等""维护和平""人权"等7个指标；技能层面主要有"批判性思维能力""解决问题""合作能力"等9个指标；态度和价值观层面主要有"自我尊重""尊重他人""生态责任意识"等7个指标，知识、技能、态度和价值观三方面总计23个指标。这一流派的"国际理解"素养包括和平意识、宽容精神、共同价值观、公民责任感等核心内容。

第二种流派以经济合作与发展组织（OECD）和我国为代表，该流派的"国际理解"素养以"全球视野"为关键要素。经济合作与发展组织以全球素养代替"国际理解"素养。2017年12月12日，经济合作与发展组织发布《PISA全球素养框架》。全球素养是指：能够分析当地、全球和跨文化的问题，理解和欣赏与自己不同的观点，和不同文化背景的人进行开放、得体和有效的互动，以及为集体福祉和可持续发展采取行动的能力。[①]《中国学生发展核心素养》指出，"'国际理解'是指具有全球意识和开放的心态，了解人类文明进程和世界发展动态；能尊重世界多元文化的多样性和差异性，积极参与跨文化交流；关注人类面临的全球性挑战，理解人类命运共同体的内涵与价值等"[②]。从以上内容可以看出，我国在"全球化"背景下对"国际理解"素养进行解读，即"具有全球意识和开放的心态，了解人类文明进程和世界发展动态""关注人类面临的全球性挑战，理解人类命运共同体的内涵与价值等。"

第三种流派以我国台湾"十二年国民基本教育"的核心素养框架为代表，以"多元文化意识"和"跨文化能力"为关键要素。"十二年国民基本教育"的核心素养框架要求青少年"具备自我文化认同的信念，并尊重与欣赏多元文化，积极关心全球议题及国际形势，且能贴近时代脉动与社会需要。发展'国际理解'、多元文化价值观与世界和平的胸怀"[③]。

---

[①] OECD, Asia Society Teaching for global competence in a rapidly changing world [R]. New York: OECD, Asia Society, 2018: 13.

[②] 林崇德. 构建中国化的学生发展核心素养 [J]. 北京师范大学学报（社会科学版），2017 (1): 66-73.

[③] 黄光雄，蔡清田. 核心素养：课程发展与设计新论 [M]. 上海：华东师范大学出版社，2017: 10.

总之，以上三个流派在表述"国际理解"素养的过程中，一致把"国际理解"素养作为综合性素养，主要分解为知识、态度和能力三个维度。

## 三、关于"国际理解"素养培养的相关研究

本部分从国外和国内两条线分别介绍关于"国际理解"素养培养实践探索的相关文献。国外主要是对美国和日本两个国家的"国际理解"素养培养进行梳理研究，国内是对各省、市、区及各中小学校开展的"国际理解"素养培养的实践探索进行梳理研究。

### 1. 国外对"国际理解"素养培养的相关研究

美国是世界上较早开展"国际理解"素养培养的国家。克林顿政府在1994年颁布《2000年目标：美国教育法》，该文件指出，"为实现国际理解教育目标，要求学校把全球观念渗透到学校课程、课外活动中去"。2000年，克林顿总统又签发《国际教育政策备忘录》，提出为了继续在全球经济中取得成功，维持美国作为世界领袖的角色，美国需要确保公民对世界有广泛的了解，能掌握其他语言工具，并了解有关其他国家文化的知识。[1] 2006年，布什总统启动"国家安全语言计划"，目的是为国家培养"关键语言"的高级人才，强化"学、讲、教"三个方面建设。美国联邦教育部在2012年发布《通过国际教育及参与取得全球性成功：美国联邦教育部国际战略（2012—2016）》。该战略认为，"要将美国国内教育和'国际理解'教育理念相结合，把国际社会的积极因素调动起来，改善中小学教育的生态，进一步提高中小学的教育质量和培养特色。'国际理解'教育有利于提高美国核心竞争力"。并建议通过"实施大学入学和就业准备的国际标准""学习艺术、公民、地理、历史、外语等课程""出国学习与研究"等落实学生的全球素养。美国学者苏珊·斯克拉法妮则认为，开展"国际理解"素养培养可以通过以下四种方法进行：学习外语，学习世界史、世界地理、世界比较研究以及其他科目，学生和老师的国际交流，参与在线交流和

---

[1] 张蓉. 国际理解教育课程建设的国际比较研究［M］. 南京：南京师范大学出版社，2020：39.

参与其他相关项目。①

1996 年，日本中央教育审议会的报告《展望 21 世纪我国教育的实施模式》指出，"国际理解"素养培养不仅是知识的理解和学习，而且更应进行体验学习和课题学习，培养实践的态度、素养和能力。日本"国际理解"素养培养主要在校内、校外和民间开展。日本校园内进行的"国际理解"素养培养以"综合学习时间"为中心，小学的六成时间、中学的三成时间都用于"国际理解"素养的培养实践，社会、英语等科目，俱乐部活动和学习文化活动都有涉及；也有走出校园的"国际理解"素养培养，如"世界餐桌"体验活动、"世界语言"学习活动；还有民间开展的"国际理解"素养培养，如民间报告会、外国人演讲比赛。②

美、日两国都制定了专业的"国际理解"教育课程标准。美国组织权威性专业团体研制制定，成员有大学教授、学科教师、家长等等。无论是学科课程标准还是共同核心州立课程标准的制定，都需要经历征求意见并修改完善的过程，一旦确认，各州纷纷采用。可以说，美国"国际理解"教育课程标准具有科学性、权威性和广泛的应用性。日本则通过《学习指导要领》标准制定"国际理解"教育的课程目标和课程内容，如中学《学习指导要领》社会科目标中明确指出："培养生活于国际社会的和平、民主国家或社会的创造者所必需的公民素质。"可以说，"国际理解"教育标准已扎根于各学科目标之中。可见，美国和日本两国都制定了科学严密的国际理解课程标准，对学科目标和内容提出了明确要求。

美、日两国在开展"国际理解"素养培养的过程中，开发了大量的课程资源，如课程标准、教科书、校本教材、教师教学材料等等。除了这些传统教学资源外，他们还开发社会资源作为"国际理解"教育资源的有机补充。在美国和日本，开展"国际理解"素养培养主要有几种方式：学科渗透、专门的国际理解课程、主题活动、数字化信息技术或大众传媒。为

---

① 斯克拉法妮. 美国青少年国际理解教育现状 [C]. 田毅松, 译. //北京教育科学研究院. 北京 2006 年青少年学生公民教育国际论坛论文集. [出版地不详]：[出版者不详], 2012: 101-105.
② 杨红军. 教育国际化视域下的日本国际理解教育考察 [J]. 比较教育研究, 2016, 38 (7): 64-68.

了解决教学内容和课时分配的矛盾,学科渗透和主题活动是中小学校开展国际理解教育的主要方式。此外,美、日两国在国际理解教育过程中建立全面多元的评价体系。美国有分别对学生、教师和学校的评价标准和方法。教师有自我反思的评价表,以便改进教师教学和反馈学生学习。而在日本,文部科学省对每个学科都制定了一套关于评价的标准,如社会科从"知识理解角度""技能角度""态度角度"等三个维度开展评价,且评价方法多样,如观察法、作业、测试等等。教师能够全面了解学生的学习,改进自己的教学。

美国和日本这两个国家"国际理解"素养培养开展得比较好,在保证时间、开展活动、确定内容和目标、开发国际理解课程资源等方面做了许多有意义的尝试。

2. 国内对"国际理解"素养培养的相关研究

北京市作为我国课程与教学改革的前沿窗口,率先开展"国际理解"素养培养研究。研究内容主要涉及"国际理解"素养培养的历史背景、理论框架、模式、教材、教师培训等,并在基础教育实践中探索了推进"国际理解"素养培养的有效策略。2005年至2010年,经北京市中小学地方教材审定委员会初审通过的《国际理解》系列教材由北京教育出版社陆续出版。[①]北京史家胡同小学重构育人模式,将培育"家国情怀"作为人才培养的逻辑起点,以培养具有"人类命运共同体"意识的社会主义建设者和接班人为目标,进行整体设计和构建国际理解教育课程。[②]北京海淀区七一小学把"为学生的美丽人生奠基"作为办学理念,提出了"培养拥有海洋情怀、国际视野的世界公民"的育人目标,着力培养学生的跨文化沟通、创新和包容合作等面向世界和未来的基础能力。在推进"国际理解"素养培养的过程中,学校逐步形成了有关"国际理解"素养培养的教育理念和有效策略。[③]

---

① 王远美,李晶. 北京市实施国际理解教育的回顾与思考[J]. 北京教育学院学报,2010,24(2):49-53.
② 张怡,闫旭. 以家国情怀为底蕴的史家小学国际理解教育课程[J]. 中国教育学刊,2018(S2):52-55.
③ 张建芬. 拥抱"海洋"看世界:小学国际理解教育的校本探索[J]. 中小学管理,2017(5):20.

四川师范大学杨敏副教授在"国际理解教育实施的有效策略"一文中提出如下策略：培养国际意识，拓宽视野，明确教育目标；培养英语思维，提高认知，开展文化交流；加强师资建设，提升素养，促进国际合作；构建语言环境，加强实践，培养交际能力。[①]

1993年，江苏省苏州市举办以"迈向21世纪的国际理解教育"为主题的国际教育学研究大会，发出开展"国际理解"素养培养的先声。苏州市通过构建"行政主导、课题带动、校本探索"三位一体的立体工作网络，顶层谋划"国际理解"素养培养区域推进战略；通过创设校园环境、学科渗透融合、校本课程开发等多元途径，助推"国际理解"素养的培养；通过加强师资培训、聚合优质资源、构建评估体系等措施，保障"国际理解"素养培养的持续有效推进。[②]

广东省深圳市南山外国语学校从"价值系统、课程体系、教学模式、组织平台"四个维度构建了"国际理解"素养的培养模式。一是注重顶层设计，构建具有"国际教育"价值的育人理念和办学目标；二是建设国际语言、国际文化、国际活动等课程群落，培育学生的国际交往能力和跨文化理解能力；三是坚持大外语教育观，探索彩虹外语教学模式，把文化元素、国际意识等融入外语学习中；四是建立培养学生国际素养和对外交流的组织平台，形成中外双向输出的互惠格局。[③]

江苏省常州市武进清英外国语学校以"人类命运共同体"为逻辑起点，以"学会共同生活"为课程目标，以"家国情怀"与"国际视野"培养为切入点，以"自成者""为他者""领导者"为"国际理解"课程目标，以"大美中华""各美其美""天下大同"为课程内容，着力开发"国际理解"素养培养与综合实践统整式课程模型，将"国际理解"教育理念与实践活动相结合，通过主题单元学习、文化节活动、跨文化研学三条路径推

---

① 杨敏. 国际理解教育实施的有效策略：以中学英语课程为例[J]. 中国教育学刊，2016 (4)：66-69.
② 王静芝，陆云. 织立体网，做全局事：区域推进国际理解教育的苏州经验[J]. 中小学管理，2017 (5)：11-13.
③ 崔学鸿. "全价值链"式系统构建：国际理解教育的"南外经验"[J]. 中小学管理，2017 (5)：16-19.

进课程的落地。①

四川省成都市各区开展了大量"国际理解"素养培养的实践探究,如武侯区从2009年开始,以培养学生的"国际视野、创新精神、实践能力、文化自信和民族精神"为目的,通过"国际理解课程、主题活动、友好学校共建课程,学科渗透"等方式,推进以"国际理解"为主要载体的基础教育国际化进程,② 在"关注学生的生活世界、设计弹性课程、创新教学形态、协同课程资源"等方面进行了许多有益的实践探索。③

我国目前还没有统一的关于"国际理解"课程的义务教育国家课程标准、教科书、教学参考用书、课时安排,缺乏系统常态的实施路径。因此,有学者提出,"国际理解"素养的培养要立足于国家课程和课堂教学,把在学科中渗透"国际理解"素养作为基础教育国际化切实落地的有效路径,这样就能在不增加学生学习负担的前提下,实现"国际理解"素养培养的常态持久有效开展。④

吕朝阳在"在中小学实施国际理解教育的实践与思考"一文中指出:中小学校可以通过"学科渗透、开设校本课程、开展国际文化交流、创办国际课程班、创建国际文化环境氛围以及相关设施设备和网络平台建设"等多种途径实施"国际理解"素养的培养。⑤ 在学科渗透"国际理解"素养培养的实践中,有研究强调要注意以下四点:一是需要保证学科教学目标的完成,否则将失去学科教学的特色和意义;二是要以学科教学作为载体,找到学科教育与"国际理解"培养内容的交集;三是需要借助恰当的情景和视角,提升学科教育的人文价值;四是适当拓展知识,丰富教学内

---

① 奚亚英. 人类命运共同体视域下小学国际理解教育的实践探索[J]. 人民教育,2021 (Z2):117-119.
② 武婷婷. 提升学生国际理解核心素养的"武侯策略"[J]. 中小学管理,2017 (5):14.
③ 汪天皎,杨伊,黄廷美. 我国国际理解教育研究热点及演进分析[J]. 教育科学论坛,2021 (25):40.
④ 李正平,王玉梅,刘文可. 学科渗透国际理解教育的实践研究[J]. 教育科学论坛,2019 (10):31-33.
⑤ 吕朝阳. 在中小学实施国际理解教育的实践与思考[J]. 教师博览(科研版),2013,3 (3):16-17.

容，提高学生对问题理解的深刻性并渗透"国际理解"教育理念。①

湖南科技大学邓星辉教授认为，"在外语教学过程中，尽可能地让学生去体验，通过动手、动脑、动口去感知、认识外来文化，激发学生求知欲，使学生习得一个同英语母语使用者或者使用英语的其他国家的人们交际的文化平台，从而保证交际的顺畅，在更高的层次上实施跨文化教育，实现更为广泛的目的，即培养所有的学生进入文化多样化的世界，以适应实际生活的需要"②。

广东省东莞市实验中学王建新老师认为，新时代对"全球化人才"的培养提出了更为迫切的时代要求，即把"国际理解"注入思想政治教学，以"国家认同，尊重多元"为立足点、以"全球意识，开放心态"为着眼点、以"树立人类命运共同体意识"为制高点，③培养具有家国情怀和国际视野、通晓国际规则、问题解决能力强的国际化复合型人才。

北京市海淀区教育科学研究院宋世云老师认为，"学科渗透可以结合学科本身的特性建构'国际理解'素养培养的核心理念和主题。如在历史教学中，加入'国际理解'的教育视角，就容易跳出具体的事件和人物，把本国的历史与世界文明联系起来，更多关注人类的发展进程，尤其是关注人权，包括人们为民族自由和社会公正而进行斗争的历史"④。

综上所述，从上面各区域的"国际理解"培养实践我们可以看出，北京、广州、苏州等地区"国际理解"素养的培养开展得比较早，结合学校教育理念开发"国际理解"校本教材，在"顶层设计、课程体系、教学模式、课程实施"等方面进行了许多有价值的探索。但在"国际理解"素养培养的过程中，也出现了"培养意识不强、师资不足、理解片面、认知水平偏低、重知识轻情感技能、重结果轻过程"等现象。很多中小学校把学

---

① 陈红，何妮妮. 试析如何在学科教学中渗透国际理解教育 [J]. 课程·教材·教法，2010，30 (2): 72-77.
② 邓星辉. 多元文化教育、国际理解教育与外语教学 [J]. 湖南科技大学学报（社会科学版），2012，15 (6): 181-183.
③ 王建新. 把国际理解教育基因注入思想政治教学 [J]. 中学政治教学参考，2019 (15): 87.
④ 宋世云. 中小学国际理解教育课程实施的有效模式 [J]. 北京教育学院学报，2013，27 (6): 28.

科渗透"国际理解"素养作为最有效、最便捷的培养路径，如语文、英语、历史、政治、地理等学科可以通过学科渗透这一路径实施"国际理解"素养的培养。

## 四、已有研究的反思

我国从20世纪90年代开始研究"国际理解"教育，"国际理解"素养的培养并不是一个新生事物。从上述文献梳理来看，许多研究者已经对"国际理解"的基本理论和"国际理解"的实践探索进行了积极的探索，并形成了一些高质量的学术研究成果。这些研究成果，对于本研究而言，有许多值得学习和借鉴之处。目前来看，关于我国"国际理解"素养及"国际理解"素养培养的研究，呈现出以下几方面的特点。

第一，在研究成果方面，我国目前关于"国际理解"的研究成果虽然数量众多，但没有形成系统的理论体系。当前，在中国知网以"国际理解"为关键词进行主题检索，可以得到2256项文献。其中，"国际理解"教育700篇，"国际理解"113篇，相关核心素养52篇，"国际理解"教育课程49篇，相关实践探索26篇。从最早文献的发表时间可以推算出，我国关注"国际理解"已经有30年，但是还没有形成系统的理论体系。再以博士学位论文为例，在"中国知网学位论文库"中以"国际理解"为关键词进行"主题"检索，能够检索到的与"国际理解"主题相关的博士学位论文只有两篇，即2021年东北师范大学马彦军的《中学地理学科的国际理解教育研究》和2015年山东大学周汶霏的《孔子学院：国际理解教育的实践研究》。其中，前者是关于地理学科渗透国际理解素养的学术研究成果，后者是以"孔子学院"为主要研究对象，开展的"国际理解"素养培养的实践探索。因此，"国际理解教育"研究，急需更多真正有质量的学术研究成果问世。

第二，在研究内容方面，我国目前的"国际理解"研究中，有大量的文章介绍国外理论和经验、国内实践以及学科教学渗透，而对于中小学生"国际理解"素养的内容构成因素、培养策略和课程构建等这些研究内容，尤其是中小学生"国际理解"素养的内容组成、课程构建和培养路径，目前学术界和基础教育界都涉及较少，需要通过学术研究的深入开展予以解决。

第三，在研究方法方面，目前，我国"国际理解"的研究方法仍存在较大的局限性：一是依靠借鉴美国、英国、澳大利亚、韩国、日本等国家和地区的"国际理解"教育改革经验形成研究成果；二是依靠本国"国际理解"实践探索或校本、地方课程实施来总结教训、提炼经验，形成研究成果。虽然对于部分研究内容，如"学科教学渗透"问题，研究者们已经开始应用科学的定量研究方法进行研究。但总体来看，整个"国际理解"研究领域仍缺少规范、科学的研究方法介入。

概而言之，本研究尝试做一些创新性的工作：以"文献研究法"为重要的研究方法，结合相关学术文献，对"国际理解"的内涵、特征等若干理论性问题进行深入研究。在此基础上，结合调查问卷法、访谈法、案例研究法等其他科学研究方法阐明山东省济宁市中小学生"国际理解"素养的培养现状，深入研究"国际理解"素养培养究竟应当如何完成路径突围，并以山东省济宁市这一区域的实践探索为例，为我国中小学校教学改革与教师发展、中小学生"国际理解"素养的养成提供经验参考与借鉴。

## 第三节
## 研究对象、问题及框架

### 一、研究对象

本研究的研究对象为中小学生"国际理解"素养的培养,本研究选择山东省济宁市13个县(市、区)二年级、四年级、六年级、七年级和八年级的中小学生为代表样本。本研究主要研究中小学生"国际理解"素养的内涵及特征,山东省济宁市中小学生"国际理解"素养的培养现状、存在问题、问题原因、改进与培养建议。

### 二、研究问题

本研究是一篇基于人类命运共同体视角,研究山东省济宁市中小学生"国际理解"素养培养的专著。本研究遵循历史与逻辑相统一的思路,在经济全球化、世界多极化、危机多发化、文化多样化和信息普及化等背景下,阐述培养中小学生"国际理解"素养的必要性和迫切性;在揭示"国际理解"素养的本质内涵和分析山东省济宁市13个县(市、区)"国际理解"素养培养现状的基础上,对山东省济宁市中小学生"国际理解"素养培养存在的问题进行剖析,阐明"国际理解"素养培养存在问题的原因及改进方向,进而提出对山东省济宁市中小学生"国际理解"素养培养的建议。总而言之,基于人类命运共同体视域下的"国际理解"素养培养的展开,主要回答以下三个问题:

1. 如何理解中小学生"国际理解"素养的内涵和特征

本研究从人类命运共同体这一视域出发,研究为什么培养"国际理解"素养和"国际理解"是什么的问题。

第一,"国际理解"源于解决全球性问题、共建全球和平、消除国际误解。可以说,没有国际误解,也就谈不上"国际理解"。于个人而言,只有培养"国际理解"素养,才能正确认识自己,才会有独特的人格特质和人格修养;只有消除人与人之间的误解,才能够发展自己、提升自己。于国家而言,只有加强"国际理解",才能够消除国际误解,构建和谐的国际秩序。但是,经济全球化、世界多极化、危机多发化和文化多样化带来了一系列人类急需解决的问题,如环境污染、人口剧增、恐怖主义、国际难民等。概而言之,揭示并阐述人类命运共同体视域下"国际理解"素养培养"为什么"的问题是理解"国际理解"素养"是什么"的前提和基础。第二,我国"国际理解"素养"是什么"呢?中小学生"国际理解"素养是由全球意识、跨文化对话能力和共同体观组成的综合性素养。

### 2. 山东省济宁市中小学生"国际理解"素养培养存在的问题、原因与改进

简言之,就是"有什么问题""如何改进"。本研究通过对山东省济宁市曲阜市、兖州区、梁山县、邹城市、嘉祥县、泗水县、汶上县、鱼台县、金乡县、微山县、任城区和高新区等13个县(市、区)的老师和学生进行调查问卷和访谈,揭示山东省济宁市中小学生"国际理解"素养的培养现状、存在问题、主要原因和改进方向。

### 3. 如何提升山东省济宁市中小学生的"国际理解"素养

在实践过程中,"国际理解"素养的培养需要遵循哪些教育理念,如何破解中小学生"国际理解"素养培养的现实障碍"即揭示"怎么做"的问题。本研究试图对山东省济宁市中小学生"国际理解"素养培养的教学建议进行探索。概而言之,如何培养山东省济宁市中小学生的"国际理解"素养构成了本研究的第三个问题。

## 第四节
## 研究方法

本研究遵循逻辑与历史相结合的线索与思路展开研究，所采用的主要方法包括：文献研究法、访谈研究法、问卷测量法、内容分析法、案例研究法。

### 一、文献研究法

一般而言，教育文献研究法是指"通过搜集、整理、分析、研究教育文献，从而探索教育问题的一种间接的教育研究方法"。[①] 文献研究是进行教育研究的基础性和前提性工作。人类教育科学发展史中，已经形成大量内容翔实、便于参考的文献资料。为此，本研究充分利用国家图书馆、首都师范大学图书馆、首都师范大学教科书博物馆以及中国知网、维普、万方、读秀等数据库平台的数字化图书、学术论文及相关文献，在前人研究的基础上，利用教育学理论、心理学理论、马克思关于人的全面发展理论、建构主义学习理论等相关理论与观点，运用文献研究法分析国内外关于"国际理解"教育的基本理论、实践探索和学科渗透，梳理英国、美国、日本、韩国、国内各地开展"国际理解"教育实践的经验。

### 二、访谈研究法

访谈研究法是一种基于研究性交谈，即通过"寻访"被研究者并且对其进行"交谈"和"询问"，收集并形成与研究主题相关的第一手资料

---

① 李方. 现代教育研究方法[M]. 广州：广东高等教育出版社，2007：166.

的研究方法。① 关注现实，探讨山东省济宁市中小学生"国际理解"素养的培养建议，是本研究的最终目的。因此，只有先充分了解山东省济宁市中小学生"国际理解"素养的培养现状，才能找出培养过程中存在的问题，然后分析问题背后的原因，提出合理具体的改进措施，最后提出山东省济宁市中小学生"国际理解"素养的培养建议。基于此，本研究以中小学一线教师、管理人员、家长等为主要访谈对象，通过与他们交流，更加全面地了解山东省济宁市现行中小学生"国际理解"素养的培养目标、课程内容、主要做法和遇到的困难，从而提升建议的科学性与合理性。

## 三、问卷测量法

问卷测量是以问卷的填答作为测验任务，配合相应的评定量表完成的测量。研究中使用问卷完成测验的任务，不是一般地呈现调查的结果，而是为了与相应的评定量表结合为研究提供基于测量方式的解释。② 本研究是一项比较侧重于教学实际应用的研究，仅仅依靠对教育类学术文献的钻研，以及对历史经验、国际经验的梳理来开展，恐怕是不够的。本研究者真正深入到基础教育一线，以山东省济宁市曲阜市、兖州区、梁山县、邹城市、嘉祥县、泗水县、汶上县、鱼台县、金乡县、微山县、任城区和高新区13个县（市、区）城区和农村的小学及初中为样本，以每所学校的校长（或副校长）、教师、学生及家长等为调查对象。通过调查问卷，了解中小学校管理者、中小学教师等群体对于当前中小学生"国际理解"素养培养的认识，实际教学中山东省济宁市中小学生"国际理解"素养的培养现状，进而分析山东省济宁市中小学生"国际理解"素养培养存在的问题、原因及改进策略。

---

① 裴娣娜. 教育科学研究方法 [M]. 沈阳：辽宁大学出版社，1999：82.
② 宁虹，蔡春. 教育研究导论 [M]. 4版. 北京：北京师范大学出版社，2001.

## 四、内容分析法

教育领域的内容分析法是指："对各种材料、记录的内容、形式、心理含义及其重要性进行客观、系统和数量化描述的一种研究方法。它通常是先抽取有代表性的资料样本，然后将资料内容分解为一系列的分析单元，并按预先制定好的分析类别与维度系统地、严格地进行评判记录，最后对结果进行统计分析。"[①] 内容分析法是经常被应用的一种静态研究方法，特别适用于"对'国际理解'素养内容的研究"。本研究对内容分析法的应用，主要体现在对"联合国教科文组织、欧洲委员会、亚太国际理解教育研究院和经济合作与发展组织"的"国际理解"内容等进行深入的分析，对各自的内容指标进行分类汇总，从而为编制出我国中小学生"国际理解"素养的内容提供相应参考。

## 五、案例研究法

本研究运用案例研究法是为了直观明了地呈现研究事实，更好地说明山东省济宁市中小学生"国际理解"素养培养中的现象，以便于分析现象背后的原因。案例分析法强调通过对典型性具体事例进行细致和全面的观察，总结事例的内在规律。首先，本研究对山东省济宁市13个县（区、市）的52所基础教育一线学校所开展的"国际理解"教育案例进行分析，考察山东省济宁市"国际理解"素养的培养现状，了解"国际理解"素养培养存在的问题，分析问题背后的原因，提出改进方向。其次，研究山东省济宁市中小学生"国际理解"素养培养的具体做法。最后，揭示山东省济宁市中小学生"国际理解"素养培养的建议。

本研究的具体研究阶段和技术路线如图1-1所示。

---

① 董奇. 心理与教育研究方法（修订版）[M]. 北京：北京师范大学出版社，2004：304.

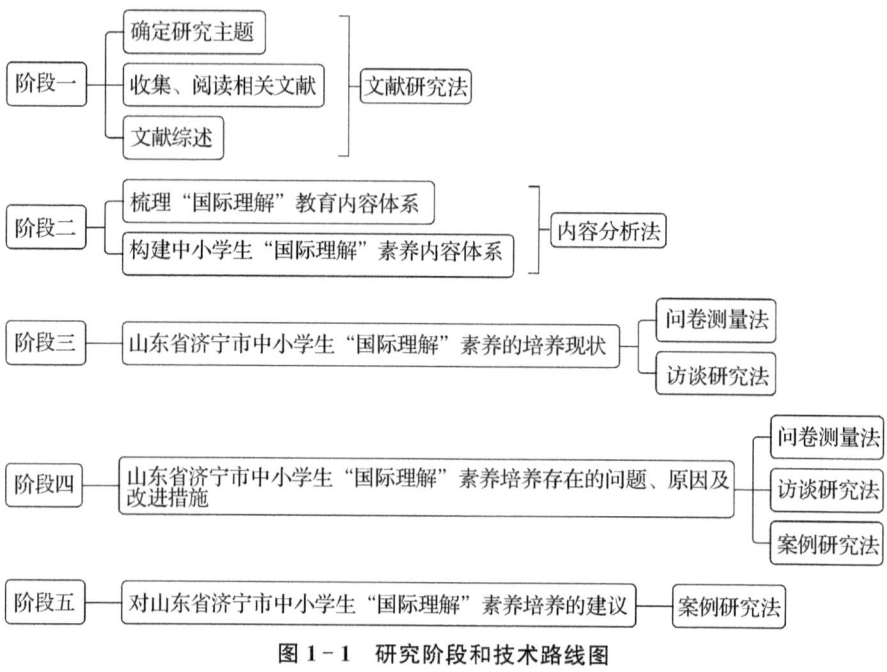

图1-1 研究阶段和技术路线图

# 第二章
# 中小学生"国际理解"素养的内涵与特征

人类是一个整体,地球是一个家园。面对全球共同的治理问题,任何国家或地区以及任何人都不可能独善其身。当今社会,粮食安全、气候变暖、网络黑客、环境污染、跨国犯罪等全球性问题层出不穷,对社会和人类的生存和发展提出了严峻的挑战。人类需要从"国际误解"走向"国际理解",人类命运共同体的价值观为中小学生"国际理解"素养的培养提供了理论指引。不同文化背景、种族、宗教信仰和不同国家、地区的人们,实际上都处在一个命运共同体中。我们培养中小学生"国际理解"素养,必须准确把握这一命题的本质内涵。因此,本章先阐释"国际理解"素养这一核心概念。

# 第一节
# 中小学生"国际理解"素养的内涵

"International"（国际）是 inter 和 national 的合成词。inter 的中文意义是"相互的，相互间的"，national 的中文意义是国家的，international 的意思是"各个国家之间的"。《现代汉语词典》对"国际"的解释是："国与国之间、各国之间；与世界各国有关的（事物）。"① 《说文解字》对"国"与"际"的解释分别是："国，邦也，从囗，从或。《周礼》注曰：'大曰邦，小曰国'"②"际，壁会也，意为墙壁之间的缝隙"③。国际意味着实践的范围，它不是"自我"中心，也不是"他者"中心，而是介于"自我"与"他者"两个中心之间的部分。

《说文解字》对"理"和"解"分别作了解读，"理，治玉也。从玉，里声"④，意为梳理玉石的纹理；"解，判也，从刀判牛角。一曰解豸，兽也"⑤。理解是顺着脉理或条理进行剖析，从道理上了解，指了解，认识，说理分析，见解。按照《现代汉语词典（第 6 版）》对理解的解释，理解就是懂和了解的意思。⑥ 根据《牛津英语词典》的定义，理解是指"能够充分了解对象的意义与本质，能够恰当实践，能够明白自己所处的位置，了解自己的意义或情况，知道如何实施恰当的行为"。《现代汉语词典》版本的理解强调事物间联系的结果；《牛津英语词典》版本的理解侧重于事物间内在或外在联系的过程。"理解"是将未知事物的变化和发展逻辑同

---

① 中国社会科学院语言研究所词典编辑室. 现代汉语词典（2002 年增补本）[M]. 3 版. 北京：商务印书馆，2002：480.
② 许慎，汤可敬. 说文解字今释 [M]. 长沙：岳麓书社，1997：844.
③ 许慎，汤可敬. 说文解字今释 [M]. 长沙：岳麓书社，1997：2104.
④ 许慎，汤可敬. 说文解字今释 [M]. 长沙：岳麓书社，1997：45.
⑤ 许慎，汤可敬. 说文解字今释 [M]. 长沙：岳麓书社，1997：611.
⑥ 中国社会科学院语言研究所词典编辑室：现代汉语词典（2002 年增补本）[M]. 3 版. 北京：商务印书馆，2002：744.

人固有的认识相统一的过程。① 在认识新事物、获取新知识的过程中，如果事物的发展逻辑与认识主体（人）原有的认识不发生对立、冲突或矛盾，我们就称之为理解，否则就称为不理解或者难以理解。理解是每个人的大脑对事物本质的一种认识，就是我们通常所说的知其然，又知其所以然，一般也称为了解或领会。心理学层面的理解是指认识或揭露事物中的本质的东西。② 理解与概念和问题都有密切关系，有时是互相重叠的。理解是以已有的知识经验为基础，与新事物建立新联系。理解是逻辑思维的基本环节，概念、判断和推理都建立在理解的基础之上。正如《庄子与惠子游于濠梁之上》所说的"子非鱼，安知鱼之乐？……子非我，安知我不知鱼之乐？"说的就是"理解"的意义。

"二战"结束后，为了促进世界和平，推动不同国家和人民之间的相互了解和尊重，1946年，联合国教科文组织在第一届大会上首次提出了"国际理解教育"理念，指出"国际理解"的核心要义是增进了解、互相宽容、加强团结、合作共赢。2020年6月，《教育部等八部门关于加快和扩大新时代教育对外开放的意见》指出，在基础教育领域，要加强中小学"国际理解"教育，帮助学生树立人类命运共同体意识，培养德智体美劳全面发展且具有国际视野的新时代青少年。因此，提升不同国家、地域，拥有不同文明、习俗和文化的人类之间的相互理解、对话、尊重具有重要性和必要性。加强中小学生"国际理解"素养的培养研究，并将"国际理解"理念渗透到中小学生日常学习和生活的方方面面；将人类命运共同体这一价值观与中小学生"国际理解"素养的培养紧密融合。③

我国中小学生的"国际理解"素养是什么呢？它又包含哪些具体内容？接下来，我们分析"联合国教科文组织、欧洲委员会、亚太国际理解教育中心、经济合作与发展组织"等对于"国际理解"教育内容的梳理，揭示我国中小学生"国际理解"素养的内涵。

---

① 张杰. 加强物理情境创设 促进学生全面发展[J]. 物理之友，2022，38（7）：51-52，57.
② 朱智贤. 儿童心理学[M]. 5版. 北京：人民教育出版社，2009：200.
③ 沈慧岚. 区域推进中小学国际理解教育的载体构建[J]. 上海教育科研，2021（2）：73-76.

1995年,联合国教科文组织发布《为促进教育中的国际维度开发、评价和修订国际教育的课程、教科书和其他教育材料的指导方针和标准》(Guidelines and Criteria for the Development, Evaluation and Revision of Curricula, Textbooks and other Educational Materials in International Education in Order to Promote an International Dimension in Education),首次以官方文件形式阐述"国际理解"教育在知识、技能、态度和价值观三个方面的内涵,构建了具体的、可操作的内容框架,共23个二级指标,知识层面主要有民族平等、维护和平、人权、发展、环境、珍视人类文化遗产和联合国体系;技能层面主要有批判性思维能力、解决问题能力、合作能力、想象能力、自信能力、解决冲突的能力、宽容能力、参与能力和沟通交流能力;态度和价值观层面主要有自我尊重、尊重他人、生态责任意识、和平与公正的使命感、开放的心态、同情心态、共同体意识。从以上内容可以看出,联合国教科文组织从"知识、技能、态度和价值观"等三维目标的视角构建了23个二级指标,对"国际理解"素养内容进行全面总结,提出可操作、具体的内容标准,这是联合国教科文组织对半个世纪以来推动"国际理解"素养培养所进行的一次总结性梳理。

2016年,欧洲委员会(Council of Europe)发布《民主文化能力:在文化多样的民主社会中平等地生活在一起》(Competences for Democratic Culture: Living together as Equals in Culturally Diverse Democratic Societies)。欧洲委员会提出了个人参与民主文化能力的内容框架,主要有价值观、态度、技能、知识和批判性理解四个内容。其中,价值观主要有重视人的尊严和人权,重视文化多样性,重视民主、公正、公平、平等和法治;态度主要有对文化差异和其他信仰、世界观和实践的开放,尊重,公民意识,责任,自信心和歧义容忍度;技能主要有自主学习技能,分析和批判性思维能力,倾听和观察的技巧,移情,灵活性和适应性语言、交际和多种语言技能,合作技巧,冲突解决技巧;知识和批判性理解主要有对自我的认识和批判性理解语言、交际的知识和批判性理解、对世界的认识和批判性理解。从以上内容可以看出,欧洲委员会个人参与民主文化能力指标体系从价值观、态度、技能、知识和批判性理解等四个方面,以"尊重人的尊严和人权""重视文化多样性""重视民主、公正、公平、平等和法治"等23个指标构建了欧洲委员会个人参与民主文化能力的内容。

# 第二章　中小学生"国际理解"素养的内涵与特征

2003年,亚太国际理解教育中心编写了一套中小学教材《培养全球公民——国际理解教育》,这套教材系统阐述了中小学阶段国际理解教育内容,[①] 从小学阶段到高中阶段制定出相关主题,并在各自主题下明确主要内容。小学阶段有"他文化理解""地球村的生活""人权尊重""缔造和平""环境保护"五大主题;初中阶段有"他文化理解""全球化与我们""人权保护""和平世界""地球环境"五大主题;高中阶段有"文化间理解""正确的全球化""人权尊重""和平文化""可持续发展"五大主题。从以上主题和主要内容我们可以看出,亚太国际理解教育中心编制的中小学国际理解教育内容着眼于全球视域,以人类社会共同面临的全球性问题为主题,以问题解决、致力于全球共生为最终目标。

经济合作与发展组织(OECD)在2018年PISA测评中提出了全球胜任力的定义。全球胜任力是指在具有审查当地、全球和跨文化的能力的基础上,理解并欣赏他人的观点和世界观,与不同文化的人进行积极有效的互动,并为集体福祉和可持续发展采取行动的能力。经济合作与发展组织(OECD)提出全球胜任力由"知识、价值观、态度和技能"这四个支撑要素组成。

从联合国教科文组织"国际理解"内容的年龄或教育程度划分来看,研究年龄学段在学前段或小学低段、小学高段、初中段和高中段等四个年龄段。从联合国教科文组织、欧洲委员会、亚太国际理解教育中心和经济合作与发展组织的研究来看,"国际理解"内容主要有知识、能力、态度或价值观。有的组织把价值观和态度合并,有的组织分成两个版块。以上组织对于"国际理解"具体内容的研究,主要从民族平等、维护和平、人权等方面进行。本研究者对相关内容进行分析,分类汇总。如在知识层面,四个组织有两个组织关注"民族平等",本研究者认为参考点为"2"。再如在能力层面,四个组织一致关注"批判性思维",参考点则为"4",知识、能力、情感态度价值观的各个参考点汇总如表2-1所示。

---

[①] 姜英敏. 韩国"全球公民教育"的发展及其特征[J]. 比较教育研究,2013,35(10):49-54.

表2-1 联合国教科文组织、欧洲委员会等四组织关于"国际理解"内容的分析汇总表

| 领域 | 内容 | 参考点 | 领域 | 内容 | 参考点 | 领域 | 内容 | 参考点 |
|---|---|---|---|---|---|---|---|---|
| 知识 | 民族平等 | 2 | 能力 | 批判性思维 | 4 | 情感态度价值观 | 自我尊重 | 4 |
| | 维护和平 | 4 | | 解决问题 | 3 | | 尊重他人 | 3 |
| | 人权 | 4 | | 合作能力 | 3 | | 生态责任 | 1 |
| | 发展 | 2 | | 想象能力 | 1 | | 和平公正 | 3 |
| | 环境 | 2 | | 自信能力 | 3 | | 开放心态 | 3 |
| | 人类文化遗产 | 4 | | 解决冲突能力 | 3 | | 同情心态 | 3 |
| | | | | 宽容能力 | 4 | | | |
| | | | | 参与能力 | 1 | | | |
| | 联合国体系 | 3 | | 沟通交流能力 | 3 | | 共同体意识 | 2 |
| | | | | 公民意识 | 2 | | | |
| | | | | 自主学习能力 | 1 | | | |

前文从"理解""国际理解""国际理解素养"三个方面梳理相关的核心词，并对"联合国教科文组织、欧洲委员会、亚太国际理解教育中心和经济合作与发展组织"关于素养的内容进行分析，整理出25个具体的参考点。我国对学生发展核心素养也有自己的界定：主要指学生应具备的、能够适应终身发展和社会发展需要的必备品格、关键能力和正确的价值观。这是学生发展核心素养的中国表达，表明了中国立场。①《中国学生发展核心素养》指出，"国际理解"是指具有全球意识和开放的心态，了解人类文明进程和世界发展动态；能尊重世界多元文化的多样性和差异性，积极参与跨文化交流；关注人类面临的全球性挑战，理解人类命运共同体的内涵与价值等②。

综合以上梳理和分析，各组织的"国际理解"素养主要包含"知识、

---

① 成尚荣. 核心素养的中国表达 [M]. 上海：华东师范大学出版社，2018：200.
② 林崇德. 构建中国化的学生发展核心素养 [J]. 北京师范大学学报（社会科学版），2017（1）：66-73.

能力和情感态度价值观",我国的核心素养包含"必备品格、关键能力和正确的价值观","国际理解"包含"意识心态、跨文化交流和命运共同体内涵"等三个方面。概而言之,本研究中小学生的"国际理解"素养定义为"中小学生必须具备的,适应个人终身发展和社会高质量发展的,由'全球意识、跨文化对话能力和共同体观'组成的综合性素养。具体表现为民族理解、人的发展、环境理解、人类文化遗产、和平理解、联合国体系、创新能力、自信能力、合作能力、沟通能力、批判能力、问题解决能力、认识自己、认识他人、仁爱、责任公心、开放心态、世界公民等18个要点"。

可以看出,我国中小学生"国际理解"素养立足于中华民族文化认同,基于人类命运共同体价值观的视角,以开放的心态和国际的视域,尊重世界文化的多元、融合和差异性,并求同存异地进行跨文化对话,共同面对全球性问题和挑战。本研究的年龄段为九年义务教育阶段,即小学低段、小学高段和初中段。

中小学生"国际理解"素养的主要内容,如图2-1。

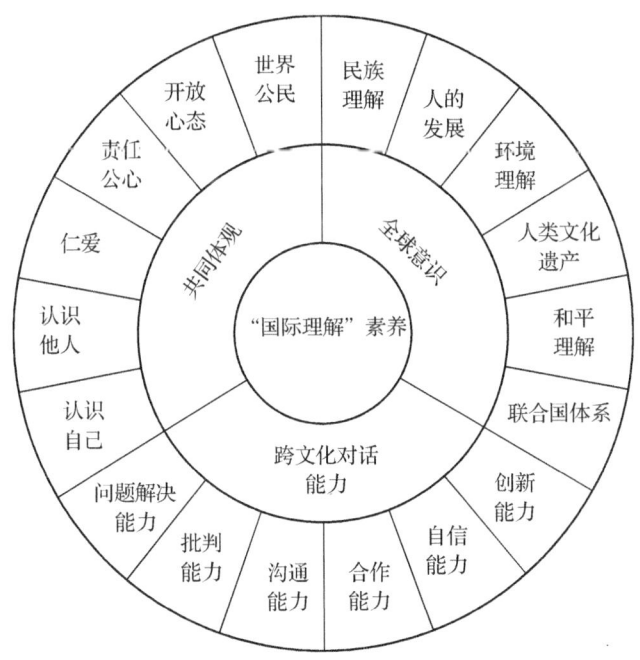

图2-1 中小学生"国际理解"素养内容组成图

我国中小学生"国际理解"素养是在梳理并参照各国际组织"国际理解"内容体系的基础上，立足于中华民族文化认同，基于人类命运共同体的价值观，根据中小学生的年龄特点和认知规律确定的内容（详见表2-2）。下面，本研究者从"全球意识、跨文化对话能力、共同体观"三大领域、十八个要点对我国中小学生"国际理解"素养内容进行揭示。

## 一、全球意识

意，有见解、识见之意。[①] 识，有知识、见识之意。[②] 意和识都有见识、知识、见解之意，知识是人们在社会实践中所获得的认识和经验的总和。[③] 意识是人的大脑对于客观物质世界的反映，是感觉、思维等各种心理过程的总和，其中，思维是人类特有的反映现实的高级形式。[④] 全球意识是指地球上的人们整体的、系统的共同性意识，人们从全球的视角、眼光和利益出发，把地球看作一个整体，各个国家或组织共同努力，采取有利于整个人类社会的发展策略，去分析和解决全球范围内的一系列问题的意识。全球意识是中小学生"国际理解"素养的知识层面。

在全球化背景下，越来越多的问题都需要人类社会共同面对和共同处理，需要开展全球合作，这需要各国人民通过文化交流进一步反思自己和认识他人，从而将互相孤立、客观依赖转变成积极主动、有共同目的的共同行动和团结互助。[⑤] 在全球化背景下，人们渴望沟通和交流，却总是不能相互理解，因此常常产生误解，甚至堕入普遍性的社会心理病态。人与人交流沟通时，可以彼此学习、启迪思想、互相理解。伽达默尔认为，"理解是人类存在的基础。每当我们试图弄清别人的意思时，就进入了理

---

[①] 何九盈，王宁，董琨. 辞源 [M]. 3版. 合订本. 北京：商务印书馆，2019：834.
[②] 何九盈，王宁，董琨. 辞源 [M]. 3版. 合订本. 北京：商务印书馆，2019：2112.
[③] 中国社会科学院语言研究所词典编辑室. 现代汉语词典（2002年增补本）[M]. 3版. 北京：商务印书馆，2002：1678.
[④] 何九盈，王宁，董琨. 辞源 [M]. 3版. 合订本. 北京：商务印书馆，2019：1284.
[⑤] 联合国教科文组织总部中文科. 教育，财富蕴藏其中：国际21世纪教育委员会报告 [M]. 北京：教育科学出版社，1996：285.

解的过程。当我们理解他人时，他人的想法就进入到我们的思考当中"[①]。当别人理解我们时，我们的想法就进入到他人的思考当中。当意图得到确认和正确反映后，我们就相互理解了。

基于前文对"联合国教科文组织、欧洲委员会、亚太国际理解教育中心和经济合作与发展组织"关于"国际理解"素养的内容分析，本研究保留"民族平等""维护和平""人权""人类文化遗产""联合国体系"等内容，合并"环境"与"发展"这两大内容组成"环境理解"，把"人权"调整为"人的发展"，形成本研究的"全球意识"内容，主要有民族理解、人的发展、环境理解、人类文化遗产、和平理解和联合国体系等具体内容。

1. 民族理解

民族指的是历史上形成的，处于不同社会发展阶段的各种人的共同体。[②] 它可以是中华民族、日耳曼民族、俄罗斯民族等，也可以特指具有共同语言、共同区域、共同经济生活以及共同心理素质的人的共同体，[③] 比如我们国家的汉族、藏族、苗族等。

民族理解主要表现在：不仅了解本民族的习俗、风俗、文化，而且了解本国其他民族或世界各国民族的习俗、风俗和文化，树立世界各民族或世界各国之间民主平等的观念，不论民族、种族、肤色、宗教信仰还是受教育程度等都是平等的，初步形成解决全球性共同问题的能力。民族理解意味着社会成员对本民族内部之间、民族与民族之间所具有的认知、情感、意志与行动等层面的认可、赞同、肯定与倾向。

2. 人的发展

人的发展关注以人为本，尊重人的尊严，关心人的利益和关注人的生存与发展主体地位。以发展的眼光培养人是人类的集体愿景，人类享有尊严，赢得尊重，不受差异或差别的影响，最终实现全面发展。[④] 洛克说：

---

[①] 武永江. 论导师与研究生探究型对话的构建 [J]. 中国高教研究，2011 (6)：56-58.

[②]、[③] 中国社会科学院语言研究所词典编辑室. 现代汉语词典 [M]. 7版. 北京：商务印书馆，2016：910.

[④] 何齐宗，晏志伟. 全球视野的德育理念：目标、内容、策略及启示：基于联合国教科文组织教育文献的研究 [J]. 教育科学，2020，36 (6)：7-13.

"人类天生都是自由、平等和独立的。"① 作为主体的人，既是自然人，又是社会人；既是思想人，又是行动人；也可以是个人组成的群体主体或人类主体。"国际理解"素养"全球意识、跨文化对话能力、共同体观"相统一的实质，是通过立德树人来发展人，真正落实立德树人的根本任务。立德树人是具有中国特色的育人模式，它的核心是育人，而所育的人必须具有必备品格，又必须具有关键能力，还必须具备正确的价值观，这样的人才是完整的人。

人的发展主要表现在：理解并掌握尊重自己、尊重他人的知识，理解人的发展的丰富含义，能够感知人格尊严的重要性，会关注和思考全球范围内的人的发展问题，从小树立发展他人、发展自己的观念。

### 3. 环境理解

环境是指我们周围的地方或所处的情况或条件。地球生态圈是一个完整的系统，一个包含人类且能承受巨大压力的系统。但我们越贪婪地从我们赖以生存的生态系统中攫取，就越逼近那个可能导致不可逆转的大崩溃的临界点。② 除了自然环境遭遇严重破坏，社会环境的破坏也同样不可忽视。极权主义、排他性民粹主义和政治极端主义不断涌现，对民主之力发起挑战。③ 加速的全球化和人口流动，被迫迁徙和流离失所，加剧的种族主义、偏见、不宽容、歧视等非人道的影响使我们所处的社会环境更加复杂多变。④ 全球性贫困性问题、民主倒退、颠覆性的自动化技术、国家和地区之间的不平等越来越严重。

环境理解主要表现在：全面、准确、充分理解环境污染对世界带来的影响，养成爱护环境的习惯，树立保护环境的意识，主动作为，实现人与自然的和谐相处，正确处理地球环境和可持续发展的关系，关注环境污染、气候变暖等国际社会共同面临的全球性问题，帮助学生树立高质量发

---

① 洛克. 政府论 [M]. 叶启芳, 瞿菊农, 译. 北京：商务印书馆, 1964：59.
② 联合国教科文组织. 一起重新构想我们的未来：为教育打造新的社会契约 [M]. 北京：教育科学出版社, 2022：32.
③ 冯建军, 刘霞. 走向类存在：面对人类发展困境的道德教育 [J]. 高等教育研究, 2022, 43 (10)：41-48.
④ 联合国教科文组织. 一起重新构想我们的未来：为教育打造新的社会契约 [M]. 北京：教育科学出版社, 2022：9.

展和可持续发展的理念。

4. 人类文化遗产

有学者认为，文化是指人在改造客观世界、协调群体关系、调节自身情感的过程中所表现出来的时代特征、地域风格和民族样式。[①] 文化是人类在社会发展过程中所创造的物质财富和精神财富的总和，特指精神财富，如文学、艺术、教育、科学等[②]，是一项由联合国发起、联合国教育科学文化组织负责执行的国际公约建制，以保存对全世界人类都具有普遍杰出性价值的自然或文化处所为目的。人类文化遗产主要表现在三个方面：文化的多元性、文化的差异性和文化的融合性。

首先，理解文化是多元的。正因为时代特征、地域风格和民族样式的不同，才使得文化表现出五彩缤纷的形态。其次，理解文化是有差异的。文化的差异源自时代、地域和民族的不同，但随着科技的进步、交通的改善、信息的加强，不同民族、地域之间以经济交往、文化交流、政治对话、军事征服等各种方式渐渐打破固有的文化疆界。[③] 最后，理解文化具有融合性。不同文化之间的交流和渗透是人类历史社会发展的必然。每一个民族都有其自身的文化系统。这一系统并不是一成不变的，而是处于不断发展、变化、建构和解构的过程。

5. 和平理解

暴力、毒品、政局动乱、地区冲突、难民危机、恐怖主义等有关的暴力犯罪或武装冲突，依然威胁着全球安全，阻碍人类社会发展和世界经济发展。二战结束近80年来，人类至少经历了200多次大小冲突或战争。和平理解的关键在于对"和平文化"的认同。和平文化是以民主、平等、尊重、理解、宽容、互助等为主要内容的文化。和平文化的认同有利于全球成员在人类命运共同体意识下相互依存、团结协作和关爱互助，共同面对全球性问题，有利于全人类的稳定和可持续性发展。

和平理解主要表现在：学会换位思考，站在他人的角度思考问题，懂

---

① 陈炎. "文明"与"文化"[J]. 学术月刊, 2002（2）：68-73.
② 中国社会科学院语言研究所词典编辑室. 现代汉语词典（2002年增补本）[M]. 3版. 北京：商务印书馆, 2002：1371-1372.
③ 陈炎. "文明"与"文化"[J]. 学术月刊, 2002（2）：71.

得表达自己和体谅他人，学会和睦共处；能够全面、充分地理解团结合作的重要性和必要性，且能够践行团结与合作；体会战争给全世界人民带来的灾难和创伤，增强维护和平、信守和平的意识，培养契约精神。

6. 联合国体系

体系指的是若干有关事物或某些意识互相联系而构成的一个整体。[①] 联合国是在第二次世界大战之后由主权国家组成的政府间国际组织，主要目的是促进世界发展与维护世界和平。联合国体系是指在全球范围内，世界政治、经济、文化、社会、生态等构成的一个整体。联合国体系主要包含以下三个方面的内容：集体中的生活，地球村的生活，全球化与我们。

联合国体系主要表现在：了解集体中的生活、地球村和全球化的知识，了解联合国的运行方式，进行角色认同，学会在集体中生活；学会准确、充分、全面了解世界各国的发展状况和趋势、国际时事、全球化概念及参与全球经济一体化对国家的影响，建立人类社会共同利益和共同价值观，共同面对挑战与机遇，意识到全球化背景下合作共赢是历史发展的必然趋势。

## 二、跨文化对话能力

跨文化对话能力是不同文化背景、民族、种族、国家和地区的人们进行积极、有效沟通交流的能力。跨文化对话能力决定着社会成员在全球意识的基础上进一步理解感受文化多样性和差异性的能力，决定着社会成员通过交流、沟通、批判、创新、解决问题等能力进行文化融合，尊重和包容世界的多元文化。每一位社会成员在了解全球范围内不同文化的基础上，进行跨文化对话，形成尊重文化的多元性的价值观。跨文化对话能力是中小学生"国际理解"素养的能力层面。

一般来说，对话在两人及更多人之间进行，也可以一个人与自己进行对话。马丁·布伯认为，对话关乎"我—他"与"我—你"的关系。马丁·布伯的观点又影响了保罗·弗莱雷的"觉醒"观点和诺丁斯的"关

---

① 中国社会科学研究院语言研究所词典编辑室. 现代汉语词典 [M]. 7 版. 北京：商务印书馆，2016：1288.

爱"观点。文学批评家巴赫金认为，对话存在于人和事之外，旨在寻求理解。他指出："欲去理解他人，须得在时间、空间和文化诸方面把自己置身于他所欲创造性地去理解的对象之外，这一点无比重要。"① 在语言学领域，对话是两个或两个以上的人以语言为中介所进行的交流或会谈；从解释学的角度看，对话是指双方各自基于自己的理解结构，通过交流达成的一种视界融合，它不仅发生在人与人之间，还发生在人与物之间，不但发生在语言中，而且发生在语言外，如人与人对话、人与物对话等等；从社会学和文化学的角度看，对话是一种交往和互动、沟通和合作的文化，是民主、平等、理解和宽容联系在一起的以之为前提的文化。② 因此，对话是理解人和事的一条途径。跨文化对话能力应该从理解自己民族、国家或区域的文化发展到理解邻里民族、国家或区域的文化，并最终发展到理解世界性文化。

基于前文对"联合国教科文组织、欧洲委员会、亚太国际理解教育中心和经济合作与发展组织"关于"国际理解"素养的内容分析，本研究把"跨文化交流"或"能力"调整为"跨文化对话能力"，保留"批判性思维""解决问题""合作能力""沟通交流能力""自信能力"，同时把"解决问题"和"解决冲突能力"融合为"问题解决能力"，把"参与能力"和"想象能力"融合为"创新能力"，形成本研究的"跨文化对话能力"内容，即创新能力、自信能力、合作能力、沟通能力、批判能力和问题解决能力等。

1. 创新能力

习近平总书记指出："创新是一个民族进步的灵魂，是一个国家兴旺发达的不竭动力，也是中华民族最深沉的民族禀赋。在激烈的国际竞争中，唯创新者进，唯创新者强，唯创新者胜。"创新包括四个子系统，它们构成了创新素养的有机整体：创新的动机、需要，创新意识和创新精神等；注意、感知、记忆和思维等，其中创造性思维是核心；创造性人格，如好奇心、独立性等是其要素；创新活动的各种外显行为和技能构成。

---

① Bakhtin M M. Response to a question from the Novy Mir editorial staff. Bakhtin M M. Speech genres and other late essays. Austin：University of Texas Press，1987：7.
② 张增田，靳玉乐. 论新课程背景下的对话教学 [J]. 西南师范大学学报（人文社会科学版），2004（5）：77.

创新能力主要表现在：独立思考，积极主动地收集各种资料和信息，分析各种因素；保持好奇心和进取心；主动发现问题、提出问题、分析问题和解决问题，大胆假设、小心求证，敢于质疑，不人云亦云，进一步提高想象能力和思考能力。

2. 自信能力

自信能力是指相信自己的能力和品格，包括乐观、独立、自律、自我认知、自我接纳、自我激励，更重要的是指文化自信。袁娥指出："加强中华民族文化建设，才是增强国家认同的根本。"[①] 从国家层面看，我国提出"提高国际话语权，要加强国际传播能力建设……讲好中国故事，传播好中国声音，阐释好中国特色""让中国文化走出去""增强国家认同和家国情怀，坚定文化自信"等，以使世界更好地理解中国，提升我国的国内外影响力，促进、实现民族文化自信。因此，文化自信是跨文化对话能力的应有之义，自信能力是跨文化对话能力的重要能力之一。

自信能力主要表现在：能够独立处理事情，对中国传统文化充满信心；认为中华民族优秀传统文化具有优越性，对中国传统文化的传承与发展充满信心；用宽容开放的心态接受各类事物，为实现特定目标而采取积极的行动。

3. 合作能力

合作一般指两人或更多人为了共同的目的一起工作或共同完成某些任务。合作不仅需要接受和保持文化的多样性，还需要我们摒弃前置偏见或分歧。合作是建设富有凝聚力社会的关键，同情心、同理心和怜悯心都可以转化成团结合作的力量。当下，集体主义仍然是社会所必需的重要价值观，其凝聚社会、塑造认可的作用不可小视。[②] 每一个社会成员需要在了解个人和他人的基础上相互接触、共同合作。美国人托马斯·弗里德曼认为，合作在家门口进行，距离、障碍一旦被拆除，世界就变平了，变得畅通无阻。面对这样一个世界，我们更需要团队精神，更需要合作和凝聚力。

合作能力主要表现在：理解个人在集体中合作的重要性，求同存异、

---

① 袁娥. 民族认同与国家认同研究述评 [J]. 民族研究，2011 (5)：91-103，110.
② 张颐武. 集体主义没有过时 [N]. 环球时报，2015-11-24 (14).

欣赏他人，需要有配合的意识，主动与人合作；乐于参与集体活动，能够解释和消除分歧，并能为实现共同目标而努力。

4. 沟通能力

沟通一般指使双方都能通连。沟通的过程追求民主、平等、公正。沟通交流的双方相互尊重彼此的观念、观点和人格，彼此信任和尊重。沟通双方认真倾听对方的观点、意见和想法，且大胆地表达自己的观点、意见和想法。沟通要从本地区、本民族语境出发，既保持民族性，又以开放包容的心态去面对世界的多元；沟通意味着迈出主动的步伐，形成互助共享的理念；沟通还需要拥有必备的表达能力，能够用合适的语言阐述自己的观点。

沟通能力主要表现在：具备倾听和沟通的能力，与不同文化背景的人开放、得体、有效地沟通；了解跨文化背景的文化规范和对话方式，并能根据实际情况调整行为和交流方式；形成运用母语以外的一种语言，与其他国家的人员进行交流并理解其他国家文化的能力。

5. 批判能力

批判是指分析判别、评论好坏的能力。批判能力是主动探索的意识，不得过且过，具有积极的好奇心理；批判能力又是独立思考的精神，不人云亦云，具有良好的质疑能力；批判能力还是"大胆假设、小心求证"的习惯，猜测、想象、推理、实证的能力以及发现、提出、分析、解决问题的能力，具有初步的理性精神以及实践和创新的能力；批判能力更是有条理地表达自己想法的能力以及良好的交流沟通能力，用批判的眼光观察世界，用批判的思维思考世界，用批判的语言表达世界，尤其是"在别人看到一片混乱的地方看出事物发展的规律"。正如叔本华所说："不要让自己的大脑变成别人思想的跑马场。"如果任由自己的思想被别人的思想统治，那我们的头脑便完全成了工具，成了别人思想的附庸。[①]

批判能力主要表现在：以系统和逻辑的方式分析、评估和判断文本、论点、解释、问题、事件、经验等材料的能力；有效地结合综合知识和批判性推理，培养运用高阶思维的能力；提高批判性意识、批判性能力和质疑能力。

---

① 王海英. 教育"无思"的质询 [J]. 湖南师范大学教育科学学报，2004 (4)：16-19.

6. 问题解决能力

问题是造成应有状态与现有状态之间存在差距的各种影响因素。纽厄尔和西蒙认为，所谓"问题"是指这样一种情景：个体想做某件事，但不能马上知道做这件事所需采取的一系列行动。[①] 事实上，当我们遇到各种情况却不能直接解决它时，就有了问题。[②] Mayer 和 Wittrock 认为，"对于问题解决者来说，问题解决就是在没有明显的解决方式时，指向实现某个目标的认知加工"[③]。安德森把问题解决定义为"任何受目标指引的认知性操作序列"。刘友霞博士认为："问题解决能力，是指每一个社会成员面对具体的问题时，能够准确地把握事物发生问题的相关因素或各种关联，有效地寻找、挖掘、整合并利用相关资源，提出解决问题的可行方案，并付诸实施，进行调整和改进，从而使问题得到解决的能力。"[④]

问题解决能力主要表现在：在课堂学习过程中能够自主、合作、探究地解决问题；解决生活中的实际问题；初步形成科学、合理的解决问题的能力，以客观和理性的思维方式理解冲突，并对这些冲突提出科学的解决方案。

## 三、共同体观

共同体观是不同文化背景、民族、种族、宗教信仰、国家和地区等的人们对于共生、共建、共赢、共享的社会性生态圈的态度和看法。观，是对事物的认识和看法。[⑤] 观点是观察事物所处的位置或采取的态度，[⑥] 通常

---

[①] 刘友霞. 高中生问题解决能力发展的实证研究：以 S 市为例 [D]. 上海：华东师范大学，2015.
[②] 陈琦. 教育心理学：原理与应用 [M]. 合肥：安徽教育出版社，2004：143.
[③] 张咏梅. 表现性评定及其对数学自我效能感、数学问题解决能力的影响 [D]. 北京：北京师范大学，2004：132.
[④] 刘友霞. 高中生问题解决能力发展的实证研究：以 S 市为例 [D]. 上海：华东师范大学，2015.
[⑤]~[⑥] 何九盈，王宁，董琨. 辞源 [M]. 3 版. 合订本. 北京：商务印书馆，2019：374.

有人生观、世界观和价值观，如价值观就是对经济、政治、道德、金钱等所持有的总的看法。人们的社会地位不同，人生观、世界观和价值观等也不同。党的十八大提出"人类命运共同体"这一理念，这一理念丰富了"国际理解"的内涵。共同体的受益对象是"人类"，体现了全球社会成员、世界各民族休戚与共、同频共振，彼此之间紧密相连。"共同体观"包含共同探讨全球问题、共同制定全球规则、共同做好全球发展、共同分享发展成果。共同体观是中小学生"国际理解"素养的情感态度价值观层面。

基于前文对"联合国教科文组织、欧洲委员会、亚太国际理解教育中心和经济合作与发展组织"关于"国际理解"素养的内容分析，本研究把"情感态度价值观"或"共同体意识"融合为"共同体观"，保留"开放心态"，同时把"自我尊重""尊重他人"分别替换为"认识自己""认识他人"，把"共同体意识"上升为"共同观"，把"同情心态"调整为"仁爱"，把"生态责任"和"和平公正"融合为"责任公心"，形成本研究的"共同体观"内容，即认识自己、认识他人、仁爱、责任公心、开放心态和世界公民等具体内容。

1. 认识自己

希腊德尔斐神庙的门楣上刻有"认识你自己"。苏格拉底把"认识你自己"作为自己哲学研究的原则。"认识你自己"是要每一个社会成员将注意力从"自然界"转向"自身"。苏格拉底则把"人"看作是理性的"思维主体"，要求社会成员去发现人共同的、普遍的本质，通过"认识你自己"重构起人的本质。"认识你自己"就是认识心灵的内在原则，亦即认识"德性"。人会把自己的思维假定带入任何的群体之中。我们需要从内到外都做到各执己见，并反省。你可以把这视作把你自己放在自己面前进行审视——就像是在镜子前观察自己。[1]"认识你自己"就是不断提高个人人格修养的过程。每个人思想、道德、人格、情感、意志、理想、信念、言谈举止的培养和提高，也是每个人在这一过程中综合人格素质的不断提升。[2]

---

[1] 伯姆. 论对话 [M]. 王松涛, 译. 北京: 教育科学出版社, 2004: 23.
[2] 张传燧. 说"弘毅"与人格修养 [J]. 中国德育, 2014 (20): 24-28.

认识自己主要表现在：正确认识自己、了解自己，知道自己的优势和不足；客观评价自己，尊重自己，并对自我正确定位，体验尊重自己带来的快乐；客观、公正、全面地认识自己和客观世界的关系，激发自我内驱力，发展自己，引导自己朝着更好的方向发展。认识自己向更高层次发展是认识本民族、本国国情等。

2. 认识他人

人类是群居动物。在这个社会，我们每天都离不开和他人的交流。认识他人、了解他人、学会如何更有效地和他人相处，是我们一生都要不断学习的技能。《国语·郑语》认为，"以他平他谓之和"。"和"的核心在于，"他"与"他"之间应该互相尊重、相互平等，这是世界文明对话的基本规则。各文明主体的"他"与"他"之间、文明主体与自然之间、各宗教主体的"他"与"他"之间、各矛盾冲突主体的"他"与"他"之间，应该"和而不同"[1]"以和为贵"。以"和"为"贵"，"贵在"正确认识他人，认识"他"与"他"之间相互平等、尊重和信任，[2]"贵在"以德服人、以情感人、以行动人。认识他人的基础是尊重、平等、包容、互助、理解，认识他人需要尊重他人、了解他人、理解他人，相互学习，正如"三人行，必有我师"。

认识他人主要表现在：掌握认识他人的方法和策略，创造和搭建相互认识的机会和场所，多途径、多角度、多方法地了解他人；学会换位思考，理解、体谅他人的行为；善于接纳他人、欣赏他人、尊重他人、理解他人。

3. 仁爱

孔子认为"仁者爱人"，孟子认为"人人都有恻隐之心"，孟子的"恻隐之心"为孔子的"仁"找到了人文依据。子曰："智者乐水，仁者乐山；智者动，仁者静；智者乐，仁者寿。"孔子将智和仁相提并论，其意十分清楚。在儒家文化中，人格的完善需要两个重要的向度，一是智，一是仁。智指的是能力，仁指的是品格，主要是仁爱之心。这样的相提并论，

---

[1] 张立文. 中国传统文化与人类命运共同体[M]. 北京：中国人民大学出版社，2018：59.
[2] 张立文. 中国传统文化与人类命运共同体[M]. 北京：中国人民大学出版社，2018：59.

其实是一个结构，二者相互映照、相互关怀和相互支撑。① 中华优秀传统文化的仁爱思想对"国际理解"素养的仁爱内容表征提供了理论支撑。仁爱的基础是平等，仁爱是一种"普世价值"，不仅要爱自己，还应当爱他人、爱生命、爱自然、爱地球上的事与物。

仁爱主要表现在：培养对自己、家人、亲人、家庭、民族和国家的仁爱之心，理解他人的立场，能够站在对方的角度换位思考，有包容的心态和开放的心胸，富有同理心；与他人情感共鸣，同情弱势群体，培养助人为乐的精神品质；理解对他人情绪、情感的感受力和理解力，感受他人的内心世界，体验他人的感受，并作出恰当反应。

4. 责任公心

亚里士多德认为，责任是"理性的主体"。西塞罗认为，责任有绝对的责任，这一类责任符合道义和德行的要求；还有一类是功利主义角度的责任，即普通的责任。萨特认为，人是社会的一部分，人对自己负责，内含着对所有人负责。康德认为，作为一个有道德的人，则必须承担责任，否则的话，便只能称得上是物件。② 从以上观点我们可以看出，责任是人的个体行为，是个体行为选择的结果，即责任具有自然属性。责任还受到社会因素的影响，受制于社会发展的需要，即责任具有社会属性。

在中国，责任公心是中华优秀传统文化的重要内容。如顾炎武认为"天下兴亡，匹夫有责"，林则徐认为"苟利国家生死以，岂因祸福避趋之"，孙中山认为"天下为公"，周恩来认为"为中华民族之崛起而读书"等等，都表达了强烈的个人担当意识。全球化的进一步深化对国家发展、民族复兴、社会与个人发展所带来的众多机遇与挑战，互联网的强势对于责任公心的要求，生态环境的新问题对于责任公心的期望，都对责任公心提出了新要求。③

责任公心主要体现在以下三个方面：

第一，敢于承担。树立我为人人、人人为我的责任意识，为生态、他人、家庭、社会、国家、地球做一些力所能及的事情。

---

① 成尚荣. 核心素养的中国表达[M]. 上海：华东师范大学出版社，2018：38.
② 康德. 道德的形而上学原理[M]. 苗力田，译. 上海：上海译文出版社，2005：6.
③ 王润. 数字时代教科书的中华民族文化认同研究[D]. 北京：首都师范大学，2020：69.

第二，执行到位。责任公心需要正面引导，加强社会实践，提高学生的执行力，提升个体对生态、他人、家庭、社会、国家、地球的社会责任感。

第三，生态意识。从人与生态环境整体优化的角度来理解社会存在与发展的基本观念，是公民尊重自然的伦理意识，是人与自然共存共生的价值意识。

### 5. 开放心态

开放，是一种修养，也是一种个性，还是一种气度，更是一种心态。开放心态是能正确地认识自己、认识他人、认识社会等；开放心态也是热爱自己、热爱他人、热爱社会以及热爱周围的世界，并怀有强烈的兴趣去钻研和探索自己、他人、社会及周围的一切。开放心态要求我们能正确对待他人意见，乐于与别人交流、分享；能够迅速适应新的环境，不畏惧任何的困难和挫折。开放心态包含接纳心态和包容心态。接纳心态就是要接纳自己和接纳外界事物。接纳自己，即接纳自己的长处和短处，特别是接纳个人的不足，接纳自己能力和看法的局限性。接纳外界事物是指乐于主动去研究自己陌生的事物，表现出强烈的好奇心和求知欲。"接纳自己"是"接纳外界事物"的前提条件和基础。包容心态指主动听取别人意见，改进自己的工作，勇敢面对他人建议，勇于面对挑战，包容他人和事物的不足，并接纳外界事物。

开放心态主要表现在：接纳和包容不同民族、地区、国家的文化，尊重其文化的多样性和差异性，培养"国际理解"意识；以宽容开放的心态接受外来事物，了解不同的文化。

### 6. 世界公民

公民是具有或取得某国国籍，并根据该国宪法和法律规定享有权利和承担相应义务的人。在我国，公民与国民意义相同。中国公民建立在社会主义公有制的基础之上，发展目标应当是：培养广大公民与社会主义制度相适应、符合社会主义市场经济和民主政治发展要求的思想观念、意识形态和行为方式，为最终实现人的全面而自由的发展而努力。[①] 做好世界公

---

① 傅慧芳. 公民意识建构的中国理路：基于对西方公民意识普世性的反思 [J]. 政治学研究，2013（5）：45-54.

民的基础是先做好"中国公民"。

世界公民反映着人的本质生存状态，是"人"的主体意识自觉与历史价值规定的现实性获得。这就要求我们在世界公民的培育中，既要注重公民的个性特征，丰富个人的独特性，肯定公民的自主性，提高个人的主体性水平，激发个人自我发展的欲望，满足个人发展的合理需要和要求；又要观照公民的社会性，倡导公民意识的公共性品格，帮助公民承担责任、行使权利、协调关系，使公民超越狭隘的个体边界，融入社会生活，培养具有辩证的个体意识与集体意识的公民。

基于前文对"联合国教科文组织、欧洲委员会、亚太国际理解教育中心和经济合作与发展组织"关于"国际理解"素养的内容分析，中小学生"国际理解"素养的主要内容以表格形式整理如下：

表2-2 中小学生"国际理解"素养主要内容

| 一级指标 | 二级指标 | 主要内容 |
|---|---|---|
| 全球意识 | 民族理解 | 了解世界各民族风俗、习俗等知识以及民族平等的意义和原则 |
| | | 理解世界各民族文化，有各种族和民族都是平等的认识 |
| | | 树立世界各民族平等的观念，初步解决全球性的共同问题 |
| | 人的发展 | 理解并掌握尊重他人、尊重自己的方法，尊重他人的权利 |
| | | 理解人的发展的丰富含义，感知人的发展的重要性 |
| | | 关注和思考人的发展问题，树立发展他人、发展自己的观念 |
| | 环境理解 | 了解环境对生活的影响，养成爱护环境的习惯 |
| | | 理解环境污染对世界带来的影响，树立保护环境、低碳生活的意识 |
| | | 关注环境污染、气候变暖等全球性问题，建立高质量发展和可持续发展的理念 |
| | 人类文化遗产 | 了解不同民族、国家、地域和领域的文化，感悟文化的多元性，理解和尊重他文化 |
| | | 感受文化的差异性，理解造成这种差异性的原因；树立珍惜和保护世界文化遗产的意识 |
| | | 了解本国文化的发展历史，感受文化融合的历史规律，涵养接纳不同文化，树立文化融合的理念 |

(续表)

| 一级指标 | 二级指标 | 主要内容 |
|---|---|---|
| 全球意识 | 和平理解 | 学会站在他人的角度思考问题，学会表达自己和体谅他人，学会与他人和睦共处 |
| | | 理解团结合作的必要性和重要性，树立团结合作的意识 |
| | | 了解战争给世界带来的灾难和创伤，积极培养契约精神，增强维护和平、信守和平的意识 |
| | 联合国体系 | 了解联合国知识，并进行角色认同，感受自己在集体生活中的角色，学会在集体中生活 |
| | | 了解地球村的相关知识，感悟人类命运共同体的内涵和价值，正确面对战争、环境、资源等全球化问题 |
| | | 了解世界各国的状况和发展趋势、国际时事、全球化概念及全球一体化对我们的影响；了解人类社会有共同利益、共同价值观和共同挑战与困难，合作共赢是历史潮流，也是现实需要 |
| 跨文化对话能力 | 创新能力 | 独立思考，积极主动地查找相关资料，分析各种因素，拟定问题解决方案，提升问题解决能力 |
| | | 理解多元世界，学会从不同角度理解文化差异，培养创新意识 |
| | | 培养主动提出问题和发现问题的能力，鼓励大胆假设、小心验证，提高想象能力和思考能力 |
| | 自信能力 | 培养独立处理事情的能力，树立本国、本民族的文化自信意识，增强实现中国式现代化的责任感与使命感 |
| | | 加强国际文化交流，以宽容开放的心态接受各类事物，认同中华民族优秀传统文化的优越性 |
| | | 树立为实现目标而采取行动的积极信念，培养发现、提出、分析、解决问题的能力 |
| | 合作能力 | 理解尊重、倾听他人的重要性，感悟个人在集体中的价值 |
| | | 培养参与集体活动、解释和消除分歧、创造共同价值并实现共同目标所需的能力 |
| | | 认识个人在共同任务中的价值，增强团队合作意识，培养积极主动的合作态度 |
| | 沟通能力 | 理解跨文化背景下的文化规范、互动形式和对话方式，灵活地调整对话行为和交流方式 |
| | | 形成利用母语之外的至少一种语言与其他国家的人们进行交流，并理解其他国家文化的能力 |
| | | 培养倾听并有效沟通的能力，培养选择适当的技术和媒介手段与不同文化背景的人进行开放、得体、有效沟通的能力 |

第二章 中小学生"国际理解"素养的内涵与特征

(续表)

| 一级指标 | 二级指标 | 主要内容 |
|---|---|---|
| 跨文化对话能力 | 批判能力 | 培养以系统和逻辑的方式分析、评估和判断文本、论点、解释、问题、事件、经验等材料的能力 |
| | | 有效地结合综合知识和批判性推理,培养运用高阶思维的能力 |
| | | 增强批判性意识,提高批判性能力和质疑能力 |
| | 问题解决能力 | 培养认真听讲、主动学习、积极思考的习惯,自主、合作、探究地解决问题 |
| | | 创造机会,采取积极有效、可操作性的策略解决问题 |
| | | 培养解决全球性共同问题的能力,以客观和系统的方式分析冲突,并对这些冲突提出科学的解决方案 |
| 共同体观 | 认识自己 | 正确认识自己的重要性,了解自己,掌握认识自己的途径和方法 |
| | | 客观评价自己,正确自我定位,体验尊重自己带来的快乐 |
| | | 客观、全面地认识自己和客观世界,激发自我内驱力,发展自己,引导自己朝着更好的方向发展 |
| | 认识他人 | 掌握认识他人的方法和策略,创造和搭建相互认识的机会和场所,了解他人 |
| | | 学会换位思考,理解、体谅他人的行为 |
| | | 善于欣赏、接纳他人,尊重他人的隐私和人格 |
| | 仁爱 | 理解他人的立场和感受,站在他人的角度思考和处理问题,富有同理心 |
| | | 与他人情感共鸣,同情弱势群体,培养助人为乐的精神品质 |
| | | 理解对他人情绪、情感的感受力和理解力,感受他人的内心世界,体验他人的感受,并作出恰当反应 |
| | 责任公心 | 增强我为人人、人人为我的责任意识,为他人、国家、世界做一些力所能及的事情 |
| | | 正面引导,积极参加社会实践,提高学生的执行力 |
| | | 激发乐于奉献、敢于担当的精神,培养社会责任感 |
| | 开放心态 | 培养批判质疑、开放包容的心态,了解不同的文化 |
| | | 以宽容开放的心态接受外来事物 |
| | | 接纳不同民族、国家的文化,尊重其差异性,培养"国际理解"意识 |
| | 世界公民 | 关注国际新闻资讯,了解世界政治、经济、文化、生态等对世界和生活的影响 |
| | | 了解世界各国的状况和发展趋势对国际社会的影响,提高解决全球性问题的能力 |
| | | 参加各种社会实践活动,做中学,培养做好中国公民、学做世界公民的意识 |

# 第二节
# "国际理解"素养的特征

作为我国中小学生发展核心素养的一个要点,自阐述之日起,"国际理解"素养对人的发展和社会的发展就起着重要的作用。无论社会和时代如何发展,"培养人"这一教育目标,即培养学生适应个人终身发展和社会发展的必备品格、关键能力和正确的价值观是不变的。"国际理解"素养的培养不是一蹴而就的,它需要长时间的沉淀,深深根植于本民族文化之中。"国际理解"素养具有个性化特征,不同个体的已有知识和经验不同,理解的结果也就不一样。"国际理解"素养还具有鲜明的地域性特征,它需要建立在对"华夏根基"这一地域性文化的理解之上,以及对本国、本民族文化的倾向、承认与肯定的基础之上。鉴于以上分析,再结合人类命运共同体观以及"国际理解"素养本质内涵,本研究归纳出中小学生"国际理解"素养的五个主要特征。

## 一、心胸的开放性与理解性

"国际理解"素养具有心胸的开放性与理解性的核心特征。心胸指一个人的思想、意识或者看问题的角度。心胸的开放性是思想坦率、接受力强,而非心胸狭窄、心智不全、眼界偏狭。心胸的开放性以增进民族和国家的相互理解、促进世界和平为初心,通过进一步交流合作认识自己和他人,把相互依赖转化为有意识的合作,并强化相互合作以解决全球范围内存在的重大问题。"国际理解"素养的开放性表达了不同主体共商、共建、共享和共同发展的决心。开放性是素养培养的驱动力和保障力。"国际理解"的开放性表现为学生具有开放的视野,突破狭隘的格局,在多元的文化中涵养自由开放、理解包容的品质和气度。当今世界互联互通,每个成员应以世界的心胸和眼光看待问题,关注全球化视域下的国际形势和重大事件,建设开放心态,拓展国际视野。开放的目的是共享,打破闭环,拓展个体或组织的发展外延，促进资源、理念、知识的流动。

"国际理解"素养还具有理解性的特征。理解是文化间的一种对话，可以是本土文化内部之间的对话，也可以是异域文化之间的一种对话。文学理论家巴赫金把对话看作话语交流的核心本质，也是生活的本质，确立了自我与他者之间的对话关系。[1] 理解本身就是自我与他者的对话，是认识自我与体谅他人的实现，更是"国际理解"素养的基础。首先，"国际理解"素养的理解性表现为对自我的理解，即认识自我、理解自我。理解自我，不是固执地坚持自我的思维定式，也不是固步自封地以自我为中心，而是当我们能够打破这种意识，采用对话性的、命运共同体的思维向他者呈现自我理解。其次，"国际理解"素养的理解性表现为对他者的理解，即体谅他人。自我与他者之间既存在差异性，又存在相似性。自我可以从他者对自己的反应中，发现自己与他人的相似与差异，并试图认识这种差异，在此基础上，新的想法就会产生。[2] 最后，就是实现自我与他者之间的对话。这种对话是理解自我与理解他人的统一，它没有输赢，而是一种相互依存、相互合作的人类命运共同体关系。如何达成理解自我与理解他人的目标？戴维·伯姆认为要"做成一个圆圈"[3]，个人与个人之间、组织与组织之间、国家和国家之间的理解都可以在这个圆圈中展开。

## 二、视域的本土性与国际性

"国际理解"素养具有视域的本土性和国际性相统一的特征，主要有以下几个方面的原因：首先，"国际理解"素养以中国文化为根基，树立中国文化自信。我国"理解视域"的实践由来已久，如"天下合和，生之大经也"。庄子说："天地与我并生，而万物与我为一。"荀子说："四海之内若一家……莫不趋使而安乐之。夫是之为人师，是王者之法也。"[4]《礼记》中的"礼运"篇提出"天下大同"的理想："大道之行也，天下为

---

[1] 程广云，夏年喜. 作为公民教育和对话教育的哲学教育 [M]. 北京：中国社会科学出版社，2012：37.
[2] 伯姆. 论对话 [M]. 王松涛，译. 北京：教育科学出版社，2004：5.
[3] 伯姆. 论对话 [M]. 王松涛，译. 北京：教育科学出版社，2004：17.
[4] 北京大学《荀子》注释. 荀子新注 [M]. 北京：中华书局，1979：124.

公，……是谓大同。"《尚书·尧典》载："克明俊德，以亲九族。九族既睦，平章百姓。百姓昭明，协和万邦，黎民于变时雍。"在中国古代，儒家提出"克己复礼为仁。一曰克己复礼，天下归仁焉""仁者安仁，智者利仁"等理念，以"等贵贱、均贫富"为口号，把废除私有制奉为要旨，最终走向"世界大同"。① 孔子的最高社会理想是"大同"。天下大同是古代儒家"天下为公"的理想社会。孔子弟子子夏认为"四海之内皆兄弟也"，中华民族应该亲如一家，情同手足。唐代孔颖达在解读《礼记·礼运》篇时指出，"故圣人耐以天下为一家，以中国为一人者，非意之也"的大同世界价值理想。② 概而言之，"国际理解"素养的培养以中国优秀传统文化为根基，旨在立足中国优秀传统文化，培养时代新人。其次，"国际理解"素养视域的国际性应该着眼于中国化道路。前文所提及的有代表性的"联合国教科文组织、欧洲委员会、亚太国际理解教育中心、经济合作与发展组织"等的"国际理解"教育内容中，许多优秀内容值得我们国内研究者借鉴创新。还有一点需要我们注意的是，对于上述组织的"国际理解"的内容，我们需要保有扬弃的科学态度，如有些内容是建立在西方霸权主义基础上的，我们需要扬弃。"国际理解"素养的内容必须符合中国国情和中国化道路。最后，"国际理解"素养要求视域的本土性和国际性相统一。费孝通认为："各美其美，美人之美，美美与共，天下大同。""大同美"就是融合不同的美而达到的一种平衡。融合个体美与大同美，也就是"各美其美"和"美美与共"相互融合，相互依存。"各美其美"是"美美与共"的前提和保障。从孔子的"天下大同"、柏拉图的"理想国"，到康德倡导的"联邦"，许多东西方先哲和思想家都有"国际理解"的思想。1964 年，加拿大马歇尔·麦克卢汉在《理解媒介：论人的延伸》中第一次提出"地球村"的概念。托马斯·弗里德曼在《世界是平的》一书中阐述当今世界联系更加密切，变得越来越扁平化与快捷化。2011 年，《中国的和平发展》白皮书首次提出"你中有我，我中有你"的命运共同体概念。③

---

① 萧延中. 中国思维的根系：研究笔记 [M]. 北京：中央编译出版社，2020：4.
② 张立文. 中国传统文化与人类命运共同体 [M]. 北京：中国人民大学出版社，2018：1.
③ 王义桅. 人类命运共同体：新型全球化的价值观 [M]. 北京：外文出版社，2021.

视域的本土性与国际性相统一,既筑牢"华夏根基",又培养"国际视野",两者相辅相成,辩证统一,不可或缺。

## 三、对话的求同性与存异性

"求同存异"是我国的外交方针。1955年4月,周恩来总理在万隆会议提出,把"求同存异"作为解决国际争端和矛盾的方法,各国应该"从异中求同",体现出高超的政治智慧。求同存异,意思是舍弃差异点,寻求共同点,搁置分歧点,选择一致点。求同存异,是中国传统文化中极高明的一种思想。《礼记·乐记》中有"乐者为同,礼者为异。同则相亲,异则相敬"。由此可见,古人是十分注重在不同的群体之间,建立起健康合理的秩序和法度的。《礼记·乐记》记载:"大乐与天地同和,大礼与天地同节。"

和而不同出自《论语·子路》,"子曰:'君子和而不同,小人同而不和'。"质而言之,求同存异是一种思维方式,是认识问题、解决矛盾的基本方式。求同存异就是要保留不同的观点,即不因个别分歧而影响对话过程的进行,在主要方面求同存异,也叫求大同,存小异。

当前,百年变局加速演进,地缘政治形式紧张,乌克兰危机影响外溢。世界金融、经济、能源、粮食等多种危机叠加,个别国家公然宣传分裂对抗、脱钩断裂,世界又一次站在十字路口。无论是对于个人还是对于各个国家来说,问题的解决都必须超越种族、民族、宗教、文化、地域、国家之间的分歧,求同存异,开展对话和合作。在环境保护、难民危机、粮食安全、网络黑客等全球性问题的治理上,我们要加强对话,求同存异,共创全球和平发展和世界经济繁荣。具有"国际理解"素养的人,更容易充分、有效地与自己和他者进行分享、讨论、交流和互动,有更加广阔的视域和独立的见解,具备有效沟通的高阶能力。

## 四、思维的深刻性与批判性

"国际理解"素养具有思维的深刻性和批判性特征。思维的深刻性即思维的深度,是指一个人在思考问题时,他(她)总是能透过现象看到本质,透过问题看到原因,对事物有深刻的个人理解。"透过现象看本质"

"刨根问底""挖掘本质"等都是思维深刻性的表现。中小学生的思维由具体形象思维逐步向抽象逻辑思维过渡。基于思维的品质特征和中小学生认知规律和身心发展的特点，教育过程应从简单到复杂、从具体到抽象，以符合学生的认知规律。特别要注意的是，教师要善于借助直观，如动作直观、图形直观等，组织学生开展实验、实践、操作、观察等活动，引导学生从中分析、判断、概括、运用，达到抽象水平，如文字抽象、符号抽象等，由此不断完善富有层次性的学校课程与教学过程，使学生在理解中把握学科知识的本质内涵。同时，引导学生关注学科知识和方法的背景、形成过程、应用以及与其他知识和方法的联系，把知识和方法置于学科理论乃至人类文化的整个体系、关系和顺序中，处理好局部知识和整体知识的关系，进而理解学科知识的本质和价值，体会学科的思想和精神，在千变万化中寻找不变的规律，凸显思维的深刻性。

思维的批判性是指根据客观标准进行思考并解决问题的思维品质。具有批判性思维的个体，有明确的是非观念，善于根据客观指标和实践观点来检查、评价自己和他人的思维活动及结果。思维的批判性与独立性很相似，但又不完全一样。独立性侧重不受别人的影响，而批判性侧重不受自己主观（如情绪等）的干扰。思维的批判性关注主动探索，不得过且过，具有积极的好奇心理；关注独立思考的精神，不人云亦云，具有良好的质疑能力；具有"大胆假设、小心求证"的习惯，具有猜测、想象、推理、实证的能力以及发现、提出、分析、解决问题的能力，具有初步的理性精神以及实践和创新的能力。

"国际理解"素养把思维的深刻性和批判性相融合。"国际理解"离不开人与人、人与自然、人与社会的对话与理解。在对话与理解中，我们需要培养思维的深刻性和批判性，以包容性的心理和文化背景为基础，在"做中培养"，在"培养中做"。

## 五、影响的延时性与广泛性

教育是一种培养人的社会实践活动。"国际理解"素养的培养，从选择教育内容到呈现教学内容，既体现出教育者的知识选择，也体现出教育者的文化赋形，并以广泛的传播性和教育性影响着自我和他者。"国际理解"素养的培养不仅对人的培养产生即时的价值与影响，而且在今后很长一段时间内也会产生延时的价值与影响，这就是"国际理解"素养影响的延时性。作为核心素养的一个要点，充分发挥"国际理解"在人的培养过程中的影响力，将理解的精神内核与本质要求传递给中小学生，可以使得"国际理解"素养的核心理念浸润在人发展和成长的所有方面。"国际理解"冲击与改变着社会与家长的教育观念，形塑着受教育者的世界观、人生观和价值观。"国际理解"素养以其广泛的传播性，培养和塑造学生的社会参与能力。从课程改革的历程来看，由知识时代走向素养时代，"国际理解"素养必然在人的培养过程中广泛传播，具有深远影响。从现实的教学实践来说，扩大"国际理解"素养的受众范围与影响范围，可以更好地理解人类命运共同体的内涵与价值，进而提高培养人的"国际理解"素养的效果。

随着改革开放的不断深化，人类社会发展的趋势更加凸显出"国际理解"素养影响的延时性和广泛性。"国际理解"教育理念从传入中国至今，30年的时间发展迅速。2013年，习近平总书记提出建设"新丝绸之路经济带"和"21世纪海上丝绸之路"的合作倡议，合称为共建"一带一路"倡议，它是构建人类命运共同体的重要实践。[1] "一带一路"这一重大倡议为推动沿线国家教育开放合作以及与其他国家进行人文交流提供了重要契机，也为中国"国际理解"素养培养的发展带来了新机遇，赋予了其新使命。[2] 随着改革开放的不断深化，世界成为"地球村"，对教育提出新的挑战。中国必须加快推进教育现代化，建设教育强国。随着经济的高速发展，中国与不同国家和地区的合作和交流日益增多。在合作与交流过程中，各国公民要跨越国家，相互尊重、相互理解、相互信任、相互依赖、相互合作，实现世界和平与发展。在改革开放不断深化、"一带一路"倡议深入实践的背景之下，中小学校的教育承担着特殊而又重要的历史使命。"国际理解"素养的培养不仅在当下，而且在今后很长一段时间将持续对人类社会和人的发展发挥着重要而深远的作用。

---

[1] 于军，张弦. "一带一路"倡议与构建人类命运共同体 [M]. 北京：当代中国出版社，2019：1.
[2] 王远美. 促进"民心相通"：中小学国际理解教育的使命与愿景 [J]. 中小学管理，2017（5）：9.

# 第三节
## "国际理解"素养的形成过程

中小学生"国际理解"素养的形成过程，是指中小学生在人类命运共同体这一理念指引下，将"国际理解"的核心价值观内化为发现问题、提出问题、分析问题、解决问题的方法准则，并指导自身日常行为的过程。对人类命运共同体视域下中小学生"国际理解"素养形成过程的探究与分析，就是对素养的培养过程进行整体分析，揭示并阐述"国际理解"素养形成过程中诸因素的生成机理、联结过程以及作用结果。

"知情意行"是个体身心发展的维度和构成要素。在课程与教学实践中，"知情意行"这一发展维度和构成要素同样适用于山东省济宁市中小学生"国际理解"素养培养的形成过程。为简洁明了地展现中小学生"国际理解"素养的养成过程，我们将素养的养成过程划分为"国际理解"素养认知层面、"国际理解"素养情感层面、"国际理解"素养意志层面、"国际理解"素养行为层面等四个方面。共同体意识是情感系统，是"国际理解"素养培养的前提；全球性理解是认知系统，是"国际理解"素养培养的基础；跨文化对话能力是意志系统，是"国际理解"素养培养的动力；"国际理解"自觉是行为系统，是"国际理解"素养的外化。"国际理解"素养培养具体分为素养萌芽：产生共同体观；素养生长：形成全球意识；素养发展：生成跨文化对话能力；素养形成：外化"国际理解"自觉四大阶段。其中，情感系统、认知系统和意志系统是人类心理活动的三大系统，行动系统是前三个系统的实施过程。中小学生"国际理解"素养动态养成模型可以用图2-2表示。

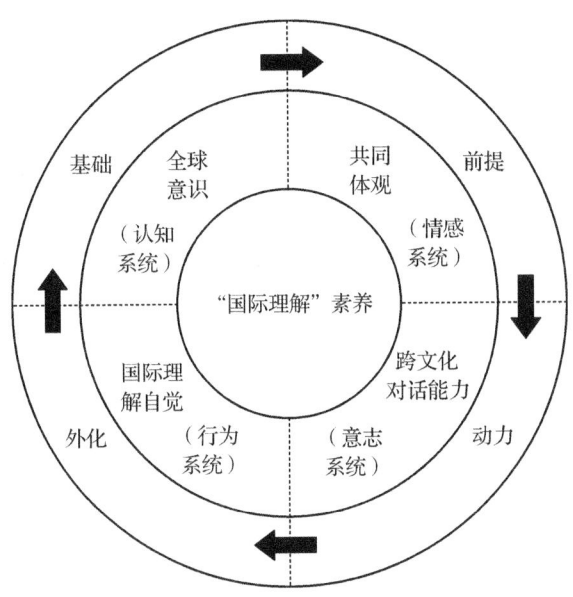

图 2-2 中小学生"国际理解"素养动态养成模型图

下文将对人类命运共同体视域下中小学生"国际理解"素养的形成过程逐一进行分析。

## 一、素养萌芽：产生共同体观

共同体观是"国际理解"素养培养的情感系统，是中小学生"国际理解"素养培养的前提，也是中小学生"国际理解"素养培养的关键所在和萌芽阶段。情感是个人伴随认识而产生的主观体验，特别是客观事物与主体的思想意识之间发生关系时所引起的切身体验或反映，是和人的社会需要相联系的一种较复杂而又稳定的态度体验。[①] 共同体观是全人类对人类共同体的主观体验。共同体观作为情感系统，促进了人类命运共同体价值观的形成与发展，并调节和促进社会成员"国际理解"素养的形成与发展，影响着社会成员的行为规范。情感的基础是情绪，情绪是在不断发展的过程中形成的一种高级的社会心理。情感源于认知，也是形成和发展意志的"催化剂"。每一个社会成员对自己、他人、集体、国家都饱含深情，

---

① 朱智贤. 心理学大词典 [M]. 北京：北京师范大学出版社，1989：498.

同呼吸共命运,催化共同体观的形成与发展,这是指向"国际理解"素养形成的现实动力。正如马克思所说:"人作为对象性的、感性的存在物,是一个受动的存在物;因为他感到自己是受动的,所以是一个有激情的存在物。"① 列宁说:"没有'人的感情',就从来没有也不可能有人对于真理的追求。"② 质而言之,积极主动的情感促进个体对人类命运共同体意识的内化与生长。也就是说,积极主动的情感有利于"国际理解"素养的培养。黑格尔说:"促使他们行动并做出决定的动力是人的需要、本能、兴趣和热情。我要把什么东西实行起来,成为事实,乃是我的热烈的愿望。我必须参加在里边,我愿意从它的实施中而得到满足。假如我要为任何目的而活动,它无论如何必须是我的目的。我必须同时在这种参加中,贯彻我的目的,得到满足。"③

在情感层面,共同体观主要表现为个体对人类共同体的主观感受和体验,对地球的热爱、归属感等积极情绪体验。积极情感有助于消解、抵制消极情感,引导个体对"人类是一个命运共同体"的崇敬感与自豪感。人类命运共同体在情感维度上有三个层面:第一层面是微观层面,表现为对各民族的积极情感和主观体验,表现为民族之间相互依存的情感依附,感受到手拉手、一起走,感受到风雨同舟、团结协作和众志成城的温情;第二层面是中观层面,表现为对"中华民族"的情感认同,表现为同族同源,五十六个民族一家亲;第三层面是宏观层面,表现为对"全人类""全球"的情感依附与情感认同,表现为对"地球村"的归属感、崇敬感和自豪感,感受到我们没有国界、不分种族、民族平等,人类是一个大家庭。情感是人类命运共同体意识的感受系统,是全球化理解认知系统的深化,只有在深刻认知的基础上形成紧密团结的情感联结,才能不断加深对人类命运共同体的情感认同。

在"国际理解"素养的培养过程中,学生既培养了情感,也将进一步发展认知,获得高尚、积极、正向的情感体验,克服和消除低级、消

---

① 中共中央马克思恩格斯列宁斯大林著作编译局. 马克思恩格斯全集:第四十二卷[M]. 北京:人民出版社,1979:169.
② 中共中央马克思恩格斯列宁斯大林著作编译局. 列宁全集:第四十二卷[M]. 北京:人民出版社,1987:117.
③ 黑格尔. 历史哲学[M]. 王造时,译. 上海:上海书店出版社,2006:68.

极、负面的情感体验。共同体观是"国际理解"素养培养的情感系统，学生的情感表现为认识自己、认识他人、责任意识、仁爱意识、开放心态和公民意识等等。正如美国著名教育心理学家布鲁姆所说："从情感这个角度来看，我们清楚地认识到动机、内驱力和情感都是影响掌握认知的关键因素。"[①] 共同体观的情感联结可以从两个方面进行，一是激发不同国家、不同区域、不同民族、不同种族之间的积极情感，将积极情感不断延伸外拓；二是不断处理不同国家、不同区域、不同民族、不同种族的消极情感，减少和控制消极情感的负面效应。前者的策略是引发群体共情，激发情感共鸣；后者的策略是减少群际焦虑，降低群际厌恶。[②]

1. 引发群体共情，激发情感共鸣

群体共情是指两个群体在实际互动或想象接触时，全体成员内化和间接体验另一群体成员的认知和情绪情感的过程，即试着站在对方群体的角度考虑问题，理解对方群体成员情绪情感产生的原因并体验到相应的情感状态的过程。[③] 共情是联结不同国家、不同区域、不同民族、不同种族的纽带，可以增加群际间的积极感受和接触意愿，化解群际之间的矛盾和冲突，引导我们站在对方的角度思考和处理问题，理解他人的立场和感受，与他人产生情感共鸣，体验对方的感受，认识到不同国家、不同区域、不同民族、不同种族紧密相连，人类命运与共。观点采择是尝试从他人的心理角度来理解他人的想法和感受的过程。[④] 观点采择有自我聚焦和他人聚焦两种类型。自我聚焦是想象自己在此情此景的内心感受和情感体验，他人聚焦则是想象他人在此情此景的内心感受和情感体验，这两种类型都会产生共情。但自我聚焦会产生痛苦感，依赖对自我的中心观点，而他人聚

---

① 克拉斯沃尔，布卢姆. 教育目标分类学：第二册 情感领域［M］. 施方良，张云高，译. 上海：华东师范大学出版社，1989：61.
② 管健，杭宁. 知情意行：四维一体铸牢中华民族共同体意识［J］. 南开学报（哲学社会科学版），2021（6）：53-67.
③ 何晓丽，谢荣慧. 群体共情对群际关系的影响：基于社会冲突解决的视角［J］. 心理科学，2018，41（1）：174-179.
④ 管健，杭宁. 知情意行：四维一体铸牢中华民族共同体意识［J］. 南开学报（哲学社会科学版），2021（6）：53-67.

焦不会产生痛苦感，会情真意切地关心、同情他人。引发群体共情就是要以他人聚焦的观点采择，站在对方的角度和立场理解他人的情感和感受，激发群体共情。

2. 减少群际焦虑，降低群际厌恶

群际焦虑是指个体在与外群体接触时，由于担心被拒绝、被误解、被消极评价而产生的一种忧虑恐惧、紧张不确定的消极情感体验。[①] 群际焦虑是对不同国家、不同区域、不同民族、不同种族持有消极信念的重要因素。比如，在世界多极化、危机多发化的当今世界，全球迎来众多风险，人们对人类命运共同体意识也有两种主观情绪体验：一种是正面积极的主观体验，"一屋不扫，何以扫天下""修身齐家治国平天下"；另一种是负面消极的主观体验，"任何人在所有人都安全前都不安全"（《今日美国报》2020年7月20日）。只有减少群际焦虑，才能更好地增强共同体意识。首先，增进积极主动的群际接触。与其他国家、区域、民族的量少质低的群际接触都可能增进群际焦虑，因此，需要扩充群际对话，积极主动沟通，营造健康积极的"共同体观"场域，强化"五个坚持"内容，即政治上坚持对话协商，安全上坚持共建共享，经济上坚持合作共赢，文化上坚持交流互鉴，生态上坚持绿色低碳。其次，提升群体对话自我效能感。对话自我效能感是对对话过程和效果的判断，[②] 通过判断和反思，可以有效减少群际焦虑。最后，提升他人聚焦的观点采择。不同国家、不同区域、不同民族、不同种族都应该站在对方国家、对方区域、对方民族、对方种族角度换位思考，产生共情，站在对方的立场思考问题、解决问题。

## 二、素养生长：形成全球意识

全球意识是"国际理解"素养培养的认知系统，是中小学生"国际理

---

[①] Turner R N, West K, Christie Z. Out-group trust, intergroup anxiety, and out-group attitude as mediators of the effect of imagined intergroup contact on intergroup behavioral tendencies: Mediators and consequences of imagined contact [J]. Journal of Applied Social Psychology, 2013, 43: E196-E205.

[②] 管健, 杭宁. 知情意行：四维一体铸牢中华民族共同体意识 [J]. 南开学报（哲学社会科学版），2021（6）：53-67.

解"素养培养的基础,也是"国际理解"素养培养的认知逻辑起点和生长阶段。认知是一种心理活动,主要指人脑对外界客观事物的特征与联系的反映,是揭露事物对人的意义与作用的心理活动。认知过程包括信息的获得、储存、转化与应用。个体的认知过程影响着个体的情感和行为,且个体的认知过程与环境、行为相互影响、相互作用。认知的核心在于选择和过程。① 广义的认知包含自然认知和社会认知,自然认知主要指向客观世界,社会认知主要指向人、事与物。社会认知的开展主要借助个体的社会交往活动以及思维活动,需要个体在活动中发挥推测、判断能力,并最终获得各种认知能力。静态的认知主要指个体大脑中的知识结构,这一认知主要由感知觉、表象等形成的感性认知,和经过判断、推理以及概念形塑的理性认知组成。② 动态的认知是指人们认知活动开展的心理过程以及对于知识进行应用的信息加工过程。③ 对认知本质的理解有利于我们理解全球意识这一认知系统。作为"国际理解"素养培养的逻辑起点,全球意识有着深远的现实意义。

我们从结构上对认知进行分析,它有"微观、中观和宏观"三个层次。第一个层次是微观层面的认知,主要包含个体在学习有关全球化理解的相关"知识",以及在了解人类命运共同体价值观念和行为准则等方面的信息加工过程。比如,对集体、地球村、联合国的相关知识的理性认知,影响着中小学生命运共同体意识认同的产生和发展。第二个层次是中观层面的认知,主要指个体对全球化理解认知系统中的价值观念的情感认知,如集体生活中的角色,战争给人类造成的危害,全球一体化对我们生活的影响等。第三个层次是宏观层面的认知,主要是认知的结果,它超越了全球化理解的简单认知和对价值观念的理解,最终形成"人类命运共同体意识"和"跨文化行动能力"。从认知内容上看,"国际理解"包括实体认知、共性认知、价值认知。④ 实体认知是对人类命运共同体内群体实体性的感知。实体性是指群体被知觉为一个真正独立存在的具有一致性、同

---

① ~ ② 王润. 数字时代教科书的中华民族文化认同研究 [D]. 北京:首都师范大学,2020.
③ 张淑华. 社会认知科学概论 [M]. 北京:光明日报出版社,2009:2.
④ 管健,杭宁. 知情意行:四维一体铸牢中华民族共同体意识 [J]. 南开学报(哲学社会科学版),2021(6):53-67.

一性、组织性的有意义实体的程度。① "国际理解"并不是人为主观的规则和内容设定,而是客观存在、不以人的意志转移的事实,它也是全球人类文明史长期发展的产物,具有深厚的人文基础和社会底蕴。群体实体性有两种解释,一种是动力性视角,一种是范畴性视角。② 动力性视角认为,群体的实体性源自人们之间的相互依赖和成员的互动模式。③ 范畴性视角强调,群体实体性关键在于成员感知到的共享相似性,这种相似性可以源自对共同本质的感知(本质论框架),如共同的祖先、共同的血缘关系,也可以反映在共同目标和协调行动上(主体性框架)。④ 因此,共性认知是"国际理解"重要的认知内容,是对全人类精神文化、社会记忆、地域历史和重大经历的共同认识。共性认知会导致各群体之间相互联系的意识增强,彼此建立联盟。⑤ 在长期的人与人、组织与组织、国家与国家交流中,各民族之间、各国之间求同存异,形成社会共识,提升并铸牢人类命运共同体意识。价值认知是基于人类命运共同体价值观视角下的你中有我、我中有你、相互理解、彼此成就的共同利益感知。

社会认知理论认为,"群体偏见是人类有限理性的表现,即基于先前的概念或经验,由于外部影响或错误归因而导致的人类加工能力的系统性错误"⑥。在群体认同的过程中,范畴化作为群体偏见的基本程序,也是一

---

① Hamiliton D L, Sherman S J. Perceiving persons and groups [J]. Psychological Review, 1996, 103 (2): 336-355.
② Rutchick A M, Hamilton D L, Sack J D. Antecedents of entitativity in categorically and dynamically construed groups [J]. European Journal of Social Psychology, 2008, 38 (6): 905-921.
③ 管健,杭宁. 知情意行:四维一体铸牢中华民族共同体意识 [J]. 南开学报(哲学社会科学版), 2021 (6): 53-67.
④ Marilynn B, Ying Y H, Qiong L. The psychology of group perception: Perceived variability, entit③
⑤ Barreto M A, Gonzalez B F, Sánchez G R. Rainbow coalition in the golden state? [M] //Kun J, Pulido L. Black and brown in Los Angeles [M]. California: University of California Press, 2013: 203-232.
⑥ Tagliabue M, Squatrito V, Presti G. Models of cognition and their applications in behavioral economics: A conceptual framework for nudging derived from behavior analysis and relational frame theory [J]. Frontiers in Psychology, 2019 (10): 2418.

种自主偏差过程，对群际关系有深远的意义。① 因此，社会心理学家开始以范畴化改善群际关系。首先，重新范畴化。个体具有多重群体身份，当人们被鼓励思考和他人不同的身份概念时，会凸显不同的身份认同。② 因为不同的群体身份范畴化，会形成群体身份交叉，进一步形成各群体的共同融合。其次，引入共同目标。罗伯斯山洞实验告诉我们，共同目标是凝心聚力的有效方式。在生活、工作和学习中，确立组织的共同目标，将进一步增强组织内所有成员对人类命运共同体意识这一价值观的认同。最后，促进理解感知。感知被理解包含两个方面，一方面是群体内部成员观念相互理解和接受观念的信念，另一方面是对外部群体成员理解观念的信念。比如，"很多人不知道耶路撒冷对以色列或巴勒斯坦有多重要""韩国为什么不理解朝鲜试射导弹""为什么各国对欧洲难民危机的态度不一样"等，这都反映了各群体之间的不同观点和不同看法。感知被理解可以预测人与人、组织与组织、国家与国家之间的关系，水平高的感知被理解能促进各群体关系。中小学生关于人类命运共同体视域下的全球意识，是中小学生共同观和跨文化对话能力形成的理性基础。中小学生的人类命运共同体观，与他们的国家观、民族观、人权观、环境与发展观、文化观、和平观及全球化体系治理观密切相连。只有正确认知全球意识的基本内涵、发展规律和形成过程，才能正确形成"国际理解"素养；在积累正确认知的基础上，才有可能产生共同观，坚定跨文化交流，最终外化于行，实现"国际理解"自觉。

## 三、素养发展：生成跨文化对话能力

跨文化对话能力是"国际理解"素养培养的意志系统，是"国际理

---

① Kawakami K, Amodio D M, Hugenberg K. Intergroup perception and cognition: An integrative framework for understanding the causes and consequences of social categorization [M] //Berkowitz L. Advances in experimental social psychology. [S. l.]: Academic Press, 2017: 1-80.
② Transue J E. Identity salience, identity acceptance, and racial policy attitudes: American national identity as a uniting force [J]. American Journal of Political Science, 2007 (1): 78-91.

解"素养培养的动力，它调节和驱动个体行为，是"国际理解"素养培养的内在升华和发展阶段。"国际理解"素养培养是有目的、有计划、有意识的教和学的活动，这一教学活动由全球意识认知动机引发，受共同体意识的支配。"国际理解"素养是学生个体采用科学合理的方法，并经过坚持不懈的努力而形成的必备素养之一。因此，"国际理解"素养培养是一种意志行动。意志是人自觉地确定目的，并根据目的调节支配自身的行动，克服困难，去实现预定目标的心理倾向。[①] 作为意志行动的"国际理解"素养培养，必然包含着意志因素。没有意志因素就没有意志行动。一方面，素养培养在意志活动中得到锻炼；另一方面，意志极大影响着素养培养。正如马克思所说："在科学上没有平坦的大道，只有不畏劳苦沿着陡峭山路攀登的人，才有希望达到光辉的顶点。"概而言之，意志影响着素养培养的全过程，也贯穿素养培养的全过程。跨文化对话能力的重要任务是增强中小学生的责任意识，实现人类命运共同体视域下"国际理解"认知、情感和行动目标的联结。

中小学生是地球村的未来主人，"国际理解"素养的培养应经历长期、复杂、循序渐进的过程，这一过程要求中小学生意志坚定。意志系统是认知系统和情感系统的内在升华。中小学生只有正确认识到个体与他人、与集体、与地球同呼吸、共命运，对人类共同命运满怀激情，才能产生坚定的信念和意志。情感的倾向和意志的坚定铸就信念的生成。中小学生树立理想信念可以从内部建构和外部保障两方面进行。一方面，跨文化对话的创新能力、自信能力、合作能力、沟通能力、批判能力和问题解决能力是中小学生理想信念内部建构的重要动力，特别是文化自信能力。信念的产生源于对中国传统文化的深入理解和对人类命运共同体价值观的不懈向往。对中国传统文化的理解是形成"跨文化对话能力"的重要保障和基础前提，它将全球意识、跨文化对话能力、共同体观等系统有机统一起来，联结起人类命运共同体价值观念。对于人类命运共同体价值观的不懈向往，是坚守文化自信、坚守中华文化价值观的重要动力。中国传统文化是中小学生理想信念的精神动力系统，引导中小学生拓宽文化视野、增强文

---

① 王润. 数字时代教科书的中华民族文化认同研究 [D]. 北京：首都师范大学，2020.

化自信。"既影响现有文化成果的取舍兴废，又影响到新的文化创造的取向和用力的大小。正因为如此，一个文化系统的价值体系不仅在很大程度上是该系统的体系结构的反映，而且在很大程度上规定了该系统的特质和发展演化方向。"① 我们应在跨文化对话能力中保持开放心态，强化中国与他国文化的交流互鉴。另一方面，构建中小学生意志信念教育的外部保障。形成跨文化对话的意志行动不是一蹴而就的，要以课内外课堂活动为载体，确保理想信念教育的时效性、实效性和长效性，要把跨文化对话的六种能力贯彻教学的始终，尤其要充分利用以理想信念为主题的课外实践活动，开发、利用好社会教育资源，使中小学生感受到个人利益和全球共同利益的紧密联系。在"国际理解"素养培养过程中，只有意志坚定，个体才有正确的价值观。意志信念的稳定性和目的性推动跨文化对话稳定且长久地发展。概而言之，跨文化对话能力是"国际理解"素养培养的动力发展阶段，意味着"国际理解"素养从认知系统、情感系统、意志系统外显为行动系统，外化于个体行为。

## 四、素养形成：外化"国际理解"自觉

国际理解自觉是"国际理解"素养培养的行为系统，是"国际理解"素养的外化，也是"国际理解"素养培养的应有之义和形成阶段。"国际理解"素养不能停留在认知、情感和意志层面，课程与教学的目的必须外化于行，贯穿于个体社会生活实践的方方面面，这才是"国际理解"外化过程的行动自觉。"国际理解"外化于行是指个体把已内化的全球意识认知系统、共同体观情感系统和跨文化对话意志系统主动地转化为行为表现和习惯的过程。行为实践是"国际理解"素养培养的落脚点，只有日常实践才能使"国际理解"素养实现知情意行合一。实践行为也是检验"国际理解"素养高低的唯一标准，中小学生不断接受实践的检验，才能不断丰富"国际理解"内涵。

"国际理解"在行为维度上表现为"了解人类文明进程和世界发展动态、尊重世界多元文化、积极参与跨文化交流、积极面对全球性挑战、理

---

① 张岱年，程宜山. 中国文化精神[M]. 北京：北京大学出版社，2015：162.

解人类命运共同体的内涵与价值"。行为维度是"国际理解"素养的落脚点和归宿。"国际理解"自觉的关键在于提升不同国家、不同区域、不同种族、不同民族的互动性。根据柯林斯的互动仪式链理论,如果没有互动领域,没有共同经历,没有引发社会互动,那么这个群体对于成员而言就只是一种想象的共同体,是一种静态的存在。[①] 在这个想象的共同体中,虽然各个族群之间存在潜在的意义与情感共享、潜在的集体行动,但由于缺乏互动尚未形成真实的群体兴奋和集体记忆,何谈构建共同体意识。[②] 提升互动性的关键在于加强不同国家、不同区域、不同种族、不同民族的合作交流、团结协作,促进彼此之间的对话。一方面,拓展合作交流方式,可以是面对面的直接交流互动,也可以是借助信息网络的间接交流互动,还可以是拓展性互动。另一方面,提高合作交流质量。在对话交流过程中,积极的、主动的、促进的、向上的群际接触才有利于改善群体之间的关系。

"国际理解"素养培养以人类命运共同体为核心价值观,包含认知、情感、意志和行动四个系统。"国际理解"素养内化过程中的认知、情感、意志与行动不是一个零散的分支,它们是一个相互联系、彼此影响的辩证统一体。其中,共同体观的情感系统是前提,全球意识的认知系统是基础,跨文化对话能力的意志系统是动力,最终形成"国际理解"素养。本研究从心理认知、情感、意志和行为等四个维度阐释了山东省济宁市中小学生"国际理解"素养的萌芽、生长、发展和形成四个阶段过程。没有对共同体观的情感认同,没有情感参与的"国际理解"素养培养,对全球意识的认知就会弱化;没有充分的全球意识,"国际理解"就会缺少知识底蕴和方向引领,就不容易产生跨文化对话能力,也就难以产生跨文化对话的意志信念,最终难以外化于行,"国际理解"素养的培养就停留在表面。质而言之,情感是"国际理解"素养培养的前提力量,它影响着认知的深刻与广泛;认知是"国际理解"素养培养的内容基础,它促进跨文化对话能力形成的自主性和积极性;意志是"国际理解"素养培养的驱动保障,引领个体克服困难、不断向前,这一形成过程有内在的统一性和一致性。

---

①~② 管健,杭宁. 知情意行:四维一体铸牢中华民族共同体意识[J]. 南开学报(哲学社会科学版),2021 (6):53-67.

# 第三章
# 山东省济宁市中小学生"国际理解"素养的培养现状

教育是一种培养人的社会活动，这种社会活动不断塑造学生的人生观、价值观和世界观。鉴于此，培养"国际理解"素养是教育的应有之义。本章对山东省济宁市曲阜市、兖州区、梁山县、邹城市、嘉祥县、泗水县、汶上县、鱼台县、金乡县、微山县、任城区、北湖区和高新区13个县（市、区）的中小学教师、学生进行访谈和问卷调查，了解山东省济宁市中小学生"国际理解"素养的培养现状，并从优势和不足两个方面进行阐述。

# 第一节
# 山东省济宁市中小学基本情况及调查问卷设计与实施

## 一、山东省济宁市中小学基本情况

2022年，全市共有各级各类学校 3 617 所（不含 7 所高校），比上年减少 161 所，在校生 157.21 万人，比上年减少 3 706 人。普通高中 54 所，在校生 16.15 万人；中等职业学校 20 所，在校生 5.86 万人；普通初中 289 所，在校生 36.36 万人；小学 931 所，在校生 63.26 万人；特殊教育学校 13 所，在校生 5 642 人；学前教育幼儿园 2 310 所，在园幼儿 35.02 万人。

全市各级各类学校共有教职工 13.12 万人，其中，中等职业学校 3 661 人，普通高中 14 201 人，普通初中 34 491 人，小学 38 668 人，特殊教育学校 558 人，学前教育幼儿园 39 616 人。

全市共有普通初中 289 所，比上年的 290 所减少 1 所，其中九年一贯制学校 70 所，在校学生 363 648 人，比上年增加 3 657 人。普通初中共有教职工 34 491 人，比上年增加 2 170 人（两所原十二年一贯制学校改为初中），其中专任教师 28 521 人，比上年增加 445 人。全市共有小学 931 所，比上年的 1 055 所减少 124 所。另有教学点 103 所，比上年的 213 所减少 110 所，在校学生 632 611 人，比上年减少 7 429 人。小学共有教职工 38 668 人，比上年减少 617 人（减少小学及教学点 234 所），其中专任教师数为 41 711 人，比上年减少 595 人。专任教师学历达标率为 100%。

## 二、山东省济宁市"国际理解"素养培养的调查问卷设计与实施

本研究对"山东省济宁市中小学教学中'国际理解'素养落实程度"

## 第三章 山东省济宁市中小学生"国际理解"素养的培养现状

和"山东省济宁市中小学生'国际理解'素养养成程度"进行调查，并阐述山东省济宁市中小学生"国际理解"素养的培养现状。为确保调查问卷的有效性及调查结果的稳定性，本研究对"山东省济宁市中小学教学中'国际理解'素养落实程度""山东省济宁市中小学生'国际理解'素养养成程度"调查问卷的各题项进行优化调整，并与高校专家、济宁市教育科学研究院教研员、高校教育学博士、中小学校长和一线教师多次沟通，确定调查问卷。同时，研究者根据济宁市学生人数实际情况，提高问卷比例，增加调查人数，每个县（市、区）选择城市、农村中小学各两所，共52所学校，调查二年级、四年级、六年级、七年级和八年级的学生和任课教师（包括校长或副校长），每个年级各4个班级，调查样本具有代表性。考虑到二年级的学生年龄小，问卷答题采用父母和孩子一起完成的方法，即父母读题，孩子答题，以确保数据真实有效。

1. 调查问卷设计

如前文，我们已经对联合国教科文组织、欧洲委员会、亚太国际理解教育中心、经济合作与发展组织等有关"国际理解"素养的内容进行了系统的分析，从全球意识、跨文化对话能力和共同体观等方面建构我国中小学生"国际理解"素养的内容体系，并对这18个内容进行可视化的观察，形成调查问卷。

"山东省济宁市中小学教学中'国际理解'素养落实程度"正式问卷包括前言和主体两部分。前言部分为本研究问卷的调查对象、调查目的、调查形式和致谢，主体部分为"个人信息统计""教学中'国际理解'素养培养落实程度调查"和"'国际理解'素养培养的教学态度、行为测量"。"教学中'国际理解'素养培养落实程度"有54道题项，约占问卷总题量的73.0%，从"国际理解"素养的三大领域，分别设计围绕"全球意识"的18道题项、围绕"跨文化对话能力"的18道题项、围绕"共同体观"的18道题项。"'国际理解'素养培养的教学态度、行为测量"有10道题项，约占问卷总题量的13.5%。整份问卷共有74道题项，有73道选择题项，1道问答题项（详见附录一）。

"山东省济宁市中小学生'国际理解'素养养成程度"分中学生卷和小学生卷，正式问卷包括前言和主体两部分。前言部分为本研究问卷的调查对象、调查目的、调查形式和致谢，主体部分为"个人信息统计""学生'国际理解'素养自评"。"学生'国际理解'素养自评"板块，中学生卷有54道题项，约占问卷总题量的92%，从"国际理解"素养的三大领域，分别设计围绕"全球意识"的18道题项，围绕"跨文化对话能力"的18道题项、围绕"共同体观"的18道题项。"个人信息统计"板块有5道题项，约占问卷总题量的8%。整份问卷共有59道题项，都是选择题（详见附录二）。小学生卷"国际理解"能力自评有54道题项，占问卷总题量的90%，从"国际理解"素养的三大领域，分别设计围绕"全球意识"的18道题项，围绕"跨文化"对话能力的18道题项，围绕"共同体观"的18道题项。"个人信息统计"板块有6道题项，占问卷总题量的10%。整份问卷共有60道题项，都是选择题（详见附录三）。

2. 问卷效度检验

效度检验是对调查问卷内容效度的检验。问卷内容效度是指问卷内容与调查目标的切合性和相符性，即问卷内容能否反映所要测量的对象的特质，能否符合检测的目的和要求。内容效度经常以题目分布的合理性来判断，它属于主观指标。[①] 问卷内容效度常用的评价方法就是专家法，即邀请有关专家对问卷题目与研究的内容范围是否相符进行讨论、分析，作出判断，指导修改，确认问卷题项是否较好地代表了研究所要表达的内容，明确验证假设所需要的题项设计和问卷结构。[②]

在调查问卷设计和优化过程中，本研究者查找并研读相关问卷设计资料，参考已发表的东北师范大学马彦军的教育博士论文《中学地理学科的国际理解教育研究》的部分调查问卷测试题，邀请了首都师范大学教育学院教授，苏州市、济宁市教育科学研究院教研员，教育科学研究院院长，济宁市中小学校长，首都师范大学教育学博士研究生以及一线优秀教师，先后召开了6次研讨会，就"山东省济宁市中小学教学中'国际理解'素养落实程度"调查问卷的框架、结构和题项构成等进行多次交流和讨论。在讨论过程中，专家和导师对"评价量表"的权威性指出问题，给出参照国际上权威性题项进行设计的建议，并建议完善文字表达。最终，问卷定

---

[①~②] 刘友霞. 高中生问题解决能力发展的实证研究：以S市为例 [D]. 上海：华东师范大学，2015.

稿主体部分内容包括两个方面，一是"教学中'国际理解'素养培养落实程度"的54道题项，二是"'国际理解'素养培养的教学态度、行为测量"的10道题项。整份问卷共有74道题项，有73道选择题，1道问答题，内容、结构、题量和文字表达都得到专家和导师的指导和确定，并通过专家效度检验。"山东省济宁市中（小）学生'国际理解'素养养成程度"调查问卷的效度检验也是采用前文的方法。

3. 调查选样和实施

对于教师的"国际理解"素养落实程度的调查，本研究者选取山东省济宁市13个县（区、市），每个县（市、区）分别抽样选取城区和农村的小学及初中，调查对象包括每所学校的校长（或副校长）、教师。每个城市抽样程序为：在每个被选城市选取示范和非示范两类学校，每类学校各选1所小学和1所中学，每所学校分别选取校长或副校长1名、所调查年级的所有学科任课教师。农村地区抽样程序为：在每个城市周围选取中等发展水平的农村，从中选取示范和非示范两类学校，每类学校各选1所小学和1所中学，每所学校分别选取校长或副校长1名、所调查年级的所有学科任课教师。

对于中小学生的"国际理解"素养养成程度的调查，本研究者调查每所学校4个自然班的全体学生或家长（小学调查二、四、六年级，初中调查七、八年级。如果所调查年级不到4个班，则选取该年级的所有班。其中，考虑到小学二年级孩子年龄小，调查问卷由家长和孩子共同填写，调研对象为学生和家长）。

由于2022年处于疫情防控时期，本研究者不便进入各学校进行现场问卷调查。所以，本次调研采用线上自填（问卷星）的网络调查模式，根据不同调查对象类型生成相应的问卷链接。所有人选择周二至周五中的一天填答，避免周一填答。研究者将以短信的形式将填答链接推送至手机号上，校长、教师可通过点击手机短信中的链接直接填答问卷。

为了充分了解济宁13个县（市、区）"国际理解"教育的培养目标、课程和主要做法，除了对中小学教师和学生代表进行问卷调查，本研究者还对一些学校校长和教师进行了访谈。访谈的主要内容如下：

我们学校开展了"国际理解"素养的培养活动吗？如果开展了就继续

访谈。(1) 我们学校"国际理解"素养的培养目标是什么?(2) 我们学校"国际理解"素养的培养内容是什么?(3) 我们学校"国际理解"课程的主要做法是什么?(4) 我们学校"国际理解"素养培养最大的困难是什么?

# 第二节
# 山东省济宁市中小学校"国际理解"素养的培养目标

在调查的 52 所中小学中,只有 6 所学校比较重视"国际理解"素养的培养,分别是济宁高新区的 L 校、K 校和 H 校,北湖区的 G 校,任城区的 S 校以及曲阜市的 F 校,仅占调查学校总数的 11.54%。其余 46 所学校几乎没有开展中小学生"国际理解"素养的培养,占调查学校总数的 88.46%。可以说,中小学生"国际理解"素养的培养还有非常大的空间。

学校的培养目标是国家教育方针的具体化,已开展"国际理解"素养培养的 6 所学校都有明确的培养目标。比如,济宁高新区 K 校的培养目标是:"办一所有温度的学校",培育精致、规范、有温度的管理文化,打造仁爱、博学、有理想的师资队伍,追求规范、高效、品质化的后勤服务,营造儒雅、诗意、润心灵的校园环境。坚持五育并举,实施素质教育,形成"德育、国学、艺体、科信"四大特色,培养具有"家国情怀、国学底蕴、艺体特长、科信素养"的优秀公民。在办学理念方面,在初中阶段开设国际课程班,秉承"大文化视野,精英化办学"的价值观,尊重每一个孩子的生命,以个性化、国际化、多元化的教育教学来满足不同孩子成长过程中的差异需求。

又如,高新区 L 校的目标是:以"博融天下,慧悦人生"为办学理念,以 6C(Creativity 创新力、Cooperation 合作力、Communication 沟通力、Caring 博爱、Confidence 自信、Commitment 承诺)理念为引领,始终致力于办"不一样的教育",即融东西方文化、汇千百国语言,培养具有"华夏根基、国际视野、领袖胸襟、家国情怀"的优秀公民。

再如,北湖区 G 校的培养目标是:在孔孟文化理念的引领下,在遵循生命成长规律的基础上,通过专业化的管理、个性化的教学、多元化的课程、信息化的手段、国际化的视野,追求高质量的教育成就,办人民满意的教育。遵循生命成长规律,追求高质量的教育成就。学校以"办适合生命成长的教育"为办学理念，秉承"专业、尊重、协作、卓越"的价值观，遵从"教育就是服务——用教师的专业知识，服务于学生个体生命的成长"的教育理念，以"崇尚民主、崇尚科学"为校风，以"做最好的自己"为校训，以"雷锋精神校园"为校魂，全力打造"学生喜欢、家长满意、教师幸福、社会认可"的校园，培养具有"民主意识、科学精神、人文素养和全球视野"的优秀人才。

鉴于各学校开展"国际理解"素养培养的目标有共性特点，本研究者就不再对其他学校进行罗列，其共性主要有以下几个方面。

## 一、学校的培养目标关注做好"中国公民"

山东省济宁市是孔孟故里，"国际理解"素养的培养目标首先关注了做好"中国公民"。如高新区 K 校培养具有"家国情怀、国学底蕴、艺体特长、科信素养"的优秀公民；高新区 L 校培养具有"华夏根基、国际视野、领袖胸襟、家国情怀"的优秀公民；北湖区 G 校培养具有"民主意识、科学精神、人文素养和全球视野"的优秀人才。从"华夏根基""家国情怀""国学底蕴""人文素养"等目标可以看出，学做"世界公民"的基础是先做好"中国公民"。以上几所学校在"国际理解"素养培养的过程中，目标定位是先做好"中国公民"，筑牢"华夏根基"，夯实"中国自信"。

## 二、学校的培养目标关注"国际视野"

山东省济宁市培养中小学生的"国际理解"素养，关注对"国际视野"这一开放、包容意识的培养。如济宁高新区 L 校的"国际视野"、北湖区 G 校的"全球视野"，任城区 S 校的"完整人格"。随着经济全球化和信息多样化的发展，地球成为一个村，全球人类可以放眼世界。在中华文化走向世界的背景下，"国际视野"或"全球视野"已经成为人文社会科学领域研究的热门话题。济宁高新区 K 校赴澳研学、赴英研学，高新区 H 校与俄罗斯学校进行友好交流，都是站在"家国情怀"和"全球视野"角度培养中小学生的国际视野、全球格局和包容心态。

## 三、学校的培养目标注重"国际理解"的本土探索

"国际理解"素养落地的关键在于走"中国化"道路。北湖区 G 校"办适合生命成长的教育",以"生长教育"为核心,构建"四季课程";任城区 S 校"努力让每一个学生成为健康的人,懂得爱的人,对社会有益的人";高新区 L 校以"博融天下,慧悦人生"这一办学理念为指导,培养 6C 人才,即具有 Creativity(创新力)、Cooperation(合作力)、Communication(沟通力)、Caring(博爱)、Confidence(自信)、Commitment(承诺)等综合素养的国际化人才。在培养过程中,这些学校融东西方文化、汇千百国语言,培养学生"华夏根基、国际视野、领袖胸襟、家国情怀"等优秀特质。从以上学校的培养目标我们可以看出:"生命生长""社会有益""领袖胸襟、家国情怀"等事关人的培养,事关人类命运的发展。各中小学校在培养中小学生"国际理解"素养的过程中,以人类命运共同体为价值观引领,从"天下大同"到"各美其美、美美与共",再到人类命运共同体;从"以和为贵""协和万邦"的和平思想,到"己所不欲,勿施于人""四海之内皆兄弟"的处世之道,再到"计利当计天下利""穷则独善其身,达则兼济天下"的价值判断;从国与国双边互动的命运共同体,到区域内的命运共同体,再到人类命运共同体……[①]都凸显人类交往、国际交往和"国际理解"素养培养的重要性和必要性。质而言之,山东省济宁市上述学校立足于中华民族文化认同,基于人类命运共同体的视角,结合山东省济宁市孔孟文化的区域特点,探索中小学生"国际理解"素养的校本化实施,走出了一条"中国化"道路。

---

① 徐中. 论中国共产党人的天下情怀 [J]. 理论与现代化,2021(4):5-13.

## 第三节
## 山东省济宁市中小学校培养"国际理解"素养的课程内容

中小学校为实现各自的培养目标,根据特定的价值观及目标所选择的知识、当代社会生活经验或学习经验,称为"课程内容"。山东省济宁市注重开展"国际理解"素养培养的 6 所学校都有自己的"国际理解"校本课程。如任城区 S 校着力构建"完整人格"课程体系(Complete Characteristic Curriculum System,简称 3C 课程)。"完整人格"课程体系针对德育与智育分离导致人格分离而提出,是基于我国核心素养课题组研究成果、国家教育方针,结合学校办学实际而提出的以关键能力、必备品格为中心的课程理念,是促进学生进行独立生活、形成健全人格、走向完美人生的课程形态,由基础性课程和拓展性课程两部分构成。基础性课程是实现学生全面发展的基础,包括教育部规定的除综合实践课程之外的国家必修文化及技能性学科。拓展性课程分三种类型,第一种指依据学科知识、人物、事件、题材等线索生发出的与教材相关的课程;第二种为依据每个或一类学生的兴趣、爱好、特长、潜能等而设计的学生个性化选修课程;第三种为适应未来社会生活或未来发展,人生完美所必需的,支撑关键品格、必备能力形成的补充课程,如意志力课程、劳动实践课程、审美课程等。

又如,北湖区 G 校的四季课程是以"生长教育"为核心,以"培养对社会有益的人"为育人目标,以校园鲜明的四季变化和丰富的社会实践活动为载体而构建的学校特色校本课程体系。

再如,高新区 H 校坚持立德树人的基本任务,通过落实国家课程、开设地方课程、创新校本课程,形成三位一体的课程体系,从"语言与表达、数学与逻辑、艺术与审美、体育与健康、科学与技术、人文与社会、实践与创新"七个领域出发,最终实现"每一个人的整体发展"(一个核心)。H 校非常重视校本课程的开发与落实,每周二下午用半天的时间,集中开设校本课程，通过多样化的课程设计，为学生提供更加多样化的学习内容和更加广阔的发展平台。校本课程分为通识性必修课和个性化选修课两部分。其中，通识性必修课与学校长线主题课程有机结合，整合传统节日课程、食育课程、读书节、科技节和体育美食节等主题节日课程，围绕学生生活整体设计，以实现学生的全面、立体发展。个性化选修课程包括精品社团课程和普识性校本课程两部分。精品社团课程由音体美专业教师开设，助力学生专业化发展，为学生专业化成长蓄力。普识性校本课程由文化课教师开设，教师利用自身特长，吸纳更多学生参与，培养学生多方面的生活技能，提高生活品质。

再如，高新区K校主要有三类课程：首先是语言课程，主要有基础英语、英语阅读、英文写作、德语等；其次是核心课程，主要有英语、语文、数学、物理、化学、经济、ICT、德育；最后是拓展课程，主要有美国文化、体育、社团、戏剧表演、演讲口才、旅游地理、食物营养、历史研学。在初中阶段，济宁地区的很多学校没有真正以英、美课程为载体的国际班，可能有的仅仅是短期或功利性地停留在语言层面，或引进一两个外籍教师"撑门面"而已，学生的思维模式和视野仍旧有很大的局限性。而K校做的是英国"国民中学课程"体系，将语言和学科知识学习、对高中国际课程的适应性、英美国家文化、海外留学目的国及专业的衔接性等都纳入系统的教育教学中，尊重人的成长属性和个性需求，发展学生在高中三年、海外四年乃至一生的学习张力和良好习惯的持续力。

## 第四节
## 山东省济宁市中小学校培养"国际理解"素养的主要做法

山东省济宁市开展了"国际理解"素养培养课程的 6 所学校主要有以下 4 种做法,分别是国家课程学科渗透、"国际理解"校本课程、"国际理解"实践活动、利用数字化信息技术及大众媒体开展教育活动。

### 一、国家课程采用学科渗透的方式,培养"国际理解"素养

首先,学科渗透。山东省济宁市中小学校实施"国际理解"素养培养课程的主要方式是在语文、历史、地理、政治、英语等学科课程中融入"国际理解"素养的培养内容。在学科教学过程中,教师向中小学生介绍不同国家、地区、民族、领域的文化、历史和习俗,帮助学生了解国际问题,培养跨文化对话能力、全球意识和共同体观,以及尊重和理解不同国家、种族、宗教的社会成员。

如,位于济宁高新区的 K 校将"国际理解"融入所有课程,从六年级起,围绕国际事务,基于案例学习,展开跨学科的教学,让六至八年级的学生学习"环境与健康,政府、政治及当今国际事件,文化和社会,经济"等四大体系的内容。济宁高新区 L 校就有在小学英语学科中渗透"国际理解"素养培养的案例,如有一篇文章是 Robin has a BDS,学生们通过自己查证,对比全球定位系统(Global Positioning System,GPS)和北斗卫星导航系统(Beidou Navigation Satellite System,BDS)的不同得出了结论。首先,研发国家不同。BDS 是中国研制的全球卫星导航系统;GPS 是美国研制的卫星导航与定位系统。其次,功能不同。BDS 有星间链路和短报文功能;GPS 则没有。最后,卫星性质和卫星高度不同。GPS 的卫星均是地球中圆轨道卫星(MEO),平均轨道高度约为 20 200 千米;BDS 的卫星包括地球同步卫星(GEO)、倾斜轨道同步卫星(IGSO)和中圆轨道

卫星（MEO），卫星轨道高度分别是 35 768 千米、35 768 千米、21 528 千米。虽然仅仅是很微小的调查，但是足够让英语课堂发挥科普作用。在对文化差异的了解中，学生的文化自信得以提升，民族自豪感更是体现得淋漓尽致。在英语课堂上，学生用中文讲好世界故事，用外语讲好中国故事。

## 二、开设校本课程，培养"国际理解"素养

这 6 所学校的中小学生在专门学习"国际理解"课程的过程中也学习其他地区、国家的历史、文化、艺术，了解国际问题。各学校鼓励"国际理解"校本课程的开发，进一步促进了学校师生了解不同国家、地区的政治、经济、文化、语言等，如济宁高新区 K 校非常重视"国际理解"教育主题活动课程设计。学校提供丰富的社团活动、体育活动，如音乐社、美国文化社、油画社、动漫社、游泳社等，并最大限度地提供英语语言环境，如英文配音比赛、辩论赛、单词竞赛、口译大赛、澳大利亚研学活动等。同时，鼓励学生对全球性问题进行交流讨论，鼓励学生思考，全面理解和掌握国际性问题的解决策略。此外，引导学生理解全球化的内涵和利弊，组织学生研究麦当劳的全球扩张，了解全球化问题。"国际理解"校本课程还包括主题活动。主题活动有课内和课外两种形式，两种主题活动都包含教科书中的活动和教师自主设计的活动，需要课内和课外互相配合完成。主题活动有利于拓展学生的国际视野，便于学生收集、整理、分析数据信息，提高学生的问题解决能力。

为了让每一个学生能够发现兴趣、培养兴趣、感受到生活的丰富多彩，给同学们提供更多更优秀的校本课程资源，济宁高新区 H 校发动全体老师根据自己的专业特长和兴趣爱好自主开发课程，并向年级和学部申请开课。年级和学部组织团队逐一审核，精选出符合孩子们各方面发展需求的课程，然后经具有相关专业知识的教师修改完善后，方可开课。本学期，小学部精品社团课开设 43 门，普适性校本课程开设 174 门，完全满足了学生的个性化需求。课程确定后，学校分年级组织全体师生进行选课。选课共分为两个阶段：第一个阶段的精品课程选课以"教师－学生"双向选择的模式进行，该课程需要有一定基础的专业型学生。未被选上的学生

可选择第二阶段的普适性校本课程,室内户外各选一门。选课以学生自主选择为主,年级协助调配为辅,孩子们选到心仪校本课程后绽开的笑脸,成为学校进一步做好校本课程的不竭动力。为了保障校本课程的顺利实施,学校采取了"调研+激励"双重管理模式,通过组建调研团队加强校本课程的过程管理。调研团队从学生考勤、学生状态等方面对每一个学生进行跟踪调研,从备课设计、课堂实施、课堂状态等方面对老师进行评价,确保每一堂校本课程都有效开展。

## 三、开展境外研学活动,培养"国际理解"素养

济宁高新区 K 校和 H 校以主题活动课或综合实践活动的形式开展"国际理解"境外研学活动,如赴英国、美国、加拿大、澳大利亚研学等等。这些活动突破了教科书和课堂的限制,使学生可以在活动中体验不同国家、区域、民族的历史、文化、艺术等,提高"国际理解"素养。

**澳大利亚线,向着布里斯班的方向**

每年暑期的澳大利亚研学是 K 校的"必备节目"之一,时长 5~7 个星期。此时正值南半球的冬季,正是同学们逃离济宁炎炎夏日的最佳时间。他们在出发前就已经选好住家,通过邮件、视频与住家"爸爸""妈妈"有着很好的沟通和了解,大大消除了落地布里斯班时的陌生或不安。同时,他们在学校的每一天都安排有 buddy(小伙伴),以让每一个学生在课堂和校园生活中无缝对接。

**美国线,历史文化的深度结合**

首届为期 2 周的美国历史文化夏令营课程由美国高中在职教师授课,让学生体验纯正的美式英语和活泼的教学模式,包括美国政府系统和教育系统的基本认识课、美国文化课、标记课、诗歌课和橄榄球课等。15 天的行程让每一个学生集中领略美国的教育、政治、经济、人文和自然景观,形成对美国整体的体会和感知。

**美加线,你就是未来北美国际领袖**

3 个星期,横跨美国和加拿大。大本营分别设在加州大学伯克利分校和英属哥伦比亚大学校园。沉浸式英语学习,青年领导力观念和技能培训,与加拿大领导人零距离交流,常青可持续(Youth Evergreen

Sustainability，YES）领导力培训证书、红十字会紧急救护证书等证书的获得……

用脚丈量世界，把中华民族文化传播到世界各地，用中文讲好世界故事，用英语讲好中国故事，这就是通过赴外研学培养"全球意识、跨文化对话能力和共同体观"的有效途径。

## 四、利用数字化"国际理解"资源，培养"国际理解"素养

数字化信息技术及大众媒体为中小学生"国际理解"素养的培养提供了便利。互联网、报刊、图书馆、电影院、社交软件等等，都已成为山东省济宁市这6所学校提升中小学生"国际理解"素养的有效媒介。阅读数字化"国际理解"资源，打破了"国际理解"素养培养的时间和空间的限制，让有条件的孩子随时随地学习全球意识，提高跨文化交流能力，提升共同体观。

## 第五节
## 培养现状的主要问题：不充分、不均衡的发展

从上面山东省济宁市各区域"国际理解"的教育实践我们可以看出，有的县（市、区）开展了"国际理解"素养培养的教学实践活动，并结合各自学校的教育理念开发了中小学"国际理解"教育校本教材，在培养目标、课程内容、教学实施等方面进行有意义的探索。但"国际理解"素养的培养也表现出"培养不充分和发展不均衡"的问题，主要为以下两个方面。

### 一、各县（市、区）发展得不充分和不均衡

山东省济宁市有13个县（市、区），每个县（市、区）"国际理解"素养的培养现状差异较大。依据调查结果我们可以看出，只有高新区、任城区、北湖区和曲阜市已开展了"国际理解"素养培养的教学实践活动，其他县（市、区）则很少开展相关教学活动（后续通过访谈也得以证实）。高新区、任城区和北湖区属于济宁市城区范围，曲阜市是济宁市经济水平较高和世界知名度较高的县级市，从这一点我们可以看出，当地的政治、经济、文化发展水平影响着"国际理解"素养的培养状况。在这四个县（市、区）中，高新区"国际理解"素养的培养水平最高，已初步形成比较科学完备的培养目标、课程内容、教学实施方案。其主要原因在于，济宁高新区管理委员会特别重视基础教育的发展，善于在全区范围内整合优质教育资源。高新区内开展"国际理解"素养培养教学实践活动的三所学校中，K校属于民办公助，H校和L校属于公办民管，K校和L校委托苏州某教育集团管理，而H校委托潍坊某教育集团管理。先进的教学理念、强有力的政府支持和学校保障助推济宁高新区"国际理解"素养的培养。

## 第三章　山东省济宁市中小学生"国际理解"素养的培养现状

## 一、中小学生"国际理解"素养发展得不充分、不均衡

除了山东省济宁市各区域"国际理解"素养培养发展得不充分、不均衡之外,从调查问卷数据我们可以看出,中小学生"国际理解"素养的各内容要素发展得也不充分、不均衡。本研究在对山东省济宁市中小学生的问卷调查中,选定52所样本中小学校,总计随机发放问卷12 343份,回收12 343份,有效问卷12 343份,有效回收率为100%。其中,男生占比52.48%,女生占比47.52%。另外,在本次调查回收的12 343份有效问卷中,一至三年级学生的有效问卷为2 249份,占18.22%;四至六年级学生的有效问卷为3 817份,占30.92%;七至九年级学生的有效问卷为6 277份,占50.86%。本次问卷调查,在一至六年级学段共回收有效问卷6 066份,并对"国际理解"内容是否感兴趣进行统计,非常感兴趣2 309人,占38.06%;一般感兴趣3 512人,占57.9%;不感兴趣245人,占4.04%。而在七至九年级学段,共回收有效问卷6 277份,并对"国际理解"内容是否感兴趣进行统计,非常感兴趣1 937人,占30.86%;一般感兴趣3 975人,占63.33%;不感兴趣365人,占5.81%。从山东省济宁市中小学教学中"国际理解"素养养成程度的数据(见表3-1)我们可以看出,中小学教学中"国际理解"素养养成程度不高,"国际理解素养"发展得不充分、不均衡,一半以上人数的掌握水平处于"一般及以下"程度,山东省济宁市中小学生"国际理解"素养培养还有很大的空间。

表3-1　中小学生"国际理解"素养"一般及以下"养成程度数据统计表

| 一级指标 | 二级指标 | 简要内容 | 小学生百分比/% | 中学生百分比/% |
|---|---|---|---|---|
| 全球意识 | 民族理解 | 了解世界民族以及民族平等的意义和原则 | 62.35 | 55.22 |
| | | 理解世界各民族的文化及平等 | 77.70 | 78.17 |
| | | 树立世界各民族平等的观念 | 79.15 | 72.92 |
| | 人的发展 | 理解并掌握尊重他人、自己 | 82.57 | 82.35 |
| | | 理解人的发展含义,感知人的发展的重要性 | 83.09 | 79.15 |
| | | 关注和思考世界人的发展问题,树立可持续发展理念 | 79.21 | 77.92 |

(续表)

| 一级指标 | 二级指标 | 简要内容 | 小学生百分比/% | 中学生百分比/% |
|---|---|---|---|---|
| 全球意识 | 环境理解 | 了解环境对生活的影响 | 86.09 | 82.25 |
| | | 树立保护环境、低碳生活的意识 | 81.38 | 82.14 |
| | | 建立高质量、可持续发展的理念 | 80.20 | 87.42 |
| | 人类文化遗产 | 感悟文化的多元性,理解和尊重他文化 | 81.47 | 79.02 |
| | | 感受文化的差异性,树立保护世界文化遗产的意识 | 86.74 | 78.90 |
| | | 了解本国文化发展历史,树立文化融合的理念 | 78.90 | 76.98 |
| | 和平理解 | 学会与人和睦共处 | 79.78 | 80.83 |
| | | 理解团结合作的必要性和重要性 | 83.47 | 80.94 |
| | | 积极培养契约精神,增强维护和平、信守和平的意识 | 85.36 | 81.80 |
| | 联合国体系 | 了解联合国知识,学会在集体中生活 | 75.79 | 72.98 |
| | | 了解地球村的相关知识,感悟人类命运共同体的意义 | 80.46 | 76.64 |
| | | 了解人类社会有共同利益、共同价值观和共同难题 | 73.46 | 73.55 |
| 跨文化对话能力 | 创新能力 | 独立思考,提升问题解决能力 | 79.94 | 69.49 |
| | | 学会从不同角度理解文化差异 | 72.44 | 67.82 |
| | | 培养主动提出问题和发现问题的能力 | 76.55 | 69.19 |
| | 自信能力 | 树立对本国、本民族的文化自信意识 | 72.20 | 76.63 |
| | | 加强国际文化交流,认同中华民族传统文化的优越性 | 79.32 | 78.20 |
| | | 树立为实现目标而采取行动的积极信念 | 79.49 | 71.92 |
| | 合作能力 | 理解感悟个人在集体中的价值 | 80.08 | 78.16 |
| | | 创造共同价值并培养实现共同目标所需的能力 | 79.90 | 73.95 |
| | | 培养积极主动的合作态度 | 81.64 | 74.74 |
| | 沟通能力 | 理解跨文化背景,灵活地调整对话行为和交流方式 | 81.87 | 69.18 |
| | | 形成利用母语之外的至少一种语言的能力 | 71.76 | 59.58 |
| | | 与不同文化背景的人进行开放、得体、有效沟通的能力 | 71.98 | 65.02 |
| | 批判能力 | 培养以系统和逻辑的方式分析、评估和判断的能力 | 76.28 | 62.57 |
| | | 培养运用高阶思维的能力 | 74.56 | 62.45 |
| | | 提高批判性能力和质疑能力 | 74.32 | 68.40 |
| | 问题解决能力 | 培养自主、合作、探究地解决问题的能力 | 76.46 | 73.71 |
| | | 采取积极有效、可操作的策略解决问题 | 77.30 | 68.34 |
| | | 培养解决全球性共同问题的能力 | 74.89 | 77.47 |

(续表)

| 一级指标 | 二级指标 | 简要内容 | 小学生百分比/% | 中学生百分比/% |
|---|---|---|---|---|
| 共同体观 | 认识自己 | 正确认识自己的重要性，了解自己 | 80.63 | 74.45 |
| | | 客观评价自己，正确自我定位 | 75.26 | 77.97 |
| | | 激发自我内驱力，发展自己 | 79.26 | 77.06 |
| | 认识他人 | 掌握认识他人的方法和途径，了解他人 | 78.29 | 71.26 |
| | | 学会换位思考，理解、体谅他人的行为 | 78.88 | 77.84 |
| | | 善于欣赏、接纳他人，尊重他人的隐私和人格 | 81.30 | 80.21 |
| | 仁爱 | 站在他人的角度思考和处理问题，富有同理心 | 82.08 | 76.82 |
| | | 与他人情感共鸣，同情弱势群体 | 80.81 | 77.73 |
| | | 理解他人情绪、情感的感受力和理解力 | 78.00 | 74.16 |
| | 责任公心 | 增强我为人人、人人为我的责任意识 | 80.82 | 76.80 |
| | | 正面引导，提高学生的执行力 | 80.37 | 69.59 |
| | | 激发奉献担当的精神，培养社会责任感 | 80.04 | 74.51 |
| | 开放心态 | 培养批判质疑、开放包容的心态 | 79.59 | 73.03 |
| | | 以宽容开放的心态接受外来事物 | 80.60 | 73.76 |
| | | 尊重差异性，培养"国际理解"意识 | 77.17 | 74.38 |
| | 世界公民 | 关注国际新闻资讯 | 83.79 | 66.26 |
| | | 提高解决全球性问题的能力 | 76.72 | 64.72 |
| | | 参加各种社会实践活动，培养世界公民意识 | 74.87 | 70.53 |

对教师的调查问卷结果同样反映出山东省济宁市中小学生"国际理解"素养发展得不充分和不均衡，和中小学生调查问卷数据结果相一致，见表3-2。全球意识中的"民族理解"、跨文化对话能力中的"批判能力"和"问题解决能力"这三个数据的落实程度"一般"，其他数据为"不好"或"非常不好"。

在正式问卷调查中，本研究者在选定的13个县（市、区）共计52所学校随机向教师发放问卷1 141份，回收1 141份，有效问卷1 141份，有效回收率为100%。其中，男教师434人，占38.04%，女教师707人，占61.96%；25岁及以下教师占比10.43%，26～35岁教师占比29.27%，

36~45岁教师占比32.87%，46岁及以上教师占比27.43%；3年以下教龄的教师占比18.14%，4~10年教龄的教师占比25.33%，11~20年教龄的教师占比18.23%，20年以上教龄的教师占比38.3%；大专及以下学历的教师占比12.8%，大学本科学历的教师占比83.87%，硕士研究生及以上学历的教师占比3.33%；中小学二级教师占比45.31%，一级教师占比36.81%，高级教师占比17.62%，正高级教师占比0.26%；20.07%的教师接受或者讲授过"国际理解"教育相关的培训课程，79.93%的教师没有接受或者讲授过"国际理解"教育相关的培训课程；17.97%的教师认为"国际理解"素养对人的培养不重要。

表3-2 中小学教学中"国际理解"素养落实程度数据统计表

| 一级指标 | 二级指标 | 简要内容 | 落实程度一般以下百分比/% |
|---|---|---|---|
| 全球意识 | 民族理解 | 了解世界民族知识以及民族平等的意义和原则 | 57.67 |
| | | 理解世界各民族的文化及平等 | 69.24 |
| | | 树立世界各民族平等的观念 | 72.92 |
| | 人的发展 | 理解并掌握尊重他人、自己 | 80.19 |
| | | 理解人的发展含义，感知人的发展的重要性 | 76.17 |
| | | 关注和思考世界人的发展问题，树立可持续发展理念 | 74.23 |
| | 环境理解 | 了解环境对生活的影响 | 81.34 |
| | | 树立保护环境、低碳生活的意识 | 81.25 |
| | | 建立高质量发展和可持续发展的理念 | 78.35 |
| | 人类文化遗产 | 感悟文化的多元性，理解和尊重他文化 | 73.88 |
| | | 感受文化的差异性，树立保护世界文化遗产的意识 | 74.24 |
| | | 了解本国文化发展历史，树立文化融合的理念 | 74.32 |
| | 和平理解 | 学会与人和睦共处 | 81.95 |
| | | 理解团结合作的必要性和重要性 | 82.25 |
| | | 积极培养契约精神，增强维护和平、信守和平的意识 | 77.92 |
| | 联合国体系 | 了解联合国知识，学会在集体中生活 | 74.14 |
| | | 了解地球村的相关知识，感悟人类命运共同体的意义 | 73.19 |
| | | 了解人类社会有共同利益、共同价值观和共同困难 | 71.52 |

# 第三章 山东省济宁市中小学生"国际理解"素养的培养现状

(续表)

| 一级指标 | 二级指标 | 简要内容 | 落实程度一般以下百分比/% |
|---|---|---|---|
| 跨文化对话能力 | 创新能力 | 独立思考，提升问题解决能力 | 74.06 |
| | | 学会从不同角度理解文化差异 | 72.92 |
| | | 培养主动提出问题和发现问题的能力 | 70.73 |
| | 自信能力 | 树立对本国、本民族的文化自信意识 | 77.21 |
| | | 加强国际文化交流，认同中华民族传统文化的优越性 | 76.60 |
| | | 树立为实现目标而采取行动的积极信念 | 77.65 |
| | 合作能力 | 理解感悟个人在集体中的价值 | 76.07 |
| | | 创造共同价值并培养实现共同目标所需的能力 | 76.33 |
| | | 培养积极主动的合作态度 | 78.26 |
| | 沟通能力 | 理解跨文化背景，灵活地调整对话行为和交流方式 | 74.50 |
| | | 形成利用母语之外的至少一种语言的能力 | 78.19 |
| | | 与不同文化背景的人进行开放、得体、有效沟通的能力 | 71.78 |
| | 批判能力 | 培养以系统和逻辑的方式分析、评估和判断的能力 | 53.82 |
| | | 培养运用高阶思维的能力 | 71.17 |
| | | 提高批判性能力和质疑能力 | 69.06 |
| | 问题解决能力 | 培养自主、合作、探究地解决问题的能力 | 78.18 |
| | | 采取积极有效、可操作的策略解决问题 | 77.04 |
| | | 培养解决全球性共同问题的能力 | 69.42 |
| 共同体观 | 认识自己 | 正确认识自己的重要性，了解自己 | 67.57 |
| | | 客观评价自己，正确自我定位 | 78.17 |
| | | 激发自我内驱力，发展自己 | 77.48 |
| | 认识他人 | 掌握认识他人的方法和途径，了解他人 | 74.41 |
| | | 学会换位思考，理解、体谅他人的行为 | 78.88 |
| | | 善于欣赏、接纳他人，尊重他人的隐私和人格 | 81.33 |
| | 仁爱 | 站在他人的角度思考和处理问题，富有同理心 | 81.19 |
| | | 与他人情感共鸣，同情弱势群体 | 79.93 |
| | | 理解对他人情绪、情感的感受力和理解力 | 78.00 |

(续表)

| 一级指标 | 二级指标 | 简要内容 | 落实程度一般以下百分比/% |
|---|---|---|---|
| 共同体观 | 责任公心 | 增强我为人人、人人为我的责任意识 | 79.75 |
| | | 正面引导，提高学生的执行力 | 80.37 |
| | | 激发奉献担当的精神，培养社会责任感 | 80.94 |
| | 开放心态 | 培养批判质疑、开放包容的心态 | 75.81 |
| | | 以宽容开放的心态接受外来事物 | 77.57 |
| | | 尊重差异性，培养"国际理解"意识 | 70.67 |
| | 世界公民 | 关注国际新闻资讯 | 72.92 |
| | | 提高解决全球性问题的能力 | 71.17 |
| | | 参加各种社会实践活动，培养世界公民意识 | 71.78 |

从"中小学教学中'国际理解'素养落实程度数据统计表"中我们可以看出，全球意识领域的"民族理解"的理解和掌握水平一般以上至少占42.33%、跨文化对话能力的"批判能力"和"问题解决能力"的理解和掌握水平一般以上至少占46.18%，这三个数据的落实程度总体表现"一般"，其他数据表现"不好"或"非常不好"。对教师问卷和学生问卷进行数据分析，即对中小学教学中"国际理解"素养培养的落实程度调查问卷和中小学生"国际理解"素养培养的养成程度调查问卷进行分析，本研究得出山东省济宁市中小学生"国际理解"素养发展得不充分、不均衡。

# 第四章
# 山东省济宁市中小学生"国际理解"素养培养存在的问题及原因探析

我们通过访谈和调查问卷,从培养目标、课程内容、主要做法和发展得不充分和不均衡等四个方面分析了山东省济宁市中小学生"国际理解"素养的培养现状。通过对调查数据和现状的剖析,我们发现山东省济宁市中小学生"国际理解"素养培养存在一些问题,主要表现在教师对教科书中"国际理解"内容的价值认识不足、教学过程存在"国际理解"目标偏离和培养过程没有注重"教—学—评"的一致性。问题有学校层面的原因,如教师的教学理念窄化了教科书中"国际理解"内容的价值、教学中存在许多困难和素养评价的缺位;也有家庭层面的原因,如一切向升学率和就业率看齐,考评什么就要求学校教什么;还有社会层面的原因,如社会的舆论导向制约着学校的教学观、课程观和评价观。为了让原因更加聚焦,本章主要研究学校层面的原因。

# 第一节
# "国际理解"素养培养存在的主要问题

## 一、教师对教科书"国际理解"内容的价值认识不足

山东省济宁市中小学生"国际理解"素养的培养,存在教师对教科书中"国际理解"内容的价值认识不足的问题,主要表现在:有的教师完全忽略教科书中"国际理解"内容的价值,有的教师认识到教科书中"国际理解"内容的价值但没有强调或强调不够。

(一)完全忽略教科书中"国际理解"内容的价值

很多教师从讲授知识出发,选择、设计和使用教学内容,教科书的"国际理解"价值没有发挥出来,出现了用教材教知识和完全忽略教科书中"国际理解"内容的价值的问题。

第一,一部分教师在课程内容设计中完全忽略教科书中"国际理解"内容的价值。有学者认为,课程内容是"根据教育目标,为指导学习者的学习活动,有计划地编制教育内容的整体计划,是旨在塑造新生代未来人格而设计的蓝图"。[①] 蓝本课程内容关注知识的逻辑性和规范性,强调教师按部就班地传授,注重学生的背诵、记忆和机械训练。[②] 还有的学者认为,教科书是知识权威,这种观点被认为"圣经式的教材观"[③]。以上观点都认为教科书知识具有唯一性、权威性和规范性,是教学内容的唯一或主要来源。以"教科书唯一""教科书权威""教科书规范"的取向定位、使用教科

---

① 钟启泉. 课程设计基础 [M]. 济南:山东教育出版社,1998:1.
② 张增田,彭寿清. 从"蓝本"走向"文本":当代课程内容观的转变 [J]. 教育研究,2011,32(11):95-98.
③ 郭晓明. 从"圣经"到"材料":论教师教材观的转变 [J]. 高等师范教育研究,2001(6):17-21.

书，都是学科本位的教科书思维，在不经意中弱化了甚至是抹杀了教科书中"国际理解"内容的价值。[①] 理论上说，教科书作为实现教育教学目标最为核心的存在，本应将"国际理解"培养目标在编制、评价和使用等各个环节落地。教科书本应是实现"国际理解"素养培养的天然载体，在培养学生"国际理解"素养的过程中发挥重要作用，本应指导学生在人类命运共同体的价值观引领下，了解差异和尊重差异，正确处理"我"和"我们"的联系、"我们"和"他们"的区别、"他们"和"他们"的关系问题，更稳定和深入地培养自己的"国际理解"素养。但是，在实际教学实践中，教师仅仅从知识教学层面定位教科书，完全忽略教科书中"国际理解"内容的价值，这是不科学的。

第二，一小部分教师在教科书使用过程中完全忽略"国际理解"内容的价值。教师用教材教知识是将教科书看作知识的权威，认为教科书是学科知识的权威载体。权威经典的教科书成为我们教育资源的主要来源，教科书知识的掌握成为学校教育教学的重要标准。当下，大多数的课堂教学仍然是教师用教材教知识，是教教材，而不是用教材教。在教学过程中，教师向教科书看齐，追求的是所谓的"标准答案"，带来的是对师生智慧创造的忽视。教学以传递权威知识为标准、忠实于教科书内容，崇尚"教科书唯一""教科书权威""教科书规范"。教师用教材教知识，使教学退化为"规训"，使鲜活、丰富的知识教学失去了灵性和人性，使知识的理性化疏远了学生的生活世界，知识不再是真切感受的过程，知识的内容和形式、结论和过程彻底割裂开来。[②] 教学全部变成了教师的讲解与传授，学生的学习变成了对教科书内容的背诵与训练。"无论你喜不喜欢、承不承认，都是教科书在扮演着教学生的角色，而非教师。虽然这一论断有些过于武断与极端，但却一针见血地指明了教科书在学校教育教学中的地位。确实，学生学习教科书的时间占据了其在校时间的百分之八十。"[③] 用教材教知识使语文课变成了背诵记忆，作文课变成了八股文训练，数学课变成

---

[①] 王润. 数字时代教科书的中华民族文化认同研究[D]. 北京：首都师范大学，2020.

[②] 张增田，彭寿清. 从"蓝本"走向"文本"：当代课程内容观的转变[J]. 教育研究，2011, 32(11)：95-98.

[③] Hickman H, Porfilio B J. The new politics of the textbook: Critical analysis in core content areas[M]. Rotterdam: Sense Publishers, 2012: 3.

了机械操练,思政课变成了死记硬背,音乐和体育课变成了乐谱的记忆和动作的训练。学生在接受知识的过程中,丢掉了兴趣、灵性和激情。"教科书唯一""教科书权威""教科书规范"的教科书取向,使学生变成知识的容器,课堂变成灌输知识的场所。把对知识的灌输和掌握看作学生发展的主要或唯一指标,不利于学生情感态度价值观的发展,[①]更不利于其素养的形成,在一定程度上忽略了学生创造性和自主性的发展,更不用说对"国际理解"素养的培养。

(二)认识到教科书中"国际理解"内容的价值但没有强调或强调不够

这个问题主要有两种表现:教师们认识到教科书中"国际理解"内容的价值,但有的教师认为无需强调,有的教师却强调不够。

1. 认识到教科书中"国际理解"内容的价值,但认为无需强调

有的教师认为,教学实践中无需强调"国际理解"内容的价值,教科书"国际理解"内容是既定的,所以不需要再次强调。一方面,教科书的生命属性是教育性,是落实立德树人的重要载体。有学者认为,教科书是促成教育性教学的话语空间,编者、教师、学生等共时地存在于教科书的话语空间中,是教科书话语空间中共同的权力主体。[②]也就是说,教科书搭建了一个编者、教师和学生对话的空间,在这个空间里,教师、学生等相关权力主体相互对话,共同达成教科书教育性的目的。教科书的生命属性是教育性,教科书的终极目的是实现教育性。因此,无需论证"国际理解"内容的价值。另一方面,教科书是学生学习的主要材料,在学习过程中,作为探索材料是教科书的一项功能,学生可以采用自主、合作、探究的学习方式探索未知。在教学过程中,我们只要提供给学生探索的方式方法,学生就能够通过教科书平台进入更广阔的文化天地。[③]以上两种观点充分认识到教科书的教育性和作为文化探索的内在旨意,相较于传统的知

---

[①] 王润. 数字时代教科书的中华民族文化认同研究 [D]. 北京:首都师范大学,2020.

[②] 叶波. 教科书本质:历史谱系与重新思考 [J]. 课程·教材·教法,2018,38 (9):75-79.

[③] 高德胜. "文化母乳":基础教育教材的功能定位 [J]. 全球教育展望,2019,48 (4):92-104.

识取向完全忽略教科书中"国际理解"内容的价值的做法,这是一种进步,但依然存在很大的局限性。因为内在旨意不等于教科书中"国际理解"内容的价值实现,教学过程受到教师、教学媒介、学生、环境等诸多因素的影响和作用,这些因素对教科书中"国际理解"内容的价值产生影响。总而言之,无需强调教科书中"国际理解"内容的价值也是不科学的。

2. 认识到教科书中"国际理解"内容的价值,但强调不够

中共中央、国务院印发了《国家中长期教育改革和发展规划纲要(2010—2020年)》,北京师范大学牵头的专家组发布了《中国学生发展核心素养》,中华人民共和国教育部制定了《普通高中课程方案(2017版)》,以上文件都强调"加强国际理解教育"。但在"国际理解"素养培养的实施过程中,有的教师对教科书中"国际理解"内容的价值强调不够,例如山东省济宁市许多中小学校对"国际理解"素养培养的重视不足、强调不够,仍然处于开展"国际理解"教育的自发摸索阶段,调研的52所学校仅仅有6所学校开展"国际理解"教育。很多教师对于全人类共同面对的环境问题、恐怖主义、难民问题、种族歧视仍然显得生疏或不了解,甚至产生误解。不了解、误解、见效慢、效果不明显等使中小学校对"国际理解"教育不够重视,造成"国际理解"素养培养的不良循环。持"对'国际理解'素养培养强调不够"这一类观点的学者已经认识到教科书中"国际理解"内容的价值,但是培养的力度还不够。教科书作为知识的载体,是教师教与学生学的主要依据,是课程标准的具体化和学生发展质量评估的主要依托。在山东省济宁市的13个县(区、市),大部分中小学特别是农村中小学还没有针对性地开展"国际理解"素养培养的教育实践活动,应试教育这一潜在的"指挥棒"依然发生作用,即使有的中小学开展"国际理解"素养的培养活动,也表现出形式和内容单一、评价指标缺位的特点。总而言之,教科书中"国际理解"内容的价值没有得到大多数一线教师足够的重视。

## 二、教学过程存在"国际理解"目标偏离

有的教师认为,与"国外""国际化"有关的活动,都可以纳入"国际

理解"教育内容，比如国外研学活动、中外学校联谊友好交流访问等等。以上活动仅仅是对"外国""外国文化"的了解，在实施上容易造成"国际理解"目标偏离的情况。实际上，地方教育行政机构大多为"国际理解"教育的推行主体，主要目的是加快本地区的教育国际化。这种推行样式造成很多学校被动实施"国际理解"素养的培养，学校"完成任务"的心态造成"'国际理解'素养培养缺乏可持续发展、长远的实施计划和目的"的境地。在教学过程中，促进中小学生"国际理解"素养的培养，是诉诸"培养全面发展的人"这一观念意识形态基础上的教学实践，具有主观性和不确定性。教师的教和学生的学是教学过程中"国际理解"培养目标实施与达成的两个重要因素，师生的主观理解与素养培养具有动态性和开放性。这些使得"国际理解"培养目标在教学过程中产生偏离的风险，主要体现在教师理解、教师传授和学生接受三个方面。

（一）"国际理解"目标在教师理解中的偏离

教学过程有三大要素，分别是学生、教师和教学媒介。教师是学生和教学内容的中介。教师在教学过程中通过学科渗透培养"国际理解"素养。教学内容的"国际理解"素养的生发这一教育功能是由教师传递给学生的。本研究者在调查中发现，1 141位教师中只有44位老师对"国际理解"素养的概念非常了解，占3.86%；有160位老师对"国际理解"素养的概念比较了解，占14.02%；有549位老师对"国际理解"素养的概念一般了解，占48.12%；有318位老师对"国际理解"素养的概念不太了解，占27.87%；有70位老师对"国际理解"素养的概念完全不了解，占6.13%（见图4-1）。

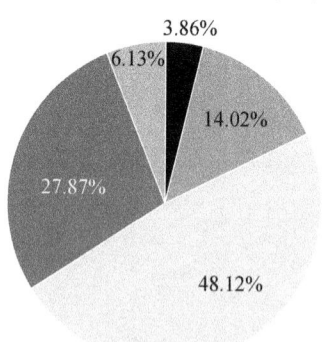

■ 非常了解　■ 比较了解　■ 一般了解　■ 不太了解　■ 完全不了解

图4-1　教师"国际理解"素养概念的认知状况

实际上，山东省济宁市很多学校没有"国际理解"教科书和教学参考用书，只有极少数学校开发了"国际理解"校本教材。在教学过程中，无论借助具体的"国际理解"校本教材还是国家课程的学科教学渗透方式，培养学生的"国际理解"素养都需要教师借助语言运用讲授法把"国际理解"内容通过启发、合作、引导等方式动态地传递给学生，从而带领学生达成"国际理解"素养的培养目标，这是应然状态。实际教学过程中，教科书中的"国际理解"内容在教师接受过程中会发生偏离，主要是因教师对教学内容解读的主观性造成的偏离，比如教师对于教科书的解读有忠于取向、有创造性取向，还有背离教科书的取向。偏离的发生与教师的教育经历、生活阅历、知识储备等因素有关系，如有的教师把"国际理解教育"理解为对外国或外国文化的"国际了解教育"，有的教师将外国文化固化不变，根据自身的认知图式去诠释"国际误解教育"，阻碍了"国际理解"素养培养的可持续发展。因此，教学内容中的"国际理解"内容与教学内容的文化意图不一致。

(二)"国际理解"目标在教师传授中的偏离

所谓传授就是指人们借助语言及其他媒体传递出各种信息，旨在使这些信息被他人接受的过程。[1] 教师对教学内容的接受是传授的前提和基础，传授是教师接受的价值体现。在实际教学过程中，传授主体、内容、媒介、接受主体共同参与，完成传授过程。教师是传授主体，借助语言或其他媒体将教学内容中的"国际理解"内容准确地传授给学生。[2] 教师传授主要有两个过程：第一，教师对教科书的"国际理解"内容形成教学预案。第二，教学预案完成之后，借助语言或其他媒体将文字或图片形式的教学预案传授给学生。一方面，语言具有即时性、多义性和随意性等特点，借助语言、文字或图片等形式传授"国际理解"内容会造成"国际理解"培养目标在实施上的偏离。另一方面，教师过于关注教科书的学科知识，传递的"国际理解"素养内容可能被弱化，更有可能会严重偏离教科书"国际理解"内容的培养目标。在调研中我们发现，有的学校为了短时间迅

---

[1] 石鸥. 教学别论 [M]. 长沙：湖南教育出版社，1998：157.
[2] 王润. 数字时代教科书的中华民族文化认同研究 [D]. 北京：首都师范大学，2020.

速推广"国际理解"教育,快速编写出校本教材或内部资料集,以传授固定的国外知识为主要内容,静态讲授、照本宣科,造成"国际误解教育"。

调查数据还显示,认为对"国际理解"内涵不够了解的调查者有527位,约占46.19%;有的调查者认为"国际理解"素养培养不重要,有115位,约占10.08%;还有的调查者认为个人教学能力不足,有131位,约占11.48%;认为受升学压力影响的有281位,约占24.63%;认为课时紧张的有548位,约占48.03%;认为学生不参与的有216位,约占18.93%;认为缺乏强有力的指导的有653位,约占57.23%;认为教学条件不足的有587位,约占51.45%;认为没有困难的有81位,约占7.10%;其他原因的有172位,约占15.07%。在对国家课程讲授的过程中,教师在课堂上使用"国际理解"教育方法、运用"国际理解"理念和进行"国际理解"素养学科渗透的情况也是不相同的。1 141位调查者中,有193位教师经常在课堂上运用"国际理解"教育理念,约占总人数的16.91%;有813位教师偶尔在课堂上运用"国际理解"教育理念,约占总人数的71.25%;有135位教师从不在课堂上运用"国际理解"教育理念,约占总人数的11.84%。偶尔和从不这两种情况共948人,约占总人数的83.09%(见图4-2)。

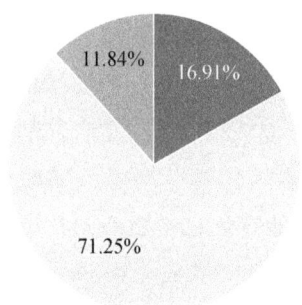

图4-2 "国际理解"教育理念在课堂上的运用情况

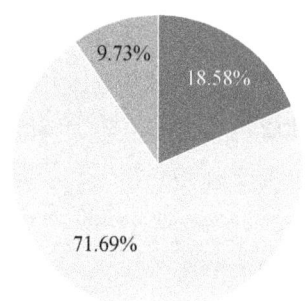

图4-3 教师在课堂上对"国际理解"素养的学科渗透情况

1 141位调查者中有212位教师经常在学科教学过程中渗透"国际理解"内容,占总人数的18.58%;有818位教师偶尔在学科教学过程中渗透"国际理解"内容,占总人数的71.69%;有111位教师从不在学科教学过程中渗透"国际理解"内容,占总人数的9.73%。偶尔和从不这两种情况共929人，占总人数的81.42%（见图4-3）。我们从中可以发现，如果教师自身的"国际理解"意识不强，对"国际理解"素养的内涵理解不清晰、"国际理解"的能力素养不足，那么，教师培养中小学生"国际理解"素养的预期目标将与教科书"国际理解"的意图相差甚远，并在传授过程中引起"国际理解"素养培养目标的偏离。

（三）"国际理解"目标在学生接受中的偏离

让中小学生完整、准确、充分地接受教师所传授的"国际理解"素养内容，是培养中小学生"国际理解"素养的教学目标。但是，中小学实际的课堂教学很难完成这个目标。学生的接受过程受到学生已有知识经验的影响，学生会自行理解、主观创造教学中的"国际理解"内容。前文所述，教师传递出来的"国际理解"内容可能已经偏离了教科书的本来意图和教师教学预案的目的，学生所接受的"国际理解"内容是教师重构的。一方面，学生已有的知识基础、接受能力、理解能力都存在着个体差异。当我们中小学教师用相同的教学方法把教科书中的"国际理解"内容传授给不同的中小学生时，学生会根据自己的个人兴趣有选择地学习"国际理解"内容。因此，中小学生对于教科书"国际理解"内容的内化必定是迥异的。调查数据显示，1 141位调查者中，有142位教师经常布置培养"国际理解"素养的综合实践作业，占总人数的12.45%；有795位教师偶尔布置培养"国际理解"素养的综合实践作业，占总人数的69.67%；有204位教师从不布置培养"国际理解"素养的综合实践作业，占总人数的17.88%。偶尔和从不布置培养"国际理解"素养的综合实践作业的教师共999人，占总人数的87.55%，易在学生接受过程中引起"国际理解"素养培养目标的偏离（见图4-4）。

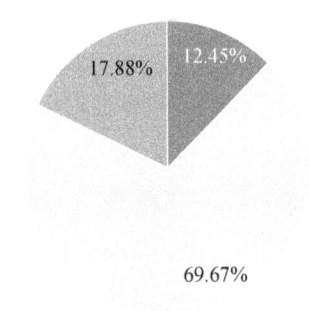

图4-4 "国际理解"教育课后作业频率

另一方面，"国际理解"是接受重点，但将教学内容的"国际理解"培养目标以具体的活动作为载体加以实现才是培养"国际理解"素养的最好方式。学生已有的知识基础、接受能力、理解能力都存在个体差异,每个人都表现得不一样。我们中小学教师借助语言培养中小学生"国际理解"素养也会出现表达性偏离,因此,学生在具体的"国际理解"素养培养活动中的表现也是各不相同的。于是,学生最终的内化与外化已经不同于教科书本身的"国际理解"内容意图,也在一定程度上偏离于教师的"国际理解"传递意图与预期目标,更与学科本身对于学生理解目标的设定存在偏差。①

教师对"国际理解"内容的接受、传授以及学生对"国际理解"内容的接受都是动态生成、意义创生的过程,这一过程不断发展、优化。这种优化发展为学生创新意识的培养提供了空间和可能,使得对于教科书"国际理解"内容的理解,出现学生没有达成教科书或教师培养意图的情形。从这种情形上看,"国际理解"培养目标发生偏离,即目标达成单一片面。如果教师自身的"国际理解"意识不强、"国际理解"认知存在偏差、"国际理解"教学能力不足,那么,教师计划让中小学生养成"国际理解"素养这一教学目标将会与教科书的"国际理解"素养培养的文本意图相差很远。②

## 三、培养过程没有注重"教—学—评"的一致性

核心素养时代,教学过程应注重培养中小学生的"国际理解"素养,这是一个教学常识。但是,在教学实践中,我们却忽略了这一教学常识。这一"理所当然"的教学常识需要"教、学、评"三个基本点的支撑。一是教师的"教"如何准确地通过教科书这一载体培养中小学生的"国际理解"素养;二是学生的"学"如何确切地养成"国际理解"素养;三是怎样科学全面地评价中小学生"国际理解"素养的培养过程。这三个问题直观反映出"国际理解"素养培养过程中"教—学—评"的一致性。"教—学—评"的一致性指的是教师的教、学生的学和过程评价的一致性,这三

---

① 石鸥. 教学别论 [M]. 长沙:湖南教育出版社,1998:188-189.
② 姜英敏. 国际理解教育≠对外国、外国文化的了解 [J]. 人民教育,2016 (21):62-65.

者在"国际理解"素养培养目标的设计、实施与达成上是一致的。培养过程没有注重"教—学—评"的一致性,主要表现为教师缺少"国际理解"素养培养的教学理念,学生缺少与"国际理解"相关的学习资源,培养过程缺少"国际理解"素养导向的评价方式。

(一)教师缺少"国际理解"素养导向的教学理念和课程实施

在学生的国际视野、国际理解、与人相处和交往的能力培养方面,教师具有十分重要的引导作用。日常教学中,很多中小学教师以传递知识为主,导致培养"国际理解"素养这一教育功能没有被充分挖掘,造成"国际理解"素养培养的目标难以达成。教师的教学理念、教学方式、教学方法和评价方式都影响着中小学生"国际理解"素养的培养。正如前文所说,一些教师完全忽略教科书中"国际理解"内容的价值,一些教师认识到教科书中"国际理解"内容的价值,但认为无需强调或强调不够。碍于政治、经济、文化、地域等原因,很多教师的教育观、学生观和课程观与传统的应试教育紧密联系。实际教学中,"教科书唯一""教科书权威""教科书规范"色彩非常浓厚,教师对"国际理解"素养培养较为排斥,教育趋向功利主义,追求高分数、高升学率。当下,改变学校、家长、学生乃至社会各界"唯分数论""一考定终身"的观念,有利于中小学生"国际理解"素养的培养。[①]很多学校没有针对性地开展"国际理解"素养的培养,即使开展了,对教科书中"国际理解"内容的价值认识也不到位,出现形式单一、效果不好、师生积极性不高的问题,"国际理解"素养培养没有得到广大一线教师的足够重视,把教育过程倡导培养"国际理解"素养中的全球意识、跨文化对话能力和共同体观窄化成知识的灌输与传授。

1. 教师缺少"国际理解"素养导向的教学理念

教师要树立素养第一、素养重于知识的教学价值观,培养学生终身发展和适应未来社会发展的关键能力、必备品格和正确的价值观。"国际理解"素养作为中小学生的必备素养,应体现时代性与前瞻性。从这个意义上看,核心素养的内涵要体现时代的特殊要求,如全球化背景要求下具备社会参与

---

[①] 高建京,张维平. 我国高校自主招生的程序悖谬及其匡正[J]. 高校教育管理,2011,5(1):53-57.

的能力、交流合作的能力、对不同文化的包容力和理解力,又如大数据时代下具备对信息数据的检索、应用、分析能力等。[①] 基于以上分析,教师在教育过程中要关注培养学生的民族理解、人的发展、环境理解、人类文化遗产、和平理解和联合国体系等全球意识,培养学生的创新能力、自信能力、合作能力、沟通能力、批判能力和问题解决能力等跨文化对话能力,以及培养学生认识自己、认识他人、仁爱、责任公心、开放心态和世界公民的共同体观。只有充分具备这些素养,学生才能适应未来社会和终身发展的需要,实现自我和社会的可持续发展。

教师有什么样的教育理念,学生就有什么样的"国际理解"素养。可以说,教师的教育理念和学生的"国际理解"素养培养紧密相依,教师的教育理念对中小学生"国际理解"素养的培养有重要的导向和影响。但从调查数据和访谈我们可以得知,不少教师缺少"国际理解"素养导向的教学理念,如"尊重文化的多样性""反思全球共同利益""人文教育"等。

2. 教师缺少"国际理解"素养导向的课程实施

教师是"国际理解"素养课程的实施者、开发者、研究者和评价者。理想的课程实施应该是:在课程设计阶段,教师基于"国际理解"素养的导向开发校本课程,使课程具备课程标准、教科书、课时安排和评价方法等核心要素。在课程实施阶段,教师要倡导师生互动、生生互动、师生与课程互动,要研究如何把"国际理解"素养落地,内化于心、外化于行,把"国际理解"素养的内涵转化为看得见的课程目标。此外,教师要融合多方参与主体的力量,加强教师、学生、家长、学校、社区、家庭的多维度对话。在课程评价阶段,教师要反思"国际理解"课程目标是否达成,并运用全面、多元化的评价方式评价课程目标。但是,理想的课程实施与现实中的课程实施有较大差距,现实的课程实施缺少"素养导向"的"国际理解"素养培养。

(二)学生缺少"国际理解"素养培养的学习资源

1. 学生缺少"国际理解"教科书

前文我们已经阐述过,判断教科书内容的价值高低,我们既要看它的

---

[①] 黄忠敬,等. 国际理解教育:如何在学校中培养学生全球胜任力[M]. 上海:华东师范大学出版社,2021:107.

学科价值，还要看它对于素养发展的价值。我们要依据学科价值和素养发展来选择和设计教科书内容。当下，教科书中的"国际理解"内容主要采用学科渗透的方式进行，我国还没有"国际理解"课程标准、相关教科书和教学参考用书。总之，在国家课程学习资源方面，学生缺少"国际理解"素养导向的"国际理解"教科书。

2. 学生缺少"国际理解"校本课程

调查数据显示，山东省济宁市参与调查的52所中小学校只有6所学校开展"国际理解"素养培养的教育实践活动，并开发了"国际理解"校本课程。在学科中心取向的教学中，学生遇到复杂的国际社会问题就不容易理解。在开设了校本课程的学校，校本课程缺少典型的"国际理解"主题活动。主题活动有课内和课外两种形式，包含教科书中的活动和教师自主设计的活动，需要课内和课外互相配合完成。主题活动有利于拓展学生的国际视野，便于学生收集、整理、分析数据信息，提高学生的问题解决能力。

(三) 缺少"国际理解"素养导向的评价方式

素养导向的评价有利于评估学生或社会的需要，诊断优缺点并为学校课程与教学的完善做准备，了解目标达成的程度以及判断课程与教学实施的成效。[①] 素养导向是一种课堂教学取向，表达的是要以发展学生的核心素养为主旨，这是对课堂教学所秉持的教学理念和价值追求的概括。[②] 素养导向的评价有助于教师完善课程和改进教学，也有助于学生反思学习，诊断学习过程与结果。"国际理解"素养导向的评价以中小学生"国际理解"素养的形成与完善作为课程实施与教学的最终目的。山东省济宁市中小学生的"国际理解"素养培养主要采用绝对性评价，主要有"知识理解角度""技能角度""态度角度"等。如济宁高新区L校对于"国际理解"素养培养实践的评价采用绝对性评价，从"知识理解角度""技能角度"和"态度角度"开展，如学校在人权保护"世界里的我"主题中的评价问题，"你知道在人际交往中人际关系的重要性吗""什么是人权意识"，这些问题属于"知识理解角度"。再比如文化

---

[①] 钟启泉，张华. 课程与教学论 [M]. 沈阳：辽宁大学出版社，2007：308-309.
[②] 郑长龙，孙佳林. "素养为本"的化学课堂教学的设计与实施 [J]. 课程·教材·教法，2018，38 (4)：71-78.

理解中的"文化自信"的评价问题,"拥有交流能力和幽默感吗",这一问题属于"技能角度"。还有"模拟联合国"中的全球化的评价问题,"能够以创建人类共同生存的社会为目标而努力吗",这一问题属于"态度角度"。

  为了反馈"国际理解"素养的培养效果,促进"国际理解"素养培养活动的开展,通过调查问卷和访谈,本研究者发现山东省济宁市还没有形成关于"国际理解"素养培养的课程与教学评价体系,主要表现为缺少对教师的落实程度、学生素养的养成程度和"国际理解"素养的评价量表等三个方面"国际理解"素养培养的评价。

## 第二节
## 存在问题的原因探析

### 一、教师的教学理念窄化了"国际理解"内容的价值

(一)片面追求升学率的倾向

"考考考,老师的法宝;分分分,学生的命根"。考试是学习任务或者测验项目以及实施这些测验的程序(如写作和口语考试、展示成绩的档案袋)的集合。考试用于检验某个应试者在完成某个正式教育或培训项目后是否达到的成就水平。[①] 纸笔测试是一种书面形式的测验工具,重点评价与监测学生对于知识的掌握情况或能力发展的强弱。纸笔测试主要有:传统考试、教师自编成就测验、标准化成就测验或各种心理测验等。评价,就是评定价值。评价本质上是一种价值判断活动。教育评价是对教育活动满足社会与个体需要的程度作出判断的活动,是对教育活动现实的或潜在的价值作出判断,以期达到教育价值增值目的的过程。[②] 教科书的知识内容越来越多,学生对所学习的内容越来越不感兴趣,适应学生终身发展和社会发展的必备品格、关键能力和正确的价值观没有形成,难以掌握。正如首都师范大学石鸥教授所说的那样,"我们越来越被越来越小的知识点里越来越多的可能的考试信息绑架,我们获取它,却不知道自己为何要获取它——除了考试"[③]。现在的考试,更关注于考查知识点,忽略考察各种能力或智力。这种考试方式不利于发展学生的智力,不利于促进学生的全

---

① 希尔伦斯,格拉斯,托马斯. 教育评价与检测:一种系统的方法[M]. 边玉芳,曾平飞,王烨晖,译. 北京:教育科学出版社,2017:42.
② 陈玉琨. 教育评价学[M]. 北京:人民教育出版社,2019.
③ 石鸥,张文. 学生核心素养培养呼唤基于核心素养的教科书[J]. 课程·教材·教法,2016,36(9):14-19.

面发展。

纸笔测试取向的评价观窄化了"国际理解"内容的价值。一方面，纸笔测试取向的评价观完全忽略教科书中"国际理解"内容的价值。在这种纸笔测试取向的评价观下，教师关注的是知识点的理解和掌握，教科书是学科知识的权威载体，是教学内容的根本和唯一标准，也是教学结果的根本和唯一标准。在"教科书唯一""教科书权威""教科书规范"等宣扬下，学生对教学目标、内容和结果的背诵、重复记忆、机械训练、知识巩固成为学习的所有。传统考试、教师自编成就测验、标准化成就测验或各种心理测验等纸笔测试工具指向唯一的标准答案，具有保守性和封闭性。教学进一步沦为灌输的场所，重结果轻过程、重知识轻素养。另一方面，纸笔测试取向的评价观认为无需强调教科书中"国际理解"内容的价值或强调不够。纸笔测试取向的评价，会造成考评什么老师就传授什么、不考什么老师就不教什么的现象。"国际理解"素养不是考出来的，也不便于采用纸笔测试的方式测评。因此，"国际理解"素养培养处于被忽视的境地。

19世纪，以边沁和穆勒为代表的哲学人物创立"功利主义"哲学。边沁的功利主义哲学以"联想原理"和"最大幸福原理"为前提和基础。边沁主张，"善便是快乐或幸福，所谓恶便是痛苦。因此，一个事件如果其中包含的快乐超过痛苦，而且其'盈余'大于另一个事件，或者说痛苦超过快乐的'盈余'小于另一个事件，它就比另一个事件善。在一切'事件'中，快乐超过痛苦的最大盈余的那个事件就是最善的"[①]。边沁关于"善恶学说"的核心就是功利主义。在实际社会生活中，自利占有支配地位。

教育体系向人们灌输了一种错误的观念，即短期的特权和舒适比长期的可持续性更重要。[②] 这些观念强调个人成功、国家竞争和经济发展的价值，不利于我们团结协作、理解我们之间的相互依存关系以及关怀彼此与

---

① 罗素. 西方哲学史及其与从古代到现代的政治、社会情况的联系 [M]. 耿丽, 译. 重庆：重庆出版社，2016：485.
② 联合国教科文组织. 一起重新构想我们的未来：为教育打造新的社会契约 [M]. 北京：教育科学出版社，2022：12.

地球。① 这种错误的观念在教学上表现为功利主义取向,"分数至上""唯分数""分数是教学评价的唯一标准"……山东省济宁市是内陆城市基础教育的缩影,中高考指挥棒进一步助推功利主义的教学观。相关分析数据显示:20.51%的受访老师认为"分数对孩子非常重要",48.03%的受访老师认为"课时紧张",10.08%的受访老师认为"国际理解"素养不重要,还有24.63%的受访老师认为"受中考的压力"等是主要困难。以上数据也说明,当下中小学校课程与教学存在功利主义取向的片面追求升学率的倾向。

(二) 以知识为中心的课堂教学

1. 以教师为中心的教学引发"国际理解"目标偏离

所谓教学,是教师教和学生学的统一活动。这个活动既要关注教师教的问题,又要关注学生学的问题。教学活动不能只关注教师的教而忽视学生的学,这样的教学观只能说是"教观";教学活动也不能只关注学生的学而忽视教师的教,这样的教学观只能说是"学观"。"教观"和"学观"这两种倾向都要不得,它们都把"教"和"学"割裂了。科学的教学活动是教师的教和学生的学辩证统一、缺一不可。"以教师的教为主导中心"和"以学生的学为主体中心"相统一,这样的教学观才是真正科学的"教学观"。教学的本质属性就是"教"和"学"统一,"教观"和"学观"都是不准确的。王夫之说:"夫学以学夫之教,而学必非教;教以教人之学,而教必非学。"② 意思是说:在教学活动中,没有"没有学的教",也没有"没有教的学"。没有学生的学,教师的教就不存在。同理,没有教师的教,学生的学也就不存在。王夫之的这几句话再一次证明教和学有区别,又有联系,两者在教学活动中不可分离、不可或缺。因此,教学就是教师教和学生学的统一,不能只有教师教,也不能只有学生学,两者不可孤立存在。教师教和学生学在教学活动中相统一,这是理论上的理想样态,是理想的教学样态的应有诉求。在实际教学中,重视教师的教,忽略学生的

---

① 联合国教科文组织. 一起重新构想我们的未来:为教育打造新的社会契约[M]. 北京:教育科学出版社,2022:12.
② 毛礼锐,瞿菊农,邵鹤亭. 中国古代教育史[M]. 北京:人民教育出版社,1979:494.

学，是教脱离学的主体，容易偏为教师中心主义。

教师中心主义以教师及教师的教学活动为中心，学生的学依附于教师的教，凸显教师的主导地位。当下，山东省济宁市的教学更多是以教师为中心的教学。以教师为中心的教学在做法上大体如下：教师教，学生被教；教师无所不知，学生一无所知；教师思考，学生被考虑；教师讲，学生温顺地听；教师制定纪律，学生遵守纪律；教师作出选择并将选择强加于学生，学生唯命是从；教师作出行动，学生则幻想通过教师的行动而行动；教师选择学习内容，学生（没人征求其意见）适应学习内容；教师把自己作为学生的对立面而建立起来的专业权威与知识权威混为一谈；教师是学习过程的主体，而学生纯粹只是客体。[①]

以教师为中心的教学下，学生被异化成了知识的奴隶，学生的无知成就教师的存在合理性。首先，以教师为中心的教学使教师在接受教科书"国际理解"内容时发生偏离。教师更多地接受知识的考点、重点和难点，忠实于考试制度下的教科书教学内容设计。教师自我解读教科书"国际理解"内容，弱化甚至忽略教科书中"国际理解"内容的价值，简单地将教学目标缩减为与考试测评相关的知识目标。其次，教师在接受教科书"国际理解"内容时的目标偏离，进一步引起传输过程中的偏离，教师的理解、讲解都可能造成知识与"国际理解"素养的偏离。最后，由于教师的接受和传授目标发生偏离，学生就不可能准确地将"国际理解"内容内化为"国际理解"素养。中小学生的文化基础、接受能力、理解水平、思维反应等等都存在个体差异，这些个体差异进一步扩大了"国际理解"素养培养在目标实施上的偏离。

2. 以规训为中心的课堂引发"国际理解"目标偏离

"规训"出自《规训与惩罚》，它是法国思想家福柯著作中的一个新词。福柯在书中创造了一个词"discipline"。"discipline"是一个多义词，既可以作名词，也可以作动词。作名词有学科、纪律、教育、校正、训练等含义。福柯认为，规训是近代产生的一种特殊的权力技术，即权力干

---

① 弗莱雷. 被压迫者教育学 [M]. 顾建新，赵友华，何曙荣，译. 2版. 上海：华东师范大学出版社，2014（1）：36-37.

预、训练和监视肉体的技术,又是制造知识的手段。① 以规训为中心的课堂,表现出普遍的支配性霸权。正如有学者所指出的,"从一个人幼年的时候被强制性地送到教育的工厂中开始,教育的规训就以一种权力的眼睛监视人的一言一行,就以一种考试的技术算度人的现实和未来,就用一种势利的身份诱惑方式生产着人的野心,就用一种奖惩的技术迅速地培养着虚伪的道德"②。以规训为中心的课堂除了具有绝对的支配性霸权,还具有统一的形塑功能。它借助规训手段和权力技术,把教育变成工厂生产线,把学生规训成标准的"工艺品"。亦如有学者说:"规训对个人的'造就'体现为一种操纵,一种为了'征用'而进行的训练,一种对人的多样性进行规则化和秩序化的技术。这意味着规训把人作为一种改造对象而施加外部的训练。"③

"卢梭认为,人是自由的主动者,自由是人的一切能力中最崇高的能力。放弃自己的自由,就是放弃自己做人的权力。"④ 从调查问卷和访谈我们得知,为了实现升学率目标,山东省济宁市的大多数学校课堂都以规训为中心。以规训为中心的课堂中,教师作为教的主体,对教科书中的"国际理解"内容进行理解、接受,形成教学设计稿,并记录下来。完成教学设计后,通过讲解把学生变成知识的"容器""存储器",把自己变成知识的"仓库""搬运工"。传统课堂观念认为:课堂以规训为权力表达方式,教师搬运的知识越多就越是好教师,学生存储的知识越多就越是好学生,而"知识"就窄化为前文提到的"考点、重点或难点"。以规训为中心的课堂表现出"一言堂""满堂灌",这就使"国际理解"素养培养目标的达成陷于片面,甚至走向异化。一方面,表现出规训的课堂仅仅关注教科书的学科知识,弱化"国际理解"关于民族理解、人类文化遗产、人的发展、环境理解、和平理解、联合国体系等的重要知识内容,对"国际理解"素养的培养造成偏差,使学生对"国际理解"内容理解不够。另一方

---

① 米歇尔. 规训与惩罚 [M]. 刘北成,杨远缨,译. 3版. 北京:生活·读书·新知三联书店,2007:375.
② 金生鈜. 规训与教化 [M]. 北京:教育科学出版社,2004:31.
③ 金生鈜. 规训与教化 [M]. 北京:教育科学出版社,2004:17.
④ 张增田. 教学当代转向:从"规训"到"对话" [J]. 中国教育学刊,2012(12):43-46.

面，教师自身对"国际理解"素养培养的意识不强，认知上存在偏差，让学生达到的预期目标与教科书的设计意图相差很大。规训下的课堂，只看见教师的教，看不到学生的学，课堂缺失对话，更谈不上素养培养。从这个意义上可以说，以规训为中心的课堂不仅会削弱"国际理解"素养的培养，而且会致使"国际理解"素养培养的目标难以达成。

3. 以灌输为中心的传授引发"国际理解"目标偏离

当下，校内外的师生关系的基本特征是讲解（灌输）[①]。在灌输的过程中，学生获得的是间接经验，这些间接经验往往毫无生气。在灌输的过程中，知识是静态的、没有活力的、被分隔的，并且是可以预测的。[②]我们一般称灌输为中心的传授为讲解教育，讲解教育的显著特点是冠冕堂皇的言辞，而不是其改造的力量。以灌输为中心的传授通常以背诵、记忆、简单式重复操练为主要训练形式，如把"三乘八等于二十四"等乘法口诀机械背诵下来，学生往往不清楚三乘八表示什么意思。

灌输是教师引导学生机械地记住教师所教的内容。在以灌输为中心的传授过程中，学生变成了"容器"，变成了由教师任意灌输的"存储器"。于是，教育就变成了一种存储行为。学生是保管人，教师是储户。教师不是去交流，而是发表公报，让学生耐心地接受、记忆、重复存储材料，[③]这就是"灌输式"的教育概念。[④]在灌输的过程中，教师自认为是知识的权威，自认为把知识赐予一无所知的学生；学生自认为是绝对的无知者，接受、输入并存储知识。概而言之，在灌输教育的误导下，学生缺乏创新精神、质疑批判精神和问题解决能力，不断地降低甚至抹杀自身的创造力，久而久之，被淘汰出局。

古希腊学者普罗塔戈认为："头脑不是一个需要填满的容器，而是一束需要被点燃的火把。"教师应该把中小学生看作"探索者、发现者和创造者"，注重培养学生探究未知事物的强烈兴趣以及认识在探究中所获得

---

①~② 弗莱雷. 被压迫者教育学［M］. 顾建新，赵友华，何曙荣，译. 2版. 上海：华东师范大学出版社，2014（1）：35.

③ 王攀峰. 试论当代课程知识观的新发展及其对我国课程改革的启示［D］. 武汉：华中师范大学，2002.

④ 弗莱雷. 被压迫者教育学［M］. 顾建新，赵友华，何曙荣，译. 2版. 上海：华东师范大学出版社，2014（1）：36.

的喜悦和满足感的重要性。当前，课程改革进入立德树人、培育学科核心素养的关键期。教师不能眼里只有冰冷的分数和学科知识，而应该从关注学科到关注人，关注学生的发展和成长，以学生的整体发展不断提升和改进教育，更应该关注"人之为人"和培养学生适应社会发展和个人发展的必备品格和关键能力。

以灌输为中心的传授进一步扩大"国际理解"素养培养在目标实施与目标达成上的偏离。在教育教学过程中，灌输主体以语言、文字、图片等为媒介向倾听主体（灌输客体）传递各种信息，灌输的内容以知识为主。而"国际理解"素养的培养以具身性的活动过程为主，是"涵养"出来的，不是"说教"出来的，更不是"灌输"出来的。教师在灌输教科书知识的过程中，有"忠实教科书"内容取向的态度，还有"创造性使用教科书"取向的态度，当然还有极个别、极少数"脱离教科书"内容取向的极端态度。质而言之，在知识灌输的过程中，学生的接受依附于教师的自我理解和自我建构。因此，以灌输为中心的传授已经偏离了教学内容的"国际理解"素养的培养目标。

## 二、教学过程中存在诸多困难

山东省济宁市中小学生"国际理解"素养培养出现"教师对教科书中'国际理解'内容的价值认识不足""教学过程存在'国际理解'素养的培养目标偏离""培养过程没有注重'教—学—评'的一致性"等问题，一个比较重要的原因是教学过程中存在诸多困难，如教师的教学能力不足、学生不参与其中、升学压力大、课时紧张、条件不足等，这一点可以从调查数据中看出。在1 141名调查者中，有131位教师认为自己的教学能力不足，占总人数的11.48%；有216位教师认为学生不参与，占总人数的18.93%；有548位教师认为课时紧张，占总人数的48.03%；有281位教师认为受升学的压力，占总人数的24.63%（见表4-1）。"教师的教学能力不足""学生不参与""课时紧张""升学压力大"等都是山东省济宁市中小学"国际理解"素养培养的限制因素。

表 4-1 山东省济宁市中小学生"国际理解"素养培养中的困难

| 主要困难 | 数量 | 百分比/% |
| --- | --- | --- |
| 没有困难 | 81 | 7.10 |
| 教学条件不足 | 587 | 51.45 |
| 缺少强有力的指导 | 653 | 57.23 |
| 课时紧张 | 548 | 48.03 |
| 学生不参与 | 216 | 18.93 |
| 受升学的压力 | 281 | 24.63 |
| 对"国际理解"素养的具体内涵不够了解 | 527 | 46.19 |
| 认为"国际理解"素养培养不重要 | 115 | 10.08 |
| 教学能力不足 | 131 | 11.48 |
| 其他 | 172 | 15.07 |

(一) 教师的教学能力不足

中小学生"国际理解"素养的培养既包含教师的"教",又包含学生的"学"。可以说,有什么样的教师教学能力,就有什么样的学生素养。教师的教学能力也称为教师的教育素养。教师教学能力的高低影响着中小学生"国际理解"素养的培养效果。有专家指出,"教师本人要有'国际理解'教育理念并受到专门的培训,以能胜任整个教育中必不可少的这部分教学,无论这种教学是直接还是间接的"[①]。在1141名调查者中,有527名教师对"国际理解"的具体内涵不了解。教师的教学能力不足主要表现在两个方面,一是缺少"国际理解"素养的相关知识,二是缺乏"国际理解"教学专业能力。

第一,教师缺少"国际理解"素养的相关知识。教师承担着教育学生的重任,教的是知识,涵养的是素养。教师的能力和素养是中小学生"国际理解"素养养成的基础性因素。为了培养学生的"国际理解"素养,教师必须具备相关的知识和能力,包括:具有对世界历史、地理、文化、环境、经济体系及当前国际问题的知识和探究欲,熟悉自己学科领域的国际

---

[①] 赵中建. 全球教育发展的历史轨迹:联合国教科文组织国际教育大会建议书专集[M]. 2版. 北京:教育科学出版社,2005:73.

知识;具有与不同国家的人有效交流的语言和跨文化能力,理解多种观点,能够运用来自世界各地的主要信息源,学会欣赏多种观点和识别成见;具有对道德公民权的承诺,致力于帮助学生成为世界及社区负责的公民。[1] 借助访谈和问卷调查数据,从"国际理解"素养的内容组成来看,山东省济宁市52所学校大多数教师缺少"民族理解"的相关知识,受个人知识的影响,对世界各民族理解了解得不够,尤其是对少数民族的习俗文化缺少了解;缺少"人类文化遗产"的相关知识,如对于文化的多元性、差异性和融合性感悟不深,缺少关于世界文化遗产的相关知识;也缺少"联合国体系"的相关知识,对于联合国的相关知识、共同价值观或共同利益缺少了解。通过对山东省济宁市中小学教师的"国际理解"素养进行调查我们发现,不少教师对国际议题不熟悉,特别是对其根源与国际关联问题缺乏了解,对有关国际组织关注也较少,个人缺乏国际性的体验与机会,而且大多数教师外语水平不高,无法充分利用外语工具加深对他国文化的了解。基于以上分析,教师的教学能力和"国际理解"素养是影响山东省济宁市中小学"国际理解"素养培养的一个因素。

我国开展"国际理解"教育比较晚,"国际理解"教育的目标、内容、师资培训不完善,教师对"国际理解"素养培养也不够重视,以上原因导致教师的教学能力和"国际理解"素养较低。为了培养学生的"国际理解"素养,教师需要:(1)创建支持协同工作的专业学习社区,为学生精心设计课程,使他们有机会去调查和分析具有全球意义的问题,与不同的受众交流发现,并改善条件;(2)在课程中设置高效率目标的切入点,让学生参与严格的全球调查,把国家、地方和学校的期望作为深度学习和智力发展的门户;(3)将课堂、课程与文化、教育机构联系起来,让学生有更多的机会学会调查世界、认识观点、与不同的受众交流,并采取行动;(4)利用机会学习世界文化、语言和相互依存的系统。在山东省济宁市,各县(市、区)的教研室很少组织提升中小学教师"国际理解"素养方面的培训或活动,这也是教师教学能力不足的原因。

---

[1] Nath S. Teacher preparation for the global age: The imperative for change [R]. Silver Spring: Longview Foundation for Education in World Affairs and International Understanding, 2008: 7.

第二，教师缺乏"国际理解"教学专业能力。理解教材的能力、精准简洁的语言表达能力和课堂组织能力是中小学教师最重要的专业能力。教师在解读教科书时有三种取向：忠于教科书取向、创造性取向和背离教学内容取向。每一位教师的知识储备、生活阅历和教育经历不同，理解教材的能力也不同。在对教科书内容形成教案后，教师需要借助语言、文字或图片等媒介传授"国际理解"内容，而语言具有即时性、多义性和理解性等特点。在山东省济宁市，很多学校每个班级有 50 人左右，多的达到 55 人。由于班级人数较多，组织"国际理解"素养培养活动的困难比较大。学生对于"国际理解"中民族理解、人的发展、和平理解、人类文化遗产、联合国体系的理解是动态生成、意义创生的过程，教师理解教材能力、语言表达能力和课堂组织能力都影响着这一过程。

（二）学生不参与

学生不参与也是另一个原因。一方面，学生缺少参与的机会。在山东省济宁市，学生的主要学习方式是听老师讲课，主要的评价方式是纸笔练习或测评，主要的教学方式是集体讲授。中小学生在学校里主要的活动是上课、写作业或考试。对学生而言，即使课堂渗透"国际理解"素养的培养，学生也没有太多积极性和兴趣来参与"国际理解"素养培养活动。本研究者发现，山东省济宁市某些学校为了提高成绩，随意改变课程方案的课时分配，如八年级一周安排 40 节课，其中 7 节语文、8 节数学、8 节英语、物理、化学和政治各 4 节，3 节体育和 1 节信息、1 节班会。这种改变大大提高了语文、数学、英语等核心学科的周课时数，极大弱化了艺术、体育等人文学科的周课时数，学生每天的听课、作业和测评填满了他们的日常学习生活。更有些学校要求早晨 6:50 到校晨读，晚上还有 4 节课后服务，所有教学安排都以中考 500 分优秀率为中心。这样下来，学生哪还有时间参与"国际理解"素养培养的活动。还有一部分原因是"国际理解"素养培养过程中缺少各种社会实践活动，如模拟联合国、戏剧欣赏、美食文化体验等，难以促进中小学生"国际理解"素养的养成。现有活动形式和内容单一，导致学生没有兴趣参与。时间、空间和机会都限制着学生参与"国际理解"素养的培养，久而久之，学生就没有兴趣或没有机会参与"国际理解"素养培养活动。

### (三) 升学压力大，课时紧张，条件不足等客观性原因

正如前文所说，"分数至上""唯分数""分数是教学评价的唯一标准"，升学压得中小学教师和学生都喘不过气来。通过问卷和访谈我们得知，山东省济宁市大多数中学要求学生每天早上6:50到校开始早读，白天8节课，晚上还有课后服务，教育教学以升学考为中心，使教师没有时间和空间开展"国际理解"教育。

通过对山东省济宁市的教师进行访谈我们得知，40.03%的受访教师认为"课时紧张"。一方面，课程表增加了语文、数学、英语、物理、化学、道德与法治等基础学科。另一方面，教师们自认为课时紧张，这是由以知识灌输为中心的课堂教学导致的。师生都没有时间和精力开展"国际理解"素养的培养，一切教学工作围绕升学考进行。

除了以上三个主要原因之外，教学条件不足和缺少强有力的领导也是山东省济宁市中小学生"国际理解"素养培养存在问题的两个原因。一方面，教学过程中缺少素养取向的"国际理解"教科书或教学指导用书。另一方面，开展赴外地研学需要大量的经费，大多数学生家庭的经济条件是不允许的。另外，相关校领导是否支持也是一个重要的影响因素。

## 三、"国际理解"素养评价的缺位引起"教—学—评"的不一致

"教—学—评"一致性是指在教育活动中，教师的教、学生的学以及对学习的评价应该具有目标的一致性。课程与教学的四个经典问题："期望学生学会什么""需要组织什么样的经验或活动""如何组织这些素材或活动""如何评价学生是否掌握了这些经验或活动"，以上关于目标、经验、组织经验、评价等的四个问题，从课程视角说明"教—学—评"一致性的内在要求。

"教—学—评"一致性是试图达成学习目标、教学活动与评价之间的一致性，其实质在于以评价实现教与学的统整。"教—学—评"一致性作为评价范式的变革，引领教学设计，追求学习目标实现最大的可能性。通过评价来实现教与学的统整，关键在于将教师教导思路的谋划转为学生学习思路的展开。教师的教导思路是从已知到已知的过程，而学生的学习思

路则是从未知到已知的过程。① 评价设计不再是教学活动完成之后的活动，而是先于教学设计的活动，也就是以学习目标评价导向教学设计。② 山东省济宁市在中小学生"国际理解"素养的培养过程中，由于没有建构中小学生"国际理解"素养评价指标，导致素养评价目标的缺位，引起"教—学—评"的分离。

（一）"国际理解"素养评价指标的缺位

从问卷调查和访谈我们得知，山东省济宁市开展"国际理解"素养培养的6所中小学校都没有建立科学完备的中小学生"国际理解"素养评价指标。对于学校课程与教学来说，"评价"有一个很重要的功能就是保证教学的有序。从课程规划到课堂教学，再到后续的教学反馈与跟踪，每一个环节都需要评价的参与。如果评价缺位，教师将缺失对教学的自我反思与对学生学习的有序监控，教学的有效性就值得怀疑。② 评价的意义在于监控教学的各个环节是否基于目标，是否达成目标。

山东省济宁市中小学生"国际理解"素养评价指标缺位，主要原因在于素养评价本身是一件非常困难的事情。根据本研究者近四年的课堂观察，很多中小学教师缺乏"教—学—评"的评价意识和评价能力，缺少利用课堂教学评价改善教学实践的行为，存在评价行为偏差。评价偏差的产生有两个原因，一方面，教师目标意识薄弱，所选择的评价方法或预设的评价任务与目标不一致或不匹配，存在为评价而评价的现象。另一方面，课堂反馈重判断轻改善，教师喜欢用判断性的语言评价学生的表现，诸如"你很棒""你很聪明""正确""非常好"，很少给予学生改善学习的描述性评价，也不支持学生自我评价。对于"评价什么内容""如何评""谁来评"等一系列问题，我们都必须审视清楚。素养评价比知识评价更难，因为"国际理解"素养看不见、摸不着。让"国际理解"素养可视化、看得见，需要我们设定评价指标。

前文对"联合国教科文组织、欧洲委员会、亚太国际理解教育中心和经济合作与发展组织"关于"国际理解"素养的内容进行分析，立足于中

---

①、② 郭元祥，刘艳. 我国教学设计发展20年：演进、逻辑与趋势［J］. 全球教育展望，2021，50（8）：3-14.

② 郑东辉. 试论课堂评价与教学的关系［J］. 课程·教材·教法，2014，34（12）：33-38.

华民族文化认同,基于人类命运共同体的视角,结合山东省济宁市孔孟文化的区域特点,形成我国中小学生"国际理解"素养的内容,主要有全球意识、跨文化对话能力和共同体观,即基于传统的评价维度,从知识、能力、情感态度价值观三个方面展开评价。"全球意识、跨文化对话能力和共同体观"成为中小学生"国际理解"素养评价的一级指标。全球意识主要有民族理解、人的发展、环境理解、人类文化遗产、和平理解、联合国体系;跨文化对话能力主要有创新能力、自信能力、合作能力、沟通能力、批判能力、问题解决能力;共同体观主要有认识自己、认识他人、仁爱、责任公心、开放心态、世界公民。通过以上分析,18个内容形成我们中小学生"国际理解"素养的二级评价指标。为了让这18个指标可视化,我们借助布鲁姆目标分类学的动词行为关键词进行描述,即借助"了解""理解""掌握""应用""经历""体验""感悟"等行为动词,进一步描述"国际理解"素养的18个指标要点。

(二)"国际理解"素养评价方式、内容和主体的单一

在评价过程中,评价方式主要以纸笔测试为主,评价内容主要以学科知识为主,评价主体主要以教师为主。评价方式、内容和主体单一的原因主要有两个,其一就是前文所说的评价本身是一件很困难的事,其二就是纸笔测试是当下最普遍、最直接、最便捷的一种评价方式。

为什么课程与教学评价这么困难?一方面,课程与教学的评价源于20世纪初的课程开发与教育评价,兴盛于20世纪50、60年代,70年代后越来越受到人们的重视,逐渐成为一门专门的、跨学科的领域。正因为它是一个新的领域,其中很多问题都还没有定论,甚至还存在着分歧。[①] 它的困难还在于课程与教学评价不能像工厂评价产品那样,评价标准可以定量刻画。另一方面,纸笔测试评价"国际理解"素养是不合适的,评价主体方面缺少"教师、专家、家长、学生、社会人员"等人员的共同参与,评价客体方面也缺少"教师、学生、教学过程、教学效果"等因素。理想中的评价方式应该从"单一"走向"多元",不断提升中小学生"国际理解"素养评价的信度和效度。

---

① 钟启泉,张华. 课程与教学论 [M]. 沈阳:辽宁大学出版社,2007:306.

# 第五章 山东省济宁市中小学生"国际理解"素养培养的改进

前文分析了山东省济宁市中小学生"国际理解"素养培养问题的原因,有教师的教学理念较落后、教学过程中存在困难和"国际理解"素养评价指标的缺失。改进是改变旧有情况,使中小学生"国际理解"素养的培养有所进步。问题原因已经阐述清楚,课程与教学的转向与改进就可以从核心本质层面进行。本章从三个方面提出改进措施,即改进中小学教师的教学理念、改进中小学课堂的教学方式和改进中小学的评价方式。

## 第一节
## 改进教学理念：倡导"国际理解"视角

所谓教育，不过是人对人的主体间灵肉的交流活动（尤其是老一代对年轻一代），包括知识内容的传授、生命内涵的领悟、意志行为的规范，并通过文化传递功能，将文化遗产教给年轻一代，使他们自由地生成，并启迪其自由天性。[①] 理念是指说话或行事所依据的法则或标准。[②] 教学理念是通过现存世界的全部文化导向人的灵魂觉醒的本源和根基。培养中小学生"国际理解"素养的过程中所遵循的标准即教学理念，也是培养的基本要求。为使学生的全球意识、跨文化对话能力和共同体观有机地联系在一起，使素养产生累积效应，学校应该有效组织培养过程，使学生的全球意识、跨文化对话能力和共同体观达到相互强化的目标。中小学生"国际理解"素养的教学理念主要有：体现人类命运共同体的核心价值观、强调学做"中国公民"的本土特色、凸显跨文化对话的求同存异。

### 一、体现人类命运共同体的核心价值观

共同体观是中小学生"国际理解"素养培养的重要教学理念。英国著名哲学家科恩认为："'共同体'可以意指很多东西，但这里主要讲的是对共同体的要求，是指人们相互关心，在必要和可能的情况下相互照顾，而且还要在意他们的相互关心。"共同体不仅要求人们有具体的相互关照的行为，而且还要求大家彼此发自内心地互相关照，并且看重这种互相关照

---

① 雅斯贝尔斯. 什么是教育 [M]. 邹进, 译. 北京：生活·读书·新知三联书店, 1991：3.
② 中国社会科学研究院语言研究所词典编辑室. 现代汉语词典 [M]. 7版. 北京：商务印书馆, 2016：1611.

的行为本身。① 在新冠肺炎疫情防控斗争中，人类命运共同体价值观作为国际共识越来越受到重视，共同体理念以广阔眼界和国际视野彰显出时代性。共同体理念包含共生利益、共鸣情感、共识价值、共担责任和共赢发展等丰富内涵。"大道之行也，天下为公"，这是儒家思想的理想世界。天下为公，也是大同世界的价值观，它跨越国界，是具有中华传统文化基因的国际主义。2012 年，中国共产党的十八大报告明确提出倡导"人类命运共同体"（a community of shared future for mankind），就是在追求本国利益的同时，也兼顾他国合理关切，在谋求本国发展中促进各国共同发展。人类只有一个地球，各国共处一个世界，要倡导"人类命运共同体"理念。② 人类命运共同体，顾名思义，就是每个民族、每个国家的前途命运都紧紧联系在一起，应该风雨同舟、荣辱与共，努力把我们生于斯、长于斯的这个星球建成一个和睦的大家庭，把世界各国人民对美好生活的向往变成现实。构建人类命运共同体，就是要坚持对话协商，建设一个持久和平的世界；坚持共建共享，建设一个普遍安全的世界；坚持合作共赢，建设一个共同繁荣的世界；坚持交流互鉴，建设一个开放包容的世界；坚持绿色低碳，建设一个清洁美丽的世界。③ 建设这样的美好世界，反映了人类社会的共同价值追求，汇聚了世界各国人民对和平、发展、繁荣向往的最大公约数。④

在培养中小学生"国际理解"素养的过程中，人类命运共同体的核心价值观应贯穿于学校课程与教学过程的始终。在培养过程中，我们要启发学生把自己的事情做好，关注人类的昨天、今天和明天，共同构建人类命运共同体。首先，从国家层面理解中国与周边国家构建的双边命运共同体；其次，从区域层面理解周边、亚太、中国—东盟、中非、中阿、中拉等命运共同体；最后，从全球层面理解太空、网络、卫生健康、核安全、海洋等命运共同体。教学过程中，让学生体会人与自然、人与人、人与社

---

① 勾瑞波. 正义原则与共同体原则兼容吗：兼及科恩与罗尔斯正义论的差异［J］. 学术研究，2019（8）：37-41.
②~③ 吴启春，李皓. 人类命运共同体［M］. 上海：华东师范大学出版社，2021：77.
④ 中共中央宣传部. 习近平新时代中国特色社会主义思想学习问答［M］. 北京：学习出版社，2021：404.

会的平等交往、沟通对话，实现人与自然、人与人、人与社会的求同存异、包容互谅、合作多赢。

## 二、强调学做"中国公民"的本土特色

教育是使人成为人的社会活动，在中国大地上办教育的目的是培养未来的"中国公民"。基于此，培养"中国公民"是所有教育活动的"出发点"和"落脚点"，培养合格的"中国公民"是"国际理解"素养培养的第一要素。只有关注到"中国公民"这一主体，教师才能践行立德树人的教学观、人文主义的课程观和全面多元的评价观。教育需要人文精神，教师需要人文精神，学生更需要人文精神。有什么样的社会人文品质和人文精神，就有什么样的教育、教师和学生，这是社会和时代对教育的召唤。正如柏拉图所说："国家不是由石块或木料做成的，而是由它们公民的品性做成的。"陶行知也提出："今日的学生，就是将来的公民；将来所需要的公民，即今日所应当养成的学生……中国既号称共和国，当然要有能够共同自治的公民。要想有能够共同自治的公民，必先有能够共同自治的学生。所以从我们国体上看，我们学校一定要养成学生共同自治的能力，否则不应算为共和国的学校。"

做"中国公民"的本土特色体现在以下几个方面。首先，注重把人类命运共同体价值观和"国际理解"教育理念渗透在学科知识教育之中，使受教育者形成正确的全球意识，从而引导中小学生进行跨文化对话，养成正确的共同体价值观。其次，注重把"国际理解"教育理念和人类命运共同体价值观渗透在中小学校园优秀传统文化环境的建设之中。学生是不断发展的个体，他们在年龄特征、身心特点、行为方式、价值观念等方面都趋向同质化，有相对一致的文化需求。校园环境氛围是中小学生精神文化需求的真实反映。最后，注重把"国际理解"教育理念和人类命运共同体价值观渗透到中小学生学习和生活的各个方面。陶行知认为："生活即教育。"生活蕴涵着丰富的教育价值，生活的教育价值体现在"国际理解"认知、情感、意志及行动的各个阶段。我们要将"国际理解"素养内化于心、外显于行，在做好"中国公民"的基础上做好"世界公民"。

如部编版小学语文四年级"我是神话传讲人"这一内容，充分体现强

调"学做中国公民"的本土特色，凸显中国文化自信。

师：大家还记得本单元我们共同探讨了哪些人物吗？

生：盘古、精卫、女娲……

师：通过你自己的学习和我们共同的探究，如果用一个词来形容这三个人物，你会选择什么？

生1：盘古无私奉献，用自己的身体拯救世界。

生2：精卫填海坚持执着，坚持把这件事做完，时时刻刻想着百姓。

生3：女娲补天，造福人类。

师：这些具有超能力的人，他们都成为我们心中的英雄。英雄总是在人类经历困苦时来拯救人类，他们接受种种考验，再次返回时便成了英雄。请你再读课文，找到相关语句，思考神话故事中的人物给你留下了怎样的印象。

小组成员之间分享关键词句，交流人物形象。

教师出示精彩片段，学生品读感悟。

师：通过读这段话，盘古在你心中又是怎样的形象呢？

生1："巍峨"这个词不仅写出了盘古的身体像山一样高大，还让我感受到了他巨大的力量，坚不可摧，他真是个顶天立地的大英雄。

生2：盘古用双手和双臂顶起天地，用尽全力，哪怕精疲力竭、累得倒下了也坚持不懈，他巨大伟岸的形象很令人敬佩。

师：让我们再来回顾一下盘古伟岸的形象……

以上片段是教师根据部编版小学语文四年级上册第四单元以"神话单元"为主题，设计的"我是神话传讲人"的系列活动。前期，学生预习后，初步了解神话故事的内容，后通过课文学习，进一步深入感受神话故事的神奇之处，探讨神话故事中最神奇的故事情节。本次课堂片段使学生在语文园地的学习中，通过对比感悟中外神话神奇的想象和鲜明的人物形象，体会中国古人对于世界的认识，如《盘古开天地》是中国古代劳动人民对于天地自然的认识。另外，本单元的"快乐读书吧"推荐的读本正是《本草经》，在引导学生自主读书的同时，让学生发现不同文化早期阶段神话故事的主题具有相似性，让学生感悟到世界文明的源头，培养学生的文化理解力、民族责任感、国际交往力以及人类价值观。

## 三、凸显跨文化对话的求同存异

"文"的内涵丰富,有文字、文献、文治、礼乐等含义。"化",同样有丰富的内涵,有变化、教化、造化等含义。"文化",即以文化人,文治教化。"跨文化",即超越不同文化,使多样性和差异性的文化实现融合。文化是人类社会生活中所创造的物质和精神成果的总和。广义的文化是指"一个民族生活的种种方面,其中主要包括精神生活、物质生活和社会生活三个层面"①。狭义的文化特指精神文化。"从精神层面界定文化是有逻辑与现实依据的,人作为一种对象性的存在,精神文化自然内含于其生存方式之中,并且随着社会发展的理性化进程,文化最终体现为扎根于内心自觉的精神理念与价值观念体系。"② 正如著名学者梁晓声所说:"文化是根植于内心的修养,是无需提醒的自觉,是以约束为前提的自由,是为别人着想的善良。"以上观点都集中阐释了精神文化存在的必然性与合理性,为精神文化的内涵打下坚实基础。精神文化包括个人和社会集体的所有精神活动及其成果,是以意识、观念、心理、理论等形态而存在的文化。③可以看出,精神文化涵盖面广、内涵丰富。人类一切的生产、生活、生存方式等内容都可以纳入人类的精神文化中。人类的文化模式在人类持续发展中不断演进变化,最终形成多样化的文化格局,这就为在"国际理解"素养的培养过程中贯穿跨文化对话提供了可能性和必要性。

不同民族、不同国家、不同宗教、不同地域和不同领域都有各自不同的文化,文化具有多样性、差异性等特征。在教育过程中,我们需要培养文化自信,在学习本民族、本国、本区域文化的基础上,树立理解和尊重他文化、文化融合的观念,提高学生保护世界文化遗产的意识。在素养培养的过程中,培养中小学生的国际眼光,引导中小学生打破文化壁垒,实现文化交流,注重跨文化对话能力的培养,共同解决全人类面对的共同难题。只有在跨文化教学理念下培养"国际理解",才能加深对多元化的世

---

① 梁漱溟. 东西文化及其哲学 [M]. 北京:商务印书馆,2018:12-14.
② 衣俊卿. 文化哲学十五讲 [M]. 北京:北京大学出版社,2004:12.
③ 衣俊卿. 文化哲学十五讲 [M]. 北京:北京大学出版社,2004:56-57.

## 第五章　山东省济宁市中小学生"国际理解"素养培养的改进

界和多样性的文化的理解，摒弃狭隘的民族中心主义，消除文化偏见或思维定式等妨碍主体间对话的不正常心理，让跨文化对话以主体与客体团结协作为基础，步入人类命运共同体的发展阶段。

正如前文所说，跨文化对话能力是"国际理解"素养的重要内容之一。基于此，对话应成为素养培养的教学理念之一，并贯穿于素养培养的始终。孔子、苏格拉底、雅斯贝尔斯都重视在对话中培养人。一定程度上说，对话是探索真理与自我认识的途径，是真理的敞亮和思想本身的实现。对话以人及环境为内容，在对话中，我们可以发现所思之物的逻辑及存在的意义。[①] 对话理念指在"国际理解"素养的培养过程中，以体验、感悟、倾听、探究、批判、想象等为学习方式，通过与自我、他者、文本等进行多元对话，融合文化的多样性、差异性和多元性，形成创新能力、自信能力、合作能力、沟通能力、批判能力和问题解决能力，达到融合视域、交流情感、碰撞思想、汇融精神的目的，从而形成个体独特的对话理解方式，发展个性、完善人格，净化心灵，生长自我、超越自我，实现个体"国际理解"素养的培养。

在素养培养过程中，对话是一种教学生活方式，在对话中，师生共同寻求真理。无论是推心置腹的交谈，还是悬置个人看法倾听他人，或是在一筹莫展的"思"之痛苦中产生新的价值判断，都是用对话的形式辨明真理。坚持跨文化对话教学理念就是遵循师生艺术性地合作，在师生、生生互动中实现多种视域的对话、融合和碰撞，在互动对话中生成新的视域，不断扩充真理探求的可能性，以向更深刻、丰富、具有启发性的对话交往迈进，了解事物的本性，获得真理性认识。基于对话交往的"国际理解"素养培养超越了传授知识的教育功能，具有生成性。生成来源于历史的积聚和自身不断的重复努力。[②] "国际理解"素养的生成似乎是在不知不觉的无意识之中达到的，但这无意识又曾是清醒从事某事务的结果。学生的全球意识、跨文化对话能力和共同体观主要通过三个层面的对话获得：一是

---

① 雅斯贝尔斯. 什么是教育 [M]. 邹进，译. 北京：生活·读书·新知三联书店，1991：12.
② 雅斯贝尔斯. 什么是教育 [M]. 邹进，译. 北京：生活·读书·新知三联书店，1991：14.

学生与自己对话，即已有知识经验以及情感、态度、价值观等。二是学生与文本进行对话，形成认知、情感、态度和价值观等。三是学生在师生、生生互动中获得认知、情感、态度和价值观。对话的目的是使学生通过"师生、生生、人与文本"等多种形式的交流互动，生成新的价值判断，增值人的知识、丰富人的素养、提升人的价值。

对话是在理解文化的差异性和多样性的基础上展开的，既求同，又存异，是不同文化背景的个体成员在社会交往活动中，在不同文化背景下寻找社会共识的活动中，或者在不同文化之间求同存异的活动中所遵循的标准或准则。在中小学教学过程中，跨文化对话体现为"跨学科""融学科"，打破学科内部之间、学科与学科之间的界限和壁垒，开展中小学生"国际理解"素养的培养。

以上三大教学理念理应适合山东省济宁市中小学生"国际理解"素养的培养。由于教师的教学观、学生观及课程观不同，在培养"国际理解"素养的过程中，所遵循的教学理念也不尽相同。同时，因为不同的学科性质、课程内容的作用不同，因此，教师选择的教学理念也是不一样的。本研究认为，在培养中小学生"国际理解"素养时，既要考虑教师和学生的因素，也要考虑知识中心和素养中心的问题，还要考虑个人发展和社会发展的需要。质而言之，培养中小学"国际理解"素养所应坚持的教学理念是：课程与教学内容的基础性、社会性和学生及学校教育特点的适应性。①

---

① 钟启泉，汪霞，王文静. 课程与教学论［M］. 上海：华东师范大学出版社，2008：77.

# 第二节
## 改进教学方式：倡导对话和追求理解

在培养中小学生"国际理解"素养的过程中，教师要倡导立德树人的教学观，多层次地解读教科书，由易到难、由浅入深，把握教科书的显性目标和隐形目标，品读出学科知识之间的联系和区别。知识的教学，要关注知识的"生长点"与"延伸点"，注重知识的建构和生长过程，把相对独立的学科知识点置于学科知识发展史与整体知识体系中，使局部知识与整体知识建立勾连关系，引导学生把握知识的整体性与结构性。倡导立德树人取向的教学观，要做到教学中心从"教师"走向"学生"、教学方式从"灌输"走向"对话"、教学从"只关注结果"走向"更关注过程"。

### 一、教学中心从"教师"走向"学生"

立德树人取向的教学观应该体现"学为中心"的教学理念：以学生及学生的学习活动为中心，教师的教服务于学生的学，凸显学生的主体地位。教师从课程、学段、年级、单元、课时等不同层面，基于课程标准和学生的实际学情，从"教师中心"走向"学生中心"，从顺应教材原有编排的内容结构，走向基于学生发展的对话结构，整体思考与设计每一节课的教学。通过整体分析与重构，让学生把握知识结构，实现"用教材教"，而非"教教材"。教学设计的出发点是班级实际学情，包括学生的知识背景、生活经验、年龄和心理特征以及学生的内在需要等，要凸显知识的意义结构性、整体性和连续性。

教学是教师的教和学生学的统一。"学为中心"肯定学生的学是内因，教师的教是外因，内、外因相互作用，但最终起决定作用的还是内因。教学目标、教学内容和教学结果，最终都要落实到学生的学。我们既不能陷入实用主义教学论的片面强调，鼓吹"儿童中心、学生中心"主义，不能把"教"和"学"对立起来，甚至认为教师的教妨碍学生的学，否定教师教的主导作用，片面夸大学生学的主体作用，也不能陷入传统教学论片面重视教师教的主导作用，而应根据辩证唯物主义的观点，在教学中，学生是主体，教师是为学生服务的。换句话说，学，是在教之下的主体；教，是为学而教和为学而选。从教师走向学生，要把握好为学而选的原则。为学而选是在教材处理上，我们要注重有效性、整体性和丰富性。生活中有教育，我们可以从实际生活中选取合适的素材供学生学习，并使学生的课堂生活与实际生活状态相一致。教学资源的选择应有效、丰富，各类资源形成一个有机整体培养学生素养。

## 二、教学方式从"灌输"走向"对话"

在培养中小学生"国际理解"素养的过程中，要建立立德树人取向的师生关系。立德树人取向的师生关系是人类命运共同体式的亦师亦友的师生对话关系。这种关系不再是以知识为中介的主体对客体的单向灌输关系，不再是教师选择内容而学生（没人征求其意见）适应学习内容的规训关系，而是一种教学对话关系。现代对话教学的教育观，把教材看作对话的"文本"，教学就是人与文本的对话，包含师生和教材、教师和学生、学生和学生的对话。教师针对学生好奇的心智特征，设计灵活多样的教学对话，在对话中创生学习内容。教师教学应立足于学生心智发展需要和认知发展水平，对教材资源开发、利用、重构及整体设计，以满足学生思维发展的需要。无论是教师还是学生，都要尊重个体差异，避免"一言堂"和"满堂灌"，要主张教师"自始即不必多讲"，要致力于"导"，"使学生能逐渐自求得之，卒底于不待教师教授之谓也"。

首先，对话关注学生独立思考，鼓励学生敢于言说，培养"思"之精神。"思"之精神，包括勤于思考、敢于质疑、善于追问。在对话教学中，教师要鼓励学生大胆言说，激发学生的怀疑精神和批判精神，使学生不迷信教科书、不迷信教师、不盲从权威，敢于发问和追问。[1] 知识的价值不在于给人现成的标准答案，而在于给社会的未来主体（学生）不断创造生

---

[1] 张增田. 教学当代转向：从"规训"到"对话"[J]. 中国教育学刊，2012（12）：43-46.

长的机会，包括学科知识、学科人文与学科精神的生长。我们常常说，学生是学习的主体，学生的主体性在于享有充分思考、表达的机会和权利。教师应该通过开展积极、平等的对话，调动学生的积极性，有效激活学生的思维。

其次，从规训到对话的转变，必须把课程内容看作有生命力的文本，激活课程内容的内在"活"性。这意味着文本不再被看作一堆僵死的材料，而是一个有生命的个体，一个活生生的"你"。[①]"教学过程可不能是教师一人的独白、设计和控制，教学活动在这个早已有了结论的完美设计中按部就班地进行，这样的教学'过程'只能是'流程'，而不是'生成'，更不是'生长'……对于教师来说，高明的教学艺术应该从实体性思维走向生长性思维，即知识的价值不在于给人现成的东西，而在于提供不断创造的生长点。对于学生来说，学习不再是被动的接受，而是通过师生、生生、师生与教材文本之间的交往和互动达成师生对话、合作、思维碰撞之中的知识生长。"

最后，从规训走向对话，把握为学而教的原则。为学而教就是在教学方式的处理上，要把握直线推进和螺旋上升的尺度。如果是陈述性知识，则采用直线推进的方式；如果是程序性知识，则采用螺旋上升的方式。无论是直线推进还是螺旋上升，我们要在对话中思考：知识的"生长点"和"延伸点"在哪里？教学中的行云流水和磕磕绊绊，哪一个更有利于教学？如何在教学过程中制造思维冲突来触发学生的独立思考？[②]

## 三、教学从"只关注结果"到"更关注过程"

培养中小学生的"国际理解"素养，要倡导从只关注结果到更关注过程。关注过程指向"追求理解的教学设计"。美国布鲁纳认为，不论我们选教什么学科，务必使学生理解学科的基本结构，即各门学科的基本概

---

① 张增田. 教学当代转向：从"规训"到"对话"[J]. 中国教育学刊，2012（12）：43-46.
② 游小云. 名师引路：从实体性思维到生长性思维的转变[J]. 今日教育，2020（5）：54-55.

念、基本原理和规律。立德树人取向的教学目标不仅需要我们了解学科内容本身，还需要了解学科内容结构。儿童被看作是由目标指引、积极搜索信息的行动者，他们带着丰富的先前知识、技能和概念进入课堂，而这些已有的知识极大地影响着儿童对周围环境的关注以及组织环境和解释环境的方式。教师应根据学生实际学情，基于整体教学视角，在课程、学段、年级、单元、课时等不同层面研读"国际理解"教学资源，分析教学内容及价值，重构教材编排。教学设计关注学生的理解，关注学生的思维。理解是以问题为中心的对话，是学生探求事实意义的结果。利用已有内容生成或揭示有意义的事情，即利用已有的知识经验去发掘事实和方法背后的含义并谨慎地加以运用，重组知识内容，重构教学内容体系，勾连学科的基本概念和原理，指向理解的教学设计。①

追求理解的教育就是生长教育。杜威说过，"教育即生长""教育即经验的重组和改造"。本研究者认为，教育就是自然生长，教学就是让学科知识在学生心里自然生长，追求自然理解。

首先，基于认知的序，顺应自然。学生思维由具体形象思维逐步向抽象逻辑思维过渡。在教学中，我们要从学生熟悉的日常生活情境出发，从简单到复杂，从具体到抽象，由扶到放再到收，以符合学生的认知顺序展开教学。特别要善于借助直观，如动作直观、图形直观等，组织学生开展实验、实践、操作、观察等活动，引导学生从中分析、判断、概括、运用，达到抽象水平，如文字抽象、符号抽象等，由此不断完善富有层次性的课堂，让学生在理解中把握学科知识的本质内涵。

其次，基于知识的序，遵循自然。学科知识和方法的起源和发展是自然的。在教学中，我们要关注学科知识和方法的背景、形成过程、应用以及与其他知识和方法的联系，要把每堂课的教学知识和方法置于学科理论乃至人类文化的整个体系、关系和顺序中，处理好局部知识和整体知识的关系，进而帮助学生理解学科知识的本质和价值，体会学科的思想和精神。学生以已有的知识和认知为基础，从灌输走向理解，在理解中涵养核心素养，提高创新能力、自信能力、合作能力、沟通能力、批判能力和问

---

① 游小云. 单元整体教学设计：教学观的应然追求：以"分数的意义和性质"为例[J]. 江西教育，2021（2）：22-24.

题解决能力等跨文化对话能力。

最后,基于核心素养,自然生长。自然生长,就是要培养学生主动探索的意识,不得过且过,具有积极的好奇心理;培养学生独立思考的精神,不人云亦云,具有良好的质疑能力;培养学生"大胆假设、小心求证"的习惯,猜测、想象、推理、实证的能力以及发现、提出、分析、解决问题的能力,具有初步的理性精神以及实践和创新的能力;培养学生有条理地表达自己想法的能力以及良好的交流沟通能力。追求理解的课堂教学,是"在别人看到一片混乱的地方看出与学科有关的规律"①。

---

① 游小云. "自然生长"的数学教学策略 [J]. 教育研究与评论(小学教育教学),2017(12):77-79.

## 第三节
## 改进评价方式：倡导全面、多元的导向

教育评价决定着教育的发展方向。有什么样的评价，就有什么样的教育；有什么样的评价观，就有什么样的教育观。习近平总书记在全国教育大会上明确指出，"深化教育体制改革，健全立德树人落实机制，扭转不科学的教育评价导向，……从根本上解决教育评价指挥棒问题"。当下，受到传统的"题海战术"的影响，中小学校学生花费大量时间做试卷、刷练习，迷失学习方向，丧失学习学科知识的兴趣。"提高一分、干掉千人"这一畸形的评价观把教育评价等同于试卷、试题或分数，未免过于狭隘。在培养中小学生"国际理解"素养的过程中，我们要倡导全面、多元的评价方式。也就是说，纸笔测试取向的评价观要向全面多元取向的评价观转变，重视结果的阶段性评价要向重视过程的形成性评价转变。从"单一评价"到"多元评价"的转变，从"关注分数"到"强化表现"的转变，不是把学生培养成"考试机器"，而应该聚焦于培养带得走的"素养"和"能力"。

### 一、从"关注分数"到"强化表现"

评价不仅要关注学生的学习结果，更要关注学生的学习过程。"国际理解"素养的培养过程要提升评价质量，不仅要关注结果评价，更要关注过程性评价，做好过程性评价和结果评价的统一。核心素养时代，评价过程应强化素养导向，关注正确价值观、必备品格和关键能力的评价，健全综合评价，推进评价主体、方式和方法改革，提高评价质量。当下，山东省济宁市的中小学校评价通常采用总结性评价。总结性评价是在教育活动发生后对于教育效果的判断，它与分等、鉴定相联系。[①] 纸笔测试属于总

---

① 陈玉琨. 教育评价学 [M]. 北京：人民教育出版社，2019.

结性评价的一种，通常也称为结果性评价。纸笔测试是在教学过程结束之后进行的，目的是给学生分等或者进行鉴定，以更好地反馈教师的教和学生的学。我国著名画家丰子恺曾经创作一幅漫画《剪冬青联想》：一位园丁手持大剪子把冬青修剪得整齐划一，同时也按照"统一标准"简单粗暴地把学生"修剪"得整齐划一。园丁比喻着我们教师，统一标准比喻着"纸笔测试"的一张张试卷。统一测试考评的是冰冷的系统学科知识，基于考什么教什么的假设，教学过程仅仅关注知识点的教与学。

有学者认为，教育是个人自我实现的社会活动，每个人都是自己的创造者，是个体生命生长的创造者。因此，用统一的纸笔测试评判所有学生的个体情况，用统一的纸笔测试限制学生的个人发展，用统一的纸笔测试评价教育活动的结果，这都是不科学和不可接受的。由此，我们要从结果性评价向表现性评价改进。表现性评价（performance assessment）是对学生的表现进行评价，performance 有"行为举动""执行、完成""业绩、绩效""演奏、演技""作品的完成情况"等含义。表现性评价注重评价学生的表现行为或活动的完成情况，是指在某种特定的情境当中，对某人使用各种各样的知识和技艺进行的表演或制作的作品直接进行评估的方法。[①] 表现性评价一般由多位评价者根据一定的评价量表进行综合评价，用于教学指导或以学生为主体的学习活动。表现性评价致力于把评价冰冷的学科知识转化为评价学生的表现性任务，如外语学习、志愿者活动、社区服务、国际交流、模拟联合国、辩论演讲、国外研学等等。伴随着"人类命运共同体"的全球认可，我们要在表现性评价中培养学生语言知识的语用能力，提升中小学生对多样文化的理解能力，多途径、多元化培养学生的文化自信和社会担当意识。

## 二、从"单一评价"到"多元评价"

山东省济宁市中小学生"国际理解"素养培养的过程中，评价应从单一走向多元。这里，从单一走向多元的包含评价主体、评价方式和评价方

---

① 田中耕治，松下佳代，西冈加名惠，等. 学习评价的挑战：表现性评价在学校中的应用［M］. 郑谷心，译. 上海：华东师范大学出版社，2015：60.

法。首先，评价主体从单一走向多元。传统的评价主体以教师为主，素养取向的评价主体可以是中小学教师、学生家长和中小学生。如在结束一个单元的学习时，教师可以布置学生设计一个学习小结，可以是思维导图，也可以是知识网络，还可以是表格式整理，学生可以全班互相交流作品，学生互评，家长和教师评价，在多样评价中，学生总结进步、反思自身不足、汲取他人经验。

其次，评价方式的多元化。学生自评、学生互评、教师评价、家长评价、师生互评、专家评价等方式都可以成为中小学生"国际理解"素养培养的重要评价方式。

最后，评价方法的多样性。根据评价的目的，可以采用形成性评价，也可以采用诊断性评价；根据评价的时间，可以采用诊断性评价、过程性评价和阶段性评价；根据评价的方式，可以纸笔测试，也可以口试，还可以是动手实践；根据练习的性质，可以运用表现性评价。在评价过程中，我们需要改变纸笔测试的单一方法，可以采用口头测验、活动报告、课堂观察、课后访谈、课外作业、观察日记的方法，还可以采用线上线下相结合等多种方法进行评价。

我们应该转变评价观念，强化素养导向，推行全面、多元的评价观，还需要从关注知识转向关注素养。知识的体系建构是素养培养的基础。一定程度上说，应试能力的培养也是素养的一部分，但知识不等于素养，应试能力不应该是素养培养的全部。素养离不开知识，但更关注价值观、必备品格和关键能力的涵养。在"国际理解"素养的评价上，我们应该从知识取向的评价观走向素养取向的评价观。

质而言之，山东省济宁市在中小学生"国际理解"素养培养方面存在的问题及原因和其他省、市、地区有着共性的特征，问题背后的根本原因和改进方向也同样存在共性的特征。在培养"国际理解"素养的过程中，倡导素养取向的教学理念、教学方式和评价方式，有利于发展中小学生的全球意识、跨文化对话能力和共同体观。因此，以山东省济宁市中小学生"国际理解"素养培养的样本为例，提出中小学生"国际理解"素养培养的建议就有非常大的现实意义和应用价值。

# 第六章 对山东省济宁市中小学生"国际理解"素养培养的建议

为了进一步对山东省济宁市"国际理解"素养培养提出建议,促进山东省济宁市中小学生"国际理解"素养培养的落地,本章在前文分析论证的基础上,以历史文献分析为基础,尝试从"营造环境氛围,筑牢中小学生'国际理解'素养培养的基础""构建课程内容,提供中小学生'国际理解'素养培养的载体""转变教学方式,丰富中小学生'国际理解'素养培养的路径""完善评价体系,提升中小学生'国际理解'素养的行为自觉"等四个方面揭示对山东省济宁市中小学生"国际理解"素养培养的建议。以上四个方面相辅相成、环环相扣、相互依存、有机统一。从"课程"视角分析,环境氛围和课程内容是"国际理解"素养培养的前提,即解决"培养什么"的问题;从"教学"视角分析,教学方式是"国际理解"素养培养的基础,即解决"谁来培养""培养谁"和"如何培养"的问题;从"评价"视角分析,评价方式是"国际理解"素养培养的保障,即解决"培养得如何"的问题。

## 第一节
## 营造环境氛围，筑牢中小学生"国际理解"素养培养的基础

社会环境和自然环境中的教育因素为人的发展提供条件，"国际理解"文化环境为个体"国际理解"素养的培养提供了可能。素养落地的关键是发挥各种因素的作用，调动学生个体的各项活动，以促进其"国际理解"素养的养成。可以说，环境因素促进人的发展，是素养培养的基础性因素。

### 一、传承传统文化，夯实华夏根基

习近平总书记认为："历史和现实都表明，一个抛弃了或者背叛了自己历史文化的民族，不仅不可能发展起来，而且很可能上演一幕幕历史悲剧。文化自信，是更基础、更广泛、更深厚的自信。"① 美国学者斯塔夫里阿诺斯指出："文明已经牢固地确立了一个中东和中美洲的农业革命独立中心的地位；最近的研究表明，中国北方也是这样一个中心。"② 在全球化背景下，培养中小学生的"国际理解"素养，我们要引导学生从小树立中国本土文化自信，建立文化自我认同。山东济宁是儒家文化的发源地，更有利于帮助中小学生树立本土儒家文化自觉，培养民族责任感和爱国主义精神。济宁是孔孟之乡，传统文化根基深厚。孔子创立私学，以礼、乐、射、御、书、数为中心创造"六艺"课程，着力体现智、信、圣、仁、

---

① 荣开明. 论文化自信的几个基本问题 [J]. 中国延安干部学院学报，2017，10 (2): 21-26.
② 斯塔夫里阿诺斯. 全球通史：1500 年以前的世界 [M]. 吴象婴，梁赤民，译. 5 版. 上海：上海社会科学出版社，1988：85.

义、忠("六德")和孝、友、睦、姻、任、恤("六行")的要求。[①]"己所不欲，勿施于人"展现了中华民族"仁"和"礼"的大同思想和处事原则；"天行健，君子以自强不息"展现了中华民族的自强不息和拼搏精神；"人之初，性本善"展现了性善本质和以人为本；孔子在《论语·为政》中说的"吾十有五而志于学，三十而立，四十而不惑，五十而知天命，六十而耳顺，七十而从心所欲，不逾矩"展现了中华民族艰苦奋斗和立德修身的精神；"不贰过"展现了中华儿女的反思精神和批判品质；"仁、义、礼、智、信"展现了中华民族的道德规范和伦理要求；"立德、修身、齐家、治国、平天下"展现了中华民族的成人之思和责任意识等等。以上内容都是中华民族优秀传统文化的重要内容，为培养中小学生的行事原则、精神品格、道德规范、行为方式提供"精神之钙"，为"国际理解"素养养成提供"文化底色"。概而言之，济宁作为儒家文化的发源地，天时、地利、人和三要素都占据。儒家文化作为中华民族文化的核心内容，从立德修身、思维方式和行为方式等方面塑造着中小学生的文化根基，助推中小学生"国际理解"素养的养成。

2023年全国教育工作会议提出，"要把开展读书活动作为一件大事来抓，引导学生爱读书、读好书、善读书"。为传承中华优秀传统文化，学校要积极以"校园文化节"为活动载体，夯实华夏根基，拓展经典阅读活动，如读书节、外语节、科技节、体育节、数学节和艺术节等，通过节日活动提升学生的民族文化认同。如"读书节"用"中文"讲好世界故事，用"英文"讲好中国故事。

学校要充分利用温馨舒适的阅览室、精心设计的书香走廊营造书香氛围，让同学们随时有书读，随处可读书。要善于通过特色作业提高读书的时效性、实效性和长效性，如晨读诵美文、自主阅读、文化主题手抄报、名著阅读打卡等，将学生阅读的痕迹留存，见证成长。

学校要弘扬中华古诗词文化，让学生充分领略古诗词的文化魅力，可以组织"中华诗词大会"。诗词大会活动可以促进学生对古诗词的重视与学习，激发学生对中华优秀传统文化的兴趣和热爱，增强民族自豪感，树

---

① 王润. 数字时代教科书的中华民族文化认同研究[D]. 北京：首都师范大学，2020.

立文化自信。学校也可以举办"汉字听写大会",丰富学生的课余生活,提高学生汉字书写以及听写能力,扩展汉字知识储备量,提高规范用字、规范书写的意识。此举能在培养学生听、读、写能力的同时,激发学生对祖国语言文字的热爱。

习近平总书记多次谈到自己的读书爱好,认为读书"让人保持思想活力,让人得到智慧启发,让人滋养浩然之气"。养成读书的习惯,坚持阅读经典、品味好书,好似在心中长燃一盏明灯,能指引人们感悟人生、贴近真理、豁然开朗,找到属于自己的人生坐标。[①] 学校要引导学生把书籍当作生活必需品,锲而不舍地读书学习,持之以恒地用书卷气给自己赋能,让阅读真正成为一种生活方式,[②] 一种学习态度。最是书香能致远,书海中深蕴着灼热的理想信仰、炽烈的家国情怀。[③] 可以说,学校紧紧围绕"经典阅读"主题,可以不断筑牢中小学生的中华文化根基。

## 二、学习他国文化,拓展国际视野

前文,我们阐述了"传承传统文化,夯实华夏根基"。接下来,我们把视角转向"学习他国文化,拓展国际视野"。在学习他国文化的过程中,我们要强调"对话"、追求"理解"、注重"融合"。

首先是"对话"。在自我对话(即充分了解中华民族优秀传统文化)的基础上,通过与他人对话(即理解他人或他国文化),取其精华、借鉴创新、融东西方文化,为我所用。对话最好的方式是"用英语讲好中国故事"。学校用英语弘扬中国传统文化,增强学生文化自信,可以组织英语情景剧,如让学生用英文讲述中国传统故事《愚公移山》,让学生从中学习愚公坚韧不拔、永不放弃的精神,在情景剧中与经典古文对话、与古人对话、与时代精神对话。

其次是"理解"。如,美国文化凝聚人心,强化共同体观和国家统一观念,这也成为美国"国际理解"教育的精神和理论基础。再如,日本强化"孝悌忠信和共同爱国",但也有军国主义的倾向,这是我们需要警惕

---

[①~③] 马祖云. 最是书香能致远 [J]. 语数外学习(初中版),2022(5):4-5.
[②] 马建红. 读书的两难 [J]. 语数外学习(初中版),2022(5):4-5.

的。对于日本的集团意识、伦理观念与"和"文化，我们要取其精华，弃其糟粕。概而言之，对于东西方文化，我们要从正、反两方面进行理解，正能量、正方向、正确的、美好的，我们借鉴交流；消极的、负面的、错误的、阴暗的，我们排斥抵制。总之，对待国外文化，我们既不盲目崇拜，又不全盘否定或肯定。在全球化日益凸显的当下，大量外国电影涌入中国，其中的台词及人物塑造，给同学们带来乐趣。学校可以组织英文歌曲比赛、单词听写大赛等活动，激发中小学生语言学习的兴趣，促进学习效果的提高。学校每年还可以举办英语配音大赛，为《疯狂动物城》《寻梦环游记》《泰坦尼克号》等电影的片段配音，还原经典画面。

最后是"融合"，就是把中华优秀传统文化和西方文化、他国文化进行融合。如，中国书法、剪纸、京剧、国画、诗歌等等，可以作为对外交流的纽带。融合需要语言、绘画或音乐作为媒介，从融"合"走向融"和"。"和"是求同与存异，是文化的精神品格和树人要求。

下面是济宁高新区K校的学生学习他国文化的案例。对话、理解和融合渗透在活动过程的始终。"小眼睛看世界"，在教师的引导下，中小学生成为中国文化的交流使者、世界文化的探索者。

2022年夏天，大洋彼岸，澳大利亚昆士兰州凯德伦公立中学来了一群来自中国的孩子，他们就是K校首届赴澳研学的学子。纯正的国外课堂、特色的校园文化、温暖友好的寄宿家庭，还有美丽的澳大利亚自然风光，无不吸引着赴澳研学的孩子。孩子们以更宽广的视野、更豁达的心态收获到国际友谊。

夏令营和赴澳研学活动，都需要"跨文化对话能力、全球意识和共同体观"高度统一，通过"对话、理解和融合"，夯实中国文化根基，理解他国文化，拓宽学生视野，提高学生的理解能力和跨文化对话能力。

## 三、凸显文化元素，践行环境育人

20世纪80年代，"环境"是指校园自然环境的"三化"，即净化、绿化与美化；后来延展到精神层面，包括"三风一训"，即学风、教风、校风和校训等。正如前文所言，环境包括社会环境和自然环境，或大环境和小环境。数字化信息时代和全球化背景下，育人不仅存在于现实场域，还应存在于虚拟场域，如互联网、微信等。"全环境育人"是指在数字化背景下，将"三全"（即全员、全程、全方位）育人进一步延展。从育人场域的角度和立场出发，将实体环境与虚拟环境相统一，通过构建新型的教育主客体关系和教育途径、教育方式，不但可以在现实环境中，同时可以在虚拟时空和信息场域中实现教育的过程和效果。[①] 概而言之，育人既可以在现实环境中的家庭、社会、学校进行，又可以在虚拟环境中的网络、社交软件中进行，在知识理解、价值品格、情感态度、行为方式等方面对中小学生产生影响，有助于中小学生"国际理解"素养的养成。

全环境育人理念可运用于实体和虚拟环境，文化影响人、发展人、感化人。学校文化是学校全体成员共同创造和营造的文明、和谐、美好的生活方式，是学校核心价值观及其指导下的行为方式与物质形式的总和。[②] 校园文化是一种组织文化，包括物质文化、精神文化和制度文化，是一定阶段人们的共同作用形成的产物。学校育人目标的达成也映射着学校文化的"烙印"。这是因为，"学校的传统和仪式随着时间的前进而发展，使得学校中的人们的价值观和信仰具体化，而且对建立和维持行为规范有巨大影响"[③]。校园文化潜移默化地陶冶学生情操，助推学生"国际理解"素养的养成。学校应强化环境育人功能，在学校环境布置中将东方和西方的文化元素统一起来，充分利用走廊、墙壁、黑板橱窗、教室等物理空间创建"国际理解"文化展示墙，让每一条长廊、每一堵墙、每一块黑板和每一间教室都会说话，与学生交流"国际理解"素养内容。这些内容可以是孔、孟文化研究，齐鲁文化研究，二十四节气研究等等，也可以是对世界各国文化、国际公约、联合国、世界知名大学、诺贝尔奖获得者、国际组织等内容的介绍，拓展学生国际视野。除了物理空间之外，还可以是虚拟环境的延展，如阅读空间、电子外语图书、"国际理解"网站等等，充分利用信息化手段，设立电子阅览区、英语图书角等，打造网络图书馆、

---

① 蒋广学，张勇. 强化"全环境育人"理念，推动网络思政教育创新[J]. 中国高等教育，2014（22）：33-36.
② 张东娇. 看见与听见：学校文化的意会与言传：兼论波兰尼的默会知识观及其启示[J]. 教育研究，2017，38（9）：28-36.
③ 欧文斯. 教育组织行为学[M]. 7版. 窦卫霖，温建平，王越，译. 上海：华东师范大学出版社，2001：271.

## 第六章　对山东省济宁市中小学生"国际理解"素养培养的建议

"国际理解"素养专栏，延伸和扩展学生的国际视野。因此，学校环境促进中小学生"国际理解"素养养成是可为的。当然，除了社会和学校环境，还有家庭环境。苏霍姆林斯基指出："最完备的教育是学校和家庭教育，学校和家庭是孩子的两个教育者。"[①] 因此，中小学校在进行"国际理解"教育时，优化家长观念、协同家长参与、加强家校合作、整合家长资源、最大限度获取家长的支持和配合，有利于促进学校"国际理解"素养培养顺利开展，助推中小学生"国际理解"素养的养成。

---

① 苏霍姆林斯基. 给教师的建议 [M]. 周蕖，等译. 武汉：长江文艺出版社，2018：6.

## 第二节
## 构建课程内容，提供中小学生"国际理解"素养培养的载体

我国中小学有"国家课程、地方课程和校本课程"三级课程体系。国家课程由教育部制定颁布，全国中小学统一实施，是政府为保证国民的基础学力和基本素质而开发的课程；地方课程由省、市级教育行政部门制定，是要求本地区中小学实施的教育课程；校本课程则由各中小学校自行设计实施，是基于每一所学校及学校所在社区的特殊需要而开发的课程。校本课程是以学校为核心，以校长、教师、学生、家长等为主体进行的课程规划、设计、实施与评价。[①] 国家课程、地方课程和校本课程应该"三位一体"，密切统一。培养"国际理解"素养的载体包括"国际理解"素养培养的课程体系，应实施国家课程学科渗透、开发校本课程、组织活动课程、延伸课题研究等策略，辅以赴外研学、友好交流等，最终形成立体多元的"国际理解"课程体系。

### 一、正确认识中小学"国际理解"课程

随着课程改革的进一步深入，"国际理解"素养培养和"国际理解"教育课程的开发得到越来越多政府或学术团体的重视。鉴于我国各地和各中小学校的实际情况不同，中小学生"国际理解"素养的培养以课程为载体，我们应科学正确地理解"国际理解"课程的目标、内容、实施方式和评价方式。

1. 三位一体的课程体系

第六轮课程改革使各学科已经形成"国家、地方和学校"三位一体的

---

① 钟启泉，张华. 课程与教学论 [M]. 沈阳：辽宁大学出版社，2007：340-342.

课程体系。目前,我们国家还没有制定"国际理解"有关的课程标准、教学参考用书、国际课程等政策性文件,课程体系不全面、不完善,关于"国际理解"素养的内容及标准也比较少。少数地方政府虽然提出了"国际理解"课程实施意见,但是缺乏强有力的、有针对性的指导,"国际理解"校本课程流于形式,导致"国际理解"国家课程、地方课程、校本课程联系不够紧密。由此可见,建设"国际理解"课程应该调动整个社会的力量共同参与,完善"国际理解"课程理念,精心设计"国际理解"课程,通过全球意识、跨文化对话能力和共同体观培养中小学生"国际理解"素养,培养中小学生尊重、理解、沟通、合作等价值观。

2. "国际理解"课程目标

有什么样的课程目标,就有什么样的课程。我国开展"国际理解"素养培养的实践探索比较晚,还不到 30 年的时间。2010 年颁布的《国家中长期教育改革和发展规划纲要(2010—2020 年)》这一文件明确指出:"适应国家经济社会对外开放的要求,培养大批具有国际视野、通晓国际规则、能够参与国际事务和国际竞争的国际化人才。"很多地方课程和校本课程都明确把培养学生的"华夏根基、国际视野、领袖胸襟、家国情怀"等素养作为课程目标,把"民族性"和"国际性"作为核心发展目标。

3. "国际理解"课程内容

有什么样的课程目标,就有什么样的课程内容,课程内容由课程目标决定。有学者认为,中小学"国际理解"教育课程内容包含四个板块:一是根据联合国教科文组织的倡议,学习与人交往的基本技能、世界基本问题,了解国际组织与维护和平的意义、其他国家的文化生活、多元文化的并存、世界相互依存关系、国际交流与合作等等;二是结合中国的国情和特点,让学生了解中国传统文化对世界文化的贡献、中国近年来国际地位的提高、中国与世界其他国家的交流与合作等等;三是为了配合与推动新课程改革对自主学习、探究学习、合作学习的倡导,"国际理解"课程还需要在教学过程中穿插对于学习方法的指导内容;四是具体课程教学还需要结合所在地区的特点,充分利用与学生生活关系密切的社区教学资源。①

---

① 翁文艳. 国际理解教育课程的构建 [J]. 课程·教材·教法,2004(11):92-96.

本研究认为，"国际理解"课程主要包含全球意识、跨文化对话能力和共同体观三大领域，涵盖"民族理解、人类文化遗产、人的发展"等十八个要点内容。

4."国际理解"课程实施方式

"国际理解"课程实施方式也是影响"国际理解"素养培养的一个重要因素。"国际理解"课程实施方式应倡导多样化，如学科渗透、构建专门的"国际理解"课程、开展主题活动、开展对外学习交流活动等。数字信息化时代下，我们还可以借助现代信息技术或多媒体等数字手段。在山东省济宁市，中小学教师提倡学科渗透培养"国际理解"素养，但缺乏政府或专业研究人员的指导。很多学校以校本课程实施"国际理解"素养培养。由于地域、民族、经济、文化等方面的差异，地方政府或学术研究团体需要制定学科指导意见，以便"国际理解"素养培养的开展，从而促进中小学生"国际理解"素养的养成。

5."国际理解"课程评价方式

有什么样的"国际理解"课程，就有什么样的课程评价方式。评价方式分为评价标准和评价方法。当下，我国还缺少国家层面的具体的、可操作的评价标准，只有少数地方和学校制定了评价方法。我们可以借鉴美国、英国、日本、韩国等国家的经验，借助国家政府或教研机构的科研力量，构建评价标准。评价原则应倡导全面、多元化，首先是评价内容的多元化，全球意识、共同体观或跨文化对话都可以是评价的内容；其次是评价方法的多样化，观察法、纸笔测试、报告、辩论演讲等都是"国际理解"课程评价的重要方式；再次是评价对象的多元化，学校、教师和学生都可以是评价对象；最后是评价主体的多元化，教师、学生、政府人员、家长都可以是课程的评价主体。

6."国际理解"课程资源

课程资源的开发影响着"国际理解"素养培养的质量水平，课程资源的开发倡导多样化。家庭、社区和学校资源都可以成为"国际理解"课程的资源。随着数字化信息技术的发展，计算机成为连接中小学生和世界的重要纽带，中小学生可以借助多媒体了解世界知识、他国文化、网络安全等方面的知识。可以说，网络资源成为中小学生"国际理解"素养培养不可或缺的重要资源。我国中小学"国际理解"教育网络资源匮乏，网站数量少，一定程度上也限制了中小学生"国际理解"素养的培养。

## 二、科学构建中小学"国际理解"课程

1968年7月，《作为学校课程和生活之组成部分的国际理解教育》的第64号建议书中指出，倡导将"国际理解"素养的培养融入各门课程，将"国际理解"精神渗透到学校生活之中。① 陶行知先生曾经说过："教育界责任之最重要最紧迫者，莫若利用教育学解决学校课程问题。盖课程为学校教育之中心，假使课程得有圆满解决，则其他问题即可迎刃而解。"第六轮课程改革后，各学科已经形成"国家、地方和学校"三位一体的课程体系。在国家课程实施过程中，可采用学科渗透的方式构建"国际理解"内容；在校本课程中，可采取选修的方式构建"国际理解"内容。

1. 在国家课程中，采取学科渗透的方式构建"国际理解"内容

依据国家课程方案，以纲要的形式编制的对各学科内容、教学、评价的指导性文件，称为课程标准。② 课程标准是教科书编写、教学、评价的依据。根据各学科课程标准中的课程目标，我国已经将"国际理解"教育理念融入义务教育各学科课程标准中。如，《义务教育语文课程标准（2022年版）》在总目标中指出："弘扬中华优秀传统文化，建立文化自信；感受多样文化，吸收人类优秀传统文化的精华；学会倾听与表达，初步学会用口头语言文明地进行人际沟通和社会交往。"③ 再如，《义务教育英语课程标准（2022年版）》在课程性质中指出："英语是传播人类文明成果的载体之一，对中国走向世界、世界了解中国、构建人类命运共同体具有重要作用。……比较文化异同，汲取文化精华，形成跨文化沟通与交

---

① 赵中建. 全球教育发展的历史轨迹：联合国教科文组织国际教育大会建议书专集[M]. 2版. 北京：教育科学出版社，2005：8.

② 李应平. 高中历史课堂"减负增效"刍议[J]. 中学历史教学参考，2022（11）：49-51.

③ 中华人民共和国教育部. 义务教育语文课程标准（2022年版）[M]. 北京：北京师范大学出版社，2022：6.

流的意识和能力，树立国际视野，涵养家国情怀，坚定文化自信。"① 又如，《义务教育地理课程标准（2022年版）》在课程性质中指出："地理对于解决当代人口、资源、环境和发展问题，维护生态安全，建设美丽中国具有重要作用。对培育学生的人地协调观、家国情怀、全球视野，以及批判性思维、创新精神和实践能力具有重要价值。"② 再如，《义务教育历史课程标准（2022年版）》在课程性质中指出："历史是了解中外历史发展进程、传承人类文明、提高人文素养的课程，具有鉴古知今、认识历史规律、培育家国情怀、拓宽国际视野的重要作用。"③ 从以上"语文、英语、地理和历史"等各学科课程性质或目标的内容表述我们可以看出，中小学各学科课程标准都含有"国际理解"教育理念的相关内容，对中小学生"国际理解"素养的培养做出了理论层面上的指导。一定程度上可以说，"国际理解"素养的培养成为学科课程目标或性质的应然要求。目前，我们国家还没有制定关于"国际理解"素养课程方案、课程标准、国际课程等的政策性文件，"国际理解"国家课程体系还不全面、不完善，"国际理解"素养培养的内容比较少。本研究者认为，国家课程教学可以采用学科渗透的方式构建"国际理解"内容，形成"国际理解"基础类课程图谱（见图6-1）。

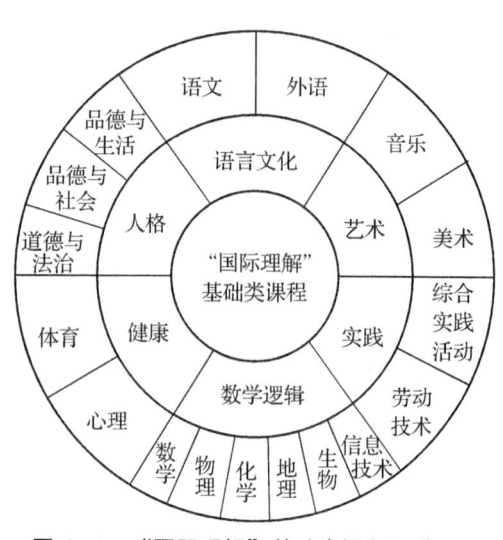

图6-1 "国际理解"基础类课程图谱

---

① 中华人民共和国教育部. 义务教育英语课程标准（2022年版）[M]. 北京：北京师范大学出版社，2022：1.
② 中华人民共和国教育部. 义务教育地理课程标准（2022年版）[M]. 北京：北京师范大学出版社，2022：1.
③ 中华人民共和国教育部. 义务教育历史课程标准（2022年版）[M]. 北京：北京师范大学出版社，2022：1.

# 第六章　对山东省济宁市中小学生"国际理解"素养培养的建议

在国家课程体系中，本研究者依据学科特点和中小学生的认知规律和身心特点，把国家课程分成语言文化、数学逻辑、人格、健康、艺术和实践等六大类基础性课程，每一大类课程对应不同的学科。如，语言文化包含语文和外语学科，数学逻辑包含数学、物理、化学、地理、生物和信息技术等。在国家课程教学中，我们可以采用学科渗透的方式进行"国际理解"素养的培养。如以下两个教学片段，体现了"国际理解"素养培养在历史教学中的渗透。

片段一：本土文化认同是培养"国际理解"素养的首要前提

培养本土文化的认同感在历史课程中占有重要的地位。如若不能正确认识和对待自身的本土文化，就有可能在面对异文化时迷失自我。因此，认同本民族传统文化是在历史课程中渗透"国际理解"素养培养的首要前提。例如，原始社会时期的"炎帝和黄帝"，带着学生走近远古的传说：炎帝部落和黄帝部落在涿鹿战役中打败蚩尤部落，此后，炎黄部落形成了部落联盟，逐渐发展为日后的华夏族。因此，后人把炎帝和黄帝尊崇为中华民族的祖先，这是中华民族的起源。与此同时，可以将其与其他民族的始祖传说进行比较，从而使学生在了解自身民族起源的同时，也认识到要尊重各个民族的历史起源。

片段二：文化对话是培养"国际理解"素养的重要手段

在这个全球化的时代，历史教学要与时俱进，培养学生的"国际理解"素养是非常重要的一个方面。教师可以通过了解不同民族、国家、地域和领域的历史、制度和文化，拓展学生的全球化视野，引导学生进行一场中外文化对话。例如，两汉时期的"丝绸之路"，通过陆上和海上丝绸之路的开通，成为古代对外联系的重要纽带，教师引导学生了解两条丝绸之路在对外交流中的作用。宋元时期，丝绸之路进一步拓展延伸。陆路和海路交通的畅通，使对外经济、文化和科技的交流更为频繁。重要的发明，包括活字印刷术、指南针等，传播到世界各地，促进世界文明的进步。同时，可以补充"丝绸之路"相关的历史资料，结合习近平总书记倡导的"一带一路"倡议理念（通过加强国际合作、相互对接的发展战略，实现优势互补，促进共同发展），并与2017年在北京举行的"一带一路"国际合作高峰论坛及其他活动相联系，使学生了解"丝绸之路"对沿线国家和地区的重要影响，不管是在过去、现在或是未来，都有着重要的意义。

除了历史学科，道德与法治学科也可以通过学科渗透对中小学生的"国际理解"素养进行培养。

下面是部编版九年级教材中"开放互动的世界"的教学片段"共享文化多样性"，包含了文化多样性的意义及正确对待文化多样性的态度。教学中，L校王老师播放影片《刮痧》片段，精心设问，在与学生的对话中渗透"国际理解"素养的培养。

师：影片中产生矛盾的根本原因是什么？

生：文化差异。

师：是的，具有不同国家、不同民族、不同宗教、不同地域等文化背景的人看待问题和解决问题都是从自身角度出发的，以自己的文化视角、情感、态度和价值观进行判断，这之间的不同就是文化差异。文化差异容易引起对话双方的误解与冲突。

师：请你给这部电影设计一个结局，并谈谈理由。

生：孩子回家和父母团聚了。美国法官接受了刮痧是中医的传统疗法，可以治疗各种疾病，不是虐待孩子。刮痧属于中国优秀的传统文化，有其独特的存在价值，是值得尊重的经验和智慧。

师：说得太好了！美国非常注重儿童权益保护的做法也值得点赞。所以说，每个民族的文化都是独特的。有人说，文化差异引起误解和分歧；另一种说法是，有误解才能走向理解，最终成就深层次的理解。谈谈你是怎么想的。

生：文化背景相同更容易相互理解。人与人应该换位思考，从对方的角度分析和解决问题，在民主、平等的氛围中进行对话，最终走向理解。

师：这是对个人而言，面对文化的多样性，国家之间又该持怎样的态度呢？

生：世界各国应当倡导开放和包容，相互学习、取长补短，借鉴创新世界各地优秀的传统文化，促进交流对话，达成"国际理解"。

师：请你列举我国吸收外来优秀文化的实例。

生：吸收西方饮食文化，牛排、意面等西式餐点受到了欢迎；吸收西方服饰文化，牛仔裤、夹克衫、西装等丰富了人们生活；吸收高新科技文化，互联网基本普及、多媒体教学普遍推广；借鉴西方法治文化，我国法律对西方民主、平等、人权的理念都有所涉及……

师：学习借鉴外来优秀文化有何意义？

生：推动中华优秀传统文化创造性转化、创新性发展，不忘本来，吸收外来，面向未来，不断铸就中华文化新辉煌。

……

通过课堂的深入交流、情境探究，学生感悟到世界文化多样性的魅力，提升了包容不同文化的胸怀和品质，理解了各种优秀文化相互学习、相互融合，才能推动人类社会的发展，既升华了认识，又提高了"国际理解"素养水平。

"道德与法治"学科具有立德树人的功能，担负着培养中小学生核心价值观、必备品格和关键能力等的重任，蕴含着丰富的"国际理解"素养知识。教学过程中，王老师认真挖掘教材及有关素材，充分利用教科书中的显性和隐性的"国际理解"资源内容，引导学生认真学习，正确认识国际文化，树立全球意识，培养平等、开放、包容的世界眼光，为人类发展和世界进步贡献中国智慧和中国力量。开展"国际理解"素养的培养，是素质教育的重要内容，适应我国中小学生核心素养发展的要求，为初中道德与法治课程的教学和改革提供了一个良好的契机。在初中道德与法治课程中渗透"国际理解"素养，可以更好地培养学生的国际责任感和全球意识，使其树立全球意识、共同体观，培养具有家国情怀、国际视野的优秀人才。

2. 在校本课程中，采取选修的方式构建"国际理解"内容

开发校本课程是我国近年来常用的培养中小学生"国际理解"素养的重要方式。设计开发校本课程，应注意以下几个方面：

第一，建立专业开发团队。团队人员可以包括高校专家、教科院教研员、中小学校长、教师、家长、社会成员。团队人员应具备较高的"国际理解"素养和"国际理解"能力，拥有开发校本课程的专业知识和责任担当，同时需要通过参加讲座培训、境外学习等方式不断提升课程设计能力。

第二，确定校本课程目标。课程目标体系在课程开发与设计中的教育价值，是学生完成阶段学习后的预期目的。如，有学校六年级"国际理解"教育校本教材为《面食》，课程目标为：让学生通过学习，认识面食

的各种变化、面食文化传承过程中的发展变化,培养学生解决问题的能力和对他文化的包容心态等。

第三,完成校本课程设计。"国际理解"课程设置要"扎根中国,放眼世界",既要包括国外文化,更要涵盖中华优秀传统文化,让学生在学习过程中理解东西方文化差异,体验文化的多样性、差异性,并进行文化融合,培育"国际理解"素养。还以小学六年级校本课程"面食"为例,分为"当面食不再是面食",旨在让学生了解面食的象征意义和复活节、开斋节等世界不同文化节日的面食;还有"面面大PK",旨在让学生了解世界各地的面食,独特的面食文化的根源;再有"面食变形记",旨在让学生了解面食的文化传播。

第四,校本课程实施。各学校可以每个月设计1~2课时,以师生共研、课题研究等形式设计"国际理解"相关课程。加拿大派克和英国塞尔比认为,可以采用"融入式"或"统整式"实施校本课程。而肯尼斯·泰认为:"单元式""融入式""综合主题式"都是校本课程实施的方式。质而言之,"国际理解"课程校本化实施可以采用多种方式,各有特色和侧重。

本研究者以山东省济宁市为例,构建中小学生"国际理解"校本课程,即"国际理解"拓展类课程图谱(见图6-2)。山东省济宁市是儒家文化的发源地,有着优秀深厚的"孔孟文化"传统基础,在此地区研究中小学生"国际理解"素养的培养,需要构建"国际理解"拓展类课程图谱。我们参照济宁高新区L校的培养目标,培养具有"华夏根基、国际视野、领袖胸襟、家国情怀"的中国公民。实现L校培养目标的载体是校本课程。

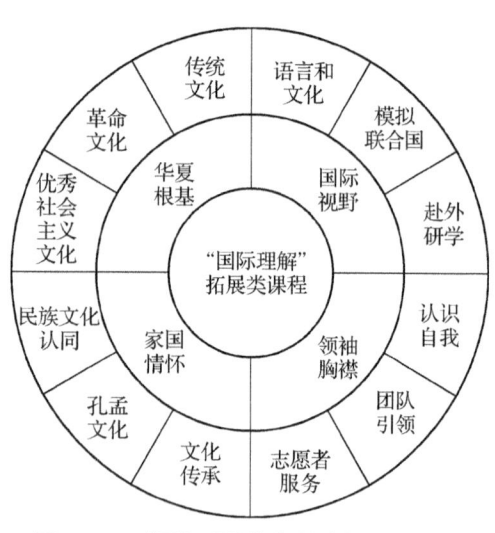

图6-2 "国际理解"拓展类课程图谱

"华夏根基"下面以时间顺序架构了"传统文化、革命文化和优秀社会主义文化"3 类校本课程,即中国共产党创建前的中华优秀传统文化、建党后到新中国成立前的革命文化和新中国成立后的优秀社会主义文化。传统文化指优秀中国传统文化,革命文化是红色英雄文化,优秀社会主义文化以榜样人物、时代楷模、民族精神为主要内容。

"国际视野"下面设计了"语言和文化、模拟联合国和赴外研学"。语言和文化主要包含中文、英文、第二外语的学习,凸显"用中文讲好世界故事、用外语讲好中国故事";模拟联合国主要是活动课程;赴外研学主要有赴英研学、赴澳研学、赴加研学和友好学校交流。

"领袖胸襟"主要有"认识自我、团队引领和志愿者服务"三大板块的社会实践活动课程。一个具有领袖胸襟的人不仅要拥有领导能力,还应该具有自律、自信、自强的能力。认识自我、团队引领和志愿者服务,可以培养学生的自我管理能力和团队引领能力。如对于小学生"认识自我"的校本课程,我们可以设置"我和世界"主题,把世界和人们的生产生活联系起来。以下是"我和世界"主题校本课程的框架图(见图6-3)。

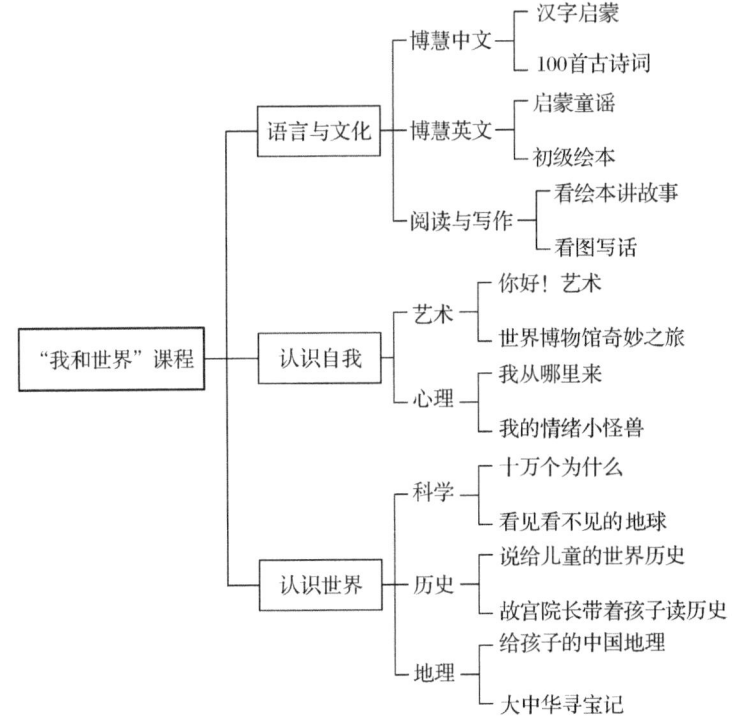

图 6-3 小学生"我和世界"主题课程框架图

"我和世界"主题校本课程分为"语言与文化""认识自我""认识世界"三大主题,并把这三大主题结合到具体学科。校本课程与国家课程在一定程度上进行勾连,把主题融入具体的学科。"国际理解"基础课程与"国际理解"拓展课程打通了联系,也就是前文所说的"单元式""融入式""综合主题式"都是校本课程实施的方式。

最后是"家国情怀",主要有"民族文化认同、孔孟文化和文化传承"。在教学过程中,我们将地域文化和中华文化有机结合。地域文化有孔子、孟子及其弟子的思想,国学,传统建筑,美食,廉政等等;中华文化有书法、传统节日等。小学生可以开展节日文化课程,架构图如图 6-4 所示。节日有农历节日,包含中华民族传统佳节;有公历节日;还有纪念节日,如教师节和儿童节。学生在学习每一个节日的过程中,都可以探究节日的来源、风俗习惯、节日文化等等。

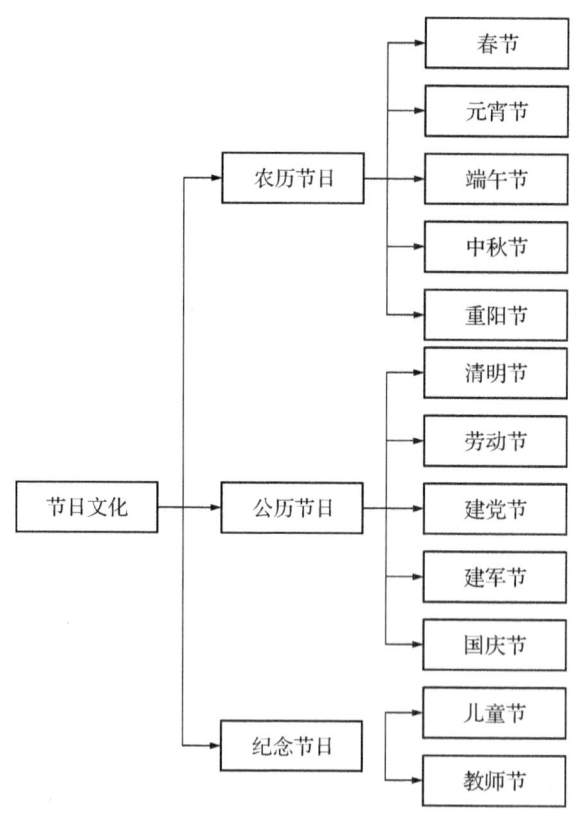

图 6-4 小学生节日文化校本课程框架图

# 第六章 对山东省济宁市中小学生"国际理解"素养培养的建议

由于中、小学生的学习方式、学习内容、思维方式等存在很大的个体差异,中学生的"国际理解"校本课程和小学生的"国际理解"校本课程设置则应完全不同。本研究者在"国际理解"的"全球意识"素养内容框架下,构建中学生校本课程内容架构图,主要有文化理解、地球村与我们、人权保护、和平文化、可持续发展、模拟联合国六大板块,每一板块又设置了相关内容(见图6-5)。在每一板块下面,我们结合中学生"国

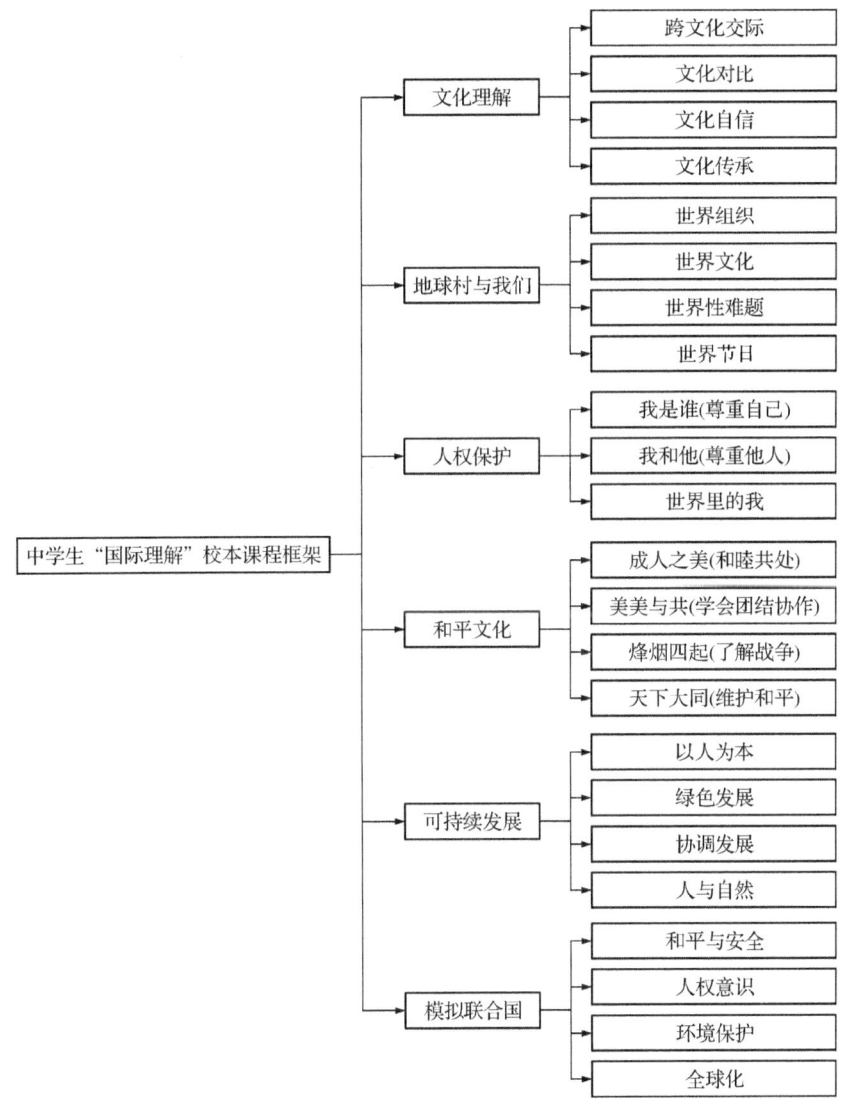

图6-5 中学生"国际理解"校本课程框架图

际理解"素养内容组织了3～4个相关主题学习,一共23个学习主题。如"文化理解"包含"跨文化交际、文化对比、文化自信和文化传承";"地球村与我们"包含"世界组织、世界文化、世界性难题和世界节日";"人权保护"包含"我是谁(尊重自己)、我和他(尊重他人)、世界里的我";"和平文化"包含"成人之美、美美与共、烽烟四起和天下大同";"可持续发展"包含"以人为本、绿色发展、协调发展、人与自然";"模拟联合国"包含"和平与安全、人权意识、环境保护和全球化"。如果小学生"国际理解"校本课程以"单元式""主题式"为主,那么中学生"国际理解"校本课程可以"综合式"为主,即以"单元+主题"编写中学生"国际理解"阅读读本,供中学生自主阅读学习。

正如前文所说,国家课程、地方课程和校本课程应该"三位一体",强化顶层设计,相辅相成。"国家课程"提供"国际理解"素养培养的渗透资源,"校本课程"提供"国际理解"素养培养的活动载体。"国际理解"素养的载体包括"国际理解"素养培养的课程体系,即形成国家课程学科渗透、开发校本课程、编写地方课程等,最终形成多元立体的"国际理解"课程体系。"地方课程"的构建与实施和"校本课程"的过程相似,需要当地教育主管部门管理、牵头,地方教育科学研究院或教研室具体组织,建立专业开发团队,经历"确定课程目标,选择课程内容,组织课程内容,完善评价体系"等四个主要过程。对此,本研究就不再一一赘述。

## 第三节
## 转变教学方式，丰富中小学生"国际理解"素养培养的路径

当前，我国课程改革已经进入深水区，教学方式正在不断发生变革，具体表现在：课程目标从"双基"到"三维目标"再到"核心素养"，教学改革不断深入探索"培养什么样的人""如何培养人""为谁培养人"等教育哲学问题，课程目标指明教学改革的方向。课程内容删除"偏、难、繁、杂"等内容，强化课程内容与学生生活和社会发展三者之间的联系，关注学生的已有认知和经验。学与教的过程需从学生的学习和教师的教学两方面加以考查，但最终的推进重点在于改变教师的教学方式，从而促进学生学习方式的变革。[①] 对于我国的教学方式，国内外有不同的声音，既有对传统教学方式的肯定，又有批判的建议。基于以上分析，本研究主张在学科教学中，借助对话培养"国际理解"素养；在跨学科学习中，追求理解的教学设计；充分调动教师开展"国际理解"素养培养活动的积极性。

### 一、在学科教学中，借助对话培养"国际理解"素养

教学过程包含人与文本的对话、师生和教材的对话、教师和学生的对话、学生和学生的对话，避免"一言堂"和"满堂灌"，要打破"一言堂"和"满堂灌"的成规，并主张"自始即不必多讲"，应"致力于导"。

首先，转变方式重在启发学生独立思考，鼓励学生敢于言说。教学过程中，教师既要鼓励学生大胆言说，培养怀疑精神和批判精神，又要通过师生积极、平等的对话，充分调动学生的积极性。

---

① 李刚，褚宏启. 转变教学方式：基于"国际学生评估项目 2018"的思考 [J]. 教育研究，2019，40（12）：17-25.

其次，转变方式重在从灌输走向多样对话。教学过程不是走教学设计的流程，这样的教学是'走流程'，既不是"生成"，也不是"生长"。对于学生来说，通过对话，学习不再是被动的接受灌输，而是通过师生、生生、师生与教材文本之间的交流和互动达成的师生对话、合作、思维碰撞之中的知识生长。

最后，转变方式重在走向为学而教。为学而教就是在教学方式的处理上，教师的教服务于学生的学，教学以学生为中心、以学生的学为中心、以学生的素养养成为中心，通过学科渗透、主题活动、社会实践、大众媒体等方式培养学生的"国际理解"素养。

本研究者以"巴西"一节的亚马孙热带雨林为例，探究如何在地理课堂中将"国际理解"素养与地理核心素养融合。教师在教学过程中，以对话方式渗透"国际理解"素养的培养。

**片段一：地球疤痕**

师：现在Google Earth上所展示的亚马孙热带雨林地区还是一片绿色，没有发现裸露地表。我们把它继续放大，你们仔细观察，有什么发现吗？

生：画面中不再是满篇的绿色，出现了一些裸露的地面。

师：那这些裸露的地面像不像地球的疤痕？

生：像。

师：同学们阅读课本，看一看这些地球的伤痕都是怎么来的？

生：阅读课本，寻找热带雨林植被裸露的原因，看图总结结论。

师：人类活动对雨林造成了不可逆转的破坏，造成了严重的水土流失。老师经常给大家提到水土流失，同学们知道这个词语的正确定义是什么吗？

生：尝试解释水土流失。

师：对学生做出的解释给予纠正并出示正确定义，让学生理解定义。

师：通过定义我们发现，水土流失的原因有两大类，人为原因和自然原因。课本上讲解了亚马孙热带雨林水土流失的人为原因，接下来，我们一起通过实验来探究一下热带雨林水土流失的自然因素……

《义务教育地理课程标准（2022年版）》的课程性质中强调，地理课程对培育学生的全球视野、批判思维具有重要价值。同时，四大地理核心

## 第六章　对山东省济宁市中小学生"国际理解"素养培养的建议

素养：人地协调观、区域认知、综合思维、地理实践力都从不同角度向我们提出要求——培育具有国际视野的时代新人。因而，就课程标准而言，在初中阶段，地理学科在诸多方面对"国际理解"进行了渗透。更具体地来说，贯穿整个初中地理学习阶段的人地协调观就是教育、引导学生充分认识人类活动与自然环境之间的关系，培养学生尊重自然规律、爱护环境的意识，引导学生担负起全球公民的责任和义务；而学习的世界地理则是通过展现不同国家或地区的经济、文化特点，让学生能够学会正确分析其他国家经济发展的状况，正确看待国际竞争与合作，分析国际冲突的根源，培养学生和平与发展的国际理念。在此基础上，探究"国际理解"与地理学科素养之间的相互融合才显得有理有据。

在人类命运共同体的大时代背景下，我们需要培养更多具有国际视野和全球素养的时代新人。那么，如何发掘初中地理教材中的教学内容，对学生进行适当的思想渗透呢？其实，初中地理在这一方面提供了大量素材，例如人口与人种、世界的语言和宗教、发展与合作、三洲五海之地、地球之肺（亚马孙热带雨林）等等。学生通过这些知识的学习，可以认识到一些问题不是某一个国家或地区单方面就可以解决的，一些国际问题的解决必须通过国际合作。

**片段二：雨林作用**

师：我们通过实验探究发现，热带雨林水土流失的原因有人为原因也有自然原因，其中人为因素是最主要的。人为破坏雨林除了会造成水土流失，还会带来哪些影响呢？请同学们仔细观看视频，从视频中找到答案。

生：观看视频，总结结论。

师：热带雨林破坏产生的危害从侧面反映出热带雨林有巨大作用，我们逆向推理一下。

生：根据总结的危害，逆向推理热带雨林的作用。

师：热带雨林有如此巨大的作用，是不是我们要完全将它保护起来，一点也不开发利用呢？同桌交流讨论一下。

学生讨论交流得出结论，走可持续发展的道路。

师：人类与自然相处要践行君子之道，得寸不能进尺，我们要处理好人类活动与自然环境之间的关系，与自然和谐相处……

上述实验探究中，教师通过借助水土流失实验，培养学生的地理实践力，同时让学生在地理探究过程中，发现自然要素与人文要素之间的关系，培养综合思维的观念，同时，增强学生对区域的认知能力，认识到人类活动与自然环境之间要和谐相处，树立可持续发展的人地协调观。通过一个实验，学生实现了四大地理核心素养的培养。同时借助实验，学生能够认识到，巴西亚马孙热带雨林对于环境的影响并非仅限于巴西本国，热带雨林的破坏会导致全球生态系统的失衡，造成全球变暖。借助水土流失实验，教师可以让学生最先形成保护环境、爱护环境的意识，同时在潜移默化中引导学生解决问题时，从世界公民的角度出发。在学生回答问题时，教师应注意对学生进行适当的引导，对于思维开阔、能够从全球角度思考问题的学生，进行鼓励和表扬，让学生逐步形成"国际理解"素养。

初中地理课程还存在很多关于国际思维的教学内容，在进行"国际理解"素养培养方面具有其他学科难以取代的独特优势。因此，教师要善于开发教学资源，在现有的资源条件下，启发青年一代正确认识世界多元文化互相交融、互相影响、共同繁荣、共同发展，树立世界公民意识，建立一个真正和谐、友爱的所有生物共存共荣的理想世界。

## 二、在跨学科学习中，追求理解的教学设计

美国布鲁纳认为："不论我们选教什么学科，务必使学生理解学科的基本结构，即各门学科的基本概念、基本原理和规律。"学生学习既要了解学科内容本身，还要了解学科内容结构。理解是以问题为中心的对话，是学生探求事实意义的结果。利用已有内容生成或揭示有意义的事情，即利用已有的知识经验去发掘事实和方法背后的含义并谨慎地加以运用，重组知识内容，重构教学内容体系，勾连学科的基本概念和原理，指向理解的教学设计。追求理解是对"关键能力""必备品格""正确的价值观"等素养培养的聚焦深入和转型升级，提供突出重点、集中焦点、分散难点的教学目标，为"学"和"教"的转变指明发展方向。教学过程应进一步推动追求理解与教学方式的转化[①]，促进学生"国际理解"等核心素养的养成。

---

① 李刚，褚宏启. 转变教学方式：基于"国际学生评估项目2018"的思考［J］. 教育研究，2019，40（12）：17-25.

## 第六章　对山东省济宁市中小学生"国际理解"素养培养的建议

首先，基于各学科课程标准确定"国际理解"素养在教学过程中如何落地。如，要基于"国际理解"素养构建教学目标体系。义务教育各学科课程标准的课程性质、总目标或学段目标，都承载着"国际理解"核心素养及其发展程度。课堂内容要强化与"国际理解"素养的密切联系，进一步删除"偏、难、繁、杂"等内容，提高课程内容中"国际理解"素养的比重。课程实施层面上要进行课程整合。正如赫尔巴特认为，孤立的、支离破碎的课程内容不利于完整人格的形成。课程整合对于培养学生的"国际理解"素养特别是跨学科核心素养尤为重要，这也是切实减轻学生课业负担的客观要求。只有精选、整合课程内容，才能让学生轻装上阵。[①]

其次，加强"国际理解"素养的校本化解读。我国的育人目标有四个层次，分别是教育方针、课程标准、培养目标和教学目标等。当前，缺少系统明确的学校"国际理解"素养的培养目标解读，导致教学目标和课程标准表述不匹配、不一致，这受到"唯分数""唯升学率"等价值观的影响。学校"国际理解"素养的培养目标应基于核心素养的相关表述，各中小学校应该构建符合学校实际情况的"国际理解"素养培养目标体系，使中小学生"国际理解"素养的培养目标在学校教育教学过程中落地。

最后，学校可以组织系列以"国际理解"素养培养为核心的相关主题活动。活动可以由教师组织，也可以由师生合作组织，还可以由学生自主组织。在活动过程中，学生可以感受文化的多元、多样与融合，了解不同国家、民族、地域的文化和价值观等。2016 年，教育部颁发《推进共建"一带一路"教育行动计划》。该文件明确指出，要"广泛开展校际交流，开展师生互动、教师培训和'国际理解'素养培养"。学校可以组织对外交流活动，比如组织研学旅行、友好学校互派学生交往等。在交流中促进国际文化的交流，让中小学生立足中华大地、扩展国际视野，在感受异文化中传播中华民族优秀传统文化，增强文化自信。相关主题活动主要有以下三类：第一，结合节日文化开展"国际理解"素养培养，如"国际劳动节""世界读书日""国际三八妇女节""外语节"等等。丰富多样的活动能提升中小学生的动手能力、交流沟通能力。第二，开展运动会、入学仪式、

---

① 李刚，褚宏启. 转变教学方式：基于"国际学生评估项目 2018"的思考［J］. 教育研究，2019，40（12）：17－25.

青春仪式、毕业仪式等"国际理解"素养培养活动。如让学生在运动会中了解奥林匹克运动精神、团结协作精神，开幕式以"相亲相爱一家人"为主题，融入中国的舞龙舞狮、巴西的足球、西班牙的斗牛舞等"国际理解"教育元素。第三，开展模拟联合国活动。模拟联合国起源于美国。2005年，北京大学模拟联合国协会举办了"第一届全国中学生模拟联合国大会"。从此以后，该活动开始在中国很多中学开展。模拟联合国主要有"点名、设定议程、正式辩论、非正式辩论、决议草案、修正案和结束辩论"等7个环节。模拟联合国有利于加强学生对国际组织的了解，拓展学生的国际视野，丰富学生的国际知识，提高学生收集信息、整理资料、表达见解的意识和能力，激发学生的学习潜能。比如，济宁高新区K校2016年10月组织学生参加模拟联合话大会。以下是一位同学写的活动报告，最后是三位参加模拟联合国同学的感言。

模拟联合国（Model United Nations）起源于美国。青年学生们在这里扮演不同国家的外交代表，为"国家利益"辩论、磋商、游说，通过写作决议草案和投票表决来推进国际问题的解决，是一项面向世界、面向未来的公民教育活动。

模拟联合国其实就像一场大型的角色扮演游戏，关键在于这个舞台为学生们提供了公开演讲、交流博弈、提高对国际事务了解的机会。在第一场会议讨论中，李同学与诸同学分别代表瑞士及葡萄牙，被分到了第二委员会（General Assembly 2）：经济和金融委员会，负责处理国际经济议题。我则代表瑞士，进入第三委员会（General Assembly 3）：社会、人道主义和文化委员会，负责处理关于社会、人道主义等的议题。

来自"世界"各地的高中学生聚集在会场，围绕气候、环境、经济危机、食品安全等困扰全人类的问题，站在各自国家的立场上，展开唇枪舌剑，并参与投票，产生决议草案……

加入他们，你会发现，他们不仅有避税、难民问题等当下热议、屡见报端的时事热点议题，还有探索太空国际合作、探讨宇宙空间纷争等激发想象力的前沿议题。今年所有委员会都融入了危机或突发事件，这让参会代表的思绪穿梭于不同时空，激荡了创造力。面对大国代表的慷慨陈词，小国代表不屈不挠，据理力争。在激烈辩论中，不时能嗅到浓浓的"火药味"。

第六章　对山东省济宁市中小学生"国际理解"素养培养的建议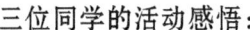

**三位同学的活动感悟:**

很高兴自己有机会参加这样一个高规格、高水准的会议。我发现,模联中最重要的不是你说了多少,而是你聆听了多少,思考了多少,合作了多少。仔细思考别人的发言,提出自己的意见,这就构成了合作。

这次参加模联看到了很多大咖!在自己所在的 block 和伙伴们合作写 working paper,包括参与自由讨论,最后看到 Draft Resolution 上自己的名字,突然有种强烈的动力,加油自己!

在议题确定之后,我加入了和自己立场一致的 block,并与许多国家代表建立了合作。最终,我们完成了 Draft Resolution 的写作,收获颇丰。在难民问题讨论中,大家参与度都相当高,包括我自己两次参与发言,真的是非常难忘的体验。

## 三、充分调动教师开展"国际理解"素养培养活动的积极性

"转变教育观念和教育方式的工作……需要个人和群体自觉主动,按照科学规律行动,实验、实践探索,积极创造,点滴积累,持之以恒,长期努力,坚持不懈。"①

首先是保障教师有自主选择教学方式的权利。教学中,不能搞"一刀切",切忌采用"形式单一"的教学方式,而应该倡导"形式多元、方法多样"的教学方式。个别区域和学校喜欢动不动就在全校推广某某教学模式,如导学案教学模式、五步教学法、几环几步法等,有的学校甚至要求全体教师对课堂的每一个环节名称、时间都进行明确规定,此类做法见效快。②但这种教学方式不会长久,会导致生搬硬套的问题,最终走向形式主义、本本主义。这是因为学生的情况、班级的情况、教师的专业素养、学校的校情等等存在差异,应该具体问题具体分析,因材施教,根据学生的认知特点和身心发展规律选择有效的教学方式。

---

① 王策三. 应该尽力尽责总结经验教训:评"十年课改:超越成败与否的简单评价"[J]. 教育科学研究,2013(6):5-19.
② 李刚,褚宏启. 转变教学方式:基于"国际学生评估项目2018"的思考[J]. 教育研究,2019,40(12):17-25.

其次是让教师参与学校的教学决策。有研究表明,让教师参与教学改进的决策,可以提高其教学效能感和组织承诺,进而促进其教学改进。[①]让教师参与学校培养目标的定位、建设和实施"国际理解"校本课程,选择教学方法,探索教学模式等方面的决策,一方面提升教师转变教学方式的内驱力,另一方面改进教师教学,促进学生素养的养成。

最后是要改革教师绩效考核制度。极力破除"唯帽子""唯论文""唯分数""唯升学率"评价原则,扩充教师绩效考核制度的空间,不以分数和升学率作为教师考核的关键指标,可以从教师转变教学方式的力度与实践,学生全球意识、共同体观和跨文化对话能力的提高等方面进行评价,增强教师改进教学方式的外驱力。

---

① 李刚. 指向教师教学改进的学校管理变革 [D]. 北京:北京师范大学,2017.

第六章　对山东省济宁市中小学生"国际理解"素养培养的建议

## 第四节
## 完善评价体系，增强中小学生"国际理解"素养培养的动力

"我国一直致力于教学评价改革，提出要建立促进学生全面发展的评价体系，即建立注重过程性评价的发展性教学评价体系。"① 评价要促进教师反馈教学和学生成长，关注学生知识、能力、情感、态度和价值观的发展。"国际理解"素养培养过程中要建立全面多元的评价体系，具体包含评价主体的多元化、评价内容的多元化和评价方法的多元化，以促进中小学生"国际理解"素养的养成。

### 一、完善评价主体，科学评价学生

评价主体即"谁来评"的问题。"国际理解"教育课程实施方式多元，因此评价主体也应该多元。单一的评价主体无法对"国际理解"素养培养进行科学全面的评价。② 评价主体可以是学生、教师、家长、社会人士、专家学者等。

首先是学生评价。学生评价可以是学生自评，也可以是学生互评。学生自评是对自己的感受和体验的评价，学生互评是同伴学习交流或讨论的客观评价。"教师要引导孩子对学习结果进行积极的归因，将学习结果归因为内在的、可控的、不稳定因素。"③ 学生评价重在学生对于自己客观感受的评价，因此，评价结果客观和科学，具有自我激励和反思功能。其次

---

① 任秀梅. 社会调查在高中历史教学中的运用探究 [D]. 南昌：江西师范大学，2015.
② 陆鑫. 高中学生发展性评价现状及其对策：以学生思想政治素质发展性评价为例 [D]. 苏州：苏州大学，2013.
③ 胡昕. 小学生学业自我效能感培养的研究 [J]. 中小学心理健康教育，2012（3）：37.

是教师评价。教师评价有利于改善师生关系，促进师生和谐。评价前，教师要深入了解学生，注重过程性评价。再次是家长或社会人士评价。这种评价是学校利用互联网，把"国际理解"主题活动或学生的研究成果通过微视频、美篇、微信、微博等发到朋友圈、微信公众号或家长群，让更多的学生、家长、社会人士参与评价。最后是主管部门或专家学者评价。专家学者专业性、科学性、客观性更强，通过评价量表对学生进行评价，因此评价更为科学。

下面，本研究者结合在高新区L校观察的校本课程"二十四节气"，阐述学生、教师、家长、专家学者对学校与课程的评价。

"二十四节气"是我国优秀的传统文化。从立春、雨水、惊蛰到春分、清明、谷雨，"二十四节气"是中华民族的宝贵财富。教学片段中有师生对话、生生对话，有教师评价、学生评价，课程结束后还有教研组老师、教研员对"谷雨"教学片段的评价。本片段让学生了解了谷雨节气前后动植物的变化。通过此次教学，学生对"二十四节气"这门课程有了不一样的认识，它不再是简单地将节气知识传授给学生，更多的是引导学生学会了留心观察身边的景物和事物。节气系列课程让学生在活动中体会传统文化之美，培养对传统文化的认同感。本次校本课程，教师通过对二十四节气的教学，让学生树立中华民族文化认同，提升文化自信，把中华文化与世界文化进行勾连，通过评价促进教学进程的顺利进行。

## 二、完善评价内容，全面评价对象主体

除了评价主体的多元化，还有评价内容的多元化。这里的评价内容是"评谁"的问题，也就是评价的对象主体问题。

### 1. 对学生的评价

主要是对学生的知识、能力、情感、态度和价值观的评价，包括学生在"国际理解"活动中的全球意识、跨文化对话能力和共同体观等方面。对学生的评价，我们可以参照附录二和附录三中的能力自评部分进行，让学生从"全球意识、跨文化对话能力和共同体观"三个方面进行自评或互评。

2. 对教师的评价

教学过程是教师教和学生学的统一活动，教师的教影响学生的学。对教师教学的评价包括对教师"国际理解"素养的评价，即全球意识层面、跨文化对话能力层面、共同体观价值观层面的素养；还包括对教育过程中主题设计、教学方法的选用、教学重难点的突破等的评价。对教师的评价，我们可以参照附录一中的第二部分落实程度调查，让教师从"全球意识、跨文化对话能力和共同体观"三个方面进行自评或互评。

3. 对教学过程和效果的评价

教学目标是否达成、教学内容是否科学合理以及教学手段是否多样化等等，都是对教学过程和效果进行的评价。对教学过程的评价，倡导教师对自己开展"国际理解"教育的教学设计及课堂实录进行反思。对学生来说，评价是否理解与掌握教学内容，是否会运用知识解决生活中的实际问题，通过"国际理解"素养培养，是否达成形成"华夏根基、国际视野、领袖胸襟、家国情怀"的培养目标；对教师来说，评价能否有效、及时反馈学生学习，能否发现问题、改进教学等。本研究者认为，对教学过程和效果的评价，可以参照附录五中的素养评价量表，从"全球意识、跨文化对话能力和共同体观"三个方面进行评价或进行课堂观察。

总之，对于教师、学生、教学过程和效果，本研究统一从"全球意识、跨文化对话能力、共同体观"等18个二级指标进行评价或观察，便于反馈教师教学和学生学习，指向实现"教—学—评"的一致性。

## 三、完善评价方法，丰富评价策略

评价方法的多元化是"如何评"的问题。事实上，中小学生的"国际理解"素养不是通过纸笔测试考出来的，而是通过活动培育出来的。在活动中，感官的参与、身体的认知、思维的深刻由内向外展示出"国际理解"素养的产生。展示的方式可以是具体的活动、报告、节目表演、实践作业等等。在山东省济宁市K校，每年4月至6月，学校都会组织小学六年级毕业班的学生去英国参加为期3个月的研学，以加强对外交流，有意识地培养学生的"国际理解"素养。以下是一位学生研学之后写的活动报告。

伴着徐志摩先生如痴如醉的诗篇，为期两个月的赴英研学画上了圆满的句号。一路走来，每一个脚印、每一段旅程都在不断丰富我的所见所闻、所思所感。异域风情，多元文化，想想都会忍不住回味的这段奇妙的经历让我挂念万千。

新颖独特的英式课程，各项活动穿插其中，研讨、辩论、分享、交流，自由而又生动，处处体现着学以致用的精髓。丰富多样的体育课，除了有各项球类运动外，每周还有远足活动。登上附近的山脉，漫山遍野的花朵，闲庭信步的牛群，向下俯瞰，整个城市的美景尽收眼底。周末也总是愉快浪漫的，乘船游在泰晤士河上，两岸美色让大家流连忘返；乘坐着最古老的蒸汽式火车，感受着工业革命带给我们的巨变，体验着英伦古堡曾经的辉煌……

"跨越了半个地球，来到英国体验学习。中西文化的碰撞交流，外国伙伴的热情好客，每一次参观，每一次郊游，都给我留下了深刻的印象。两个月的时间，充实愉悦的温馨时光，见证了我们最好的成长。"或许，有千言万语想要诉说，诉说情谊，架起连接两国文化交流的桥梁……

在英国的这些日子里，一直是我们了解英国的文化历史，浸润英式课堂，体验英式生活……而英国的伙伴却对我们的情况不甚了解。离别之际，我们为英国同学准备了一场内容丰富的汇报演讲，让英国的孩子们也能走近我们的城市，走近我们的学校。

本次汇报从济宁历史、济宁景点、济宁美食、学校介绍四个方面分小组进行，各小组围绕主题精心准备了精美的PPT和演讲稿。

汉服秀则给英国的师生眼前一亮的感觉，传统的汉服搭配上青花瓷的配乐，缓缓上台的小模特们尽心演绎着古典的魅力，两旁的解说家结合中国服装特色，介绍汉服以及中国其他传统服装的历史文化，这既是一次视觉享受，更是一次中国服装知识的普及。

我们还以动情的告白和经典的中国书法为本次展示活动画上了圆满的句号。一言一语，轻轻诉说着自己两个月来的成长与不舍，娟秀的中国书法则传达着孩子们心中最美好的祝愿。两个月的学习生活，这是一个与众不同的超级训练营。

从这位同学的活动报告中我们可以看出，中小学生"国际理解"素养的培养离不开身体感官的参与，而评价也需要把身体感官调动起来。认知不能脱离身体和环境、不能脱离日常生活。我们对事物的认知依赖于身体并产生不同经验，而感官运动又以包容性的生活、心理和文化背景为基础。"国际理解"素养培养应当回归身体，关注身体的活动方式，在"做中培养"、在"培养中做"。口头测验、活动报告、课堂观察、课后访谈、课外作业、观察日记就是把"国际理解"活动和学生的"手、眼、心、口、脑"融合起来，把对活动的感性认识上升到对素养的理性认识，在活动中培养中小学生的"国际理解"素养。

本研究根据国内外中小学"国际理解"教育的实践探索，提出以下几种中小学生"国际理解"素养的评价方法。

1. 纸笔测试或知识竞赛法

教师以测试或竞赛的方式测评学生的"国际理解"知识能力，以了解学生"国际理解"素养的养成程度，并结合学习过程中的记录，分析学生"国际理解"学习情况。

2. 观察法

观察法是教师观察学生的日常活动思维方式和行为方式，如在"国际理解"素养培养的过程中教师观察学生是否专注听讲或主动参加学习活动。观察时，个人因素可能会先入为主。在观察前，教师要充分了解、研究学生。

3. 调查分析法

教师通过问卷调查学生、教师或家长，以了解学生关于"国际理解"素养中全球意识、跨文化对话能力和共同体观的生活和学习经验。教师还可以通过访谈，给予学生充分表达个人学习体验和感受的机会，由此判断学生在"国际理解"素养培养过程中习得的生活和学习经验。

4. 作品展示法

教师开展主题活动，通过学生完成的作品了解学生的"国际理解"素养养成程度。一般，每学期可以举行1－2次学生作品展，提高学生学习兴趣，培养学生"国际理解"素养。

5. 学生档案袋评价法

教师有意识地把学生一段时间内的作品、资料、成果进行收集、整理、分析和描述，反映学生在"国际理解"课程中的发展情况。档案袋记录的既可以是学生的原始作品，还可以是教师、同伴、家长的评价，以及学生的自我评价。

6. 学生自我评价法

学生对自己知识、能力、情感态度价值观等维度的内容进行客观的评价，以发挥素养养成主观能动性的作用。

本研究者仍以"谷雨"为例，教师可以用观察法了解学生对谷雨节气的兴趣、用调查分析法了解学生对谷雨节气的前认知，教师通过布置课外作业了解学生对谷雨习俗的了解，学生通过自我评价法评价学习过程或效果……

综上所述，本研究在梳理国内外文献的基础上，对"人类命运共同体"这一理念下的"国际理解"素养培养这一问题展开研究，揭示出我国中小学生"国际理解"素养的内容模型，即"全球意识、跨文化对话能力和共同体观"三大维度、十八个要点，阐述了中小学生"国际理解"素养的五个典型特征，即心胸的开放性与理解性、视域的本土性与国际性、对话的求同性与存异性、思维的深刻性与批判性、影响的延时性与广泛性。通过调查问卷和访谈，了解山东省济宁市13个县（市、区）的中小学"国际理解"落实程度和"国际理解"素养养成程度，阐述济宁市中小学生"国际理解"素养培养目标、内容、主要做法、发展不充分和不平衡的培养现状。接着，对山东省济宁市中小学生"国际理解"素养的培养现状进行分析，梳理了山东省济宁市中小学生"国际理解"素养培养存在的问题，主要有教师对教科书中"国际理解"内容的价值认识不足，教学过程存在"国际理解"素养目标偏离，培养过程没有注重"教—学—评"一致性。随后，阐明了"国际理解"素养培养存在问题的主要原因，即教师的教育理念窄化了"国际理解"内容的价值，教学过程中存在诸多困难，"国际理解"素养评价的缺位引起"教—学—评"的分离。在阐明问题背后的原因后，分析山东省济宁市中小学生"国际理解"素养培养的改进措施，主要有改进教学理念，分别是体现人类命运共同体的核心价值观、强化学做"中国公民"的本土特色、凸显跨文化对话的求同存异；改进教学方式，分别是教学中心从"教师"走向"学生"、教学方式从"灌输"走向"对话"、教学从"只关注结果"到"更关注过程";改进评价方式,主要有从"关注分数"到"强化表现"、从"单一评价"到"多元评价"。

最后,本研究回答了对山东省济宁市中小学生"国际理解"素养培养的建议。"建议"这一部分从四个方面进行研究,第一,营造环境氛围,筑牢中小学生"国际理解"素养培养的基础;第二,构建课程内容,提供中小学生"国际理解"素养培养的载体;第三,转变教学方式,丰富中小学生"国际理解"素养培养的路径;第四,完善评价体系,增强中小学生"国际理解"素养培养的动力。

由于本研究者学识尚浅,阅读的国外文献相对较少,本研究还存在许多缺憾之处。"国际理解"素养培养是一个系统的研究工程,研究点多、面广、内涵丰富。本书仅对山东省济宁市的现状开展初步研究,还需更深入、更全面。在后续研究中,本研究者将继续思考、不断研究,如"国际理解"素养的学段培养研究、在幼儿园如何开展"国际理解"素养的培养、如何进行"国际理解"素养的启蒙教育……同时,本研究者也期盼能够引发更多的讨论和更有价值的研究争鸣。

# 参考文献

## 一、著作类

[1] 钟启泉，崔允漷. 核心素养与教学改革 [M]. 上海：华东师范大学出版社，2018：4.

[2] 习近平. 习近平谈治国理政：第二卷 [M]. 北京：外文出版社，2017：481-544.

[3] 纽曼. 社会研究方法：定性和定量的取向 [M]. 5版. 郝大海，译. 北京：中国人民大学出版社，2007.

[4] 联合国教科文组织. 反思教育：向"全球共同利益"的理念转变？[M]. 联合国教科文组织总部中文科，译. 北京：教育科学出版社，2017：28-48.

[5] 阿兰兹. 学会教学 [M]. 6版. 丛立新，等译. 上海：华东师范大学出版社，2007 (8)：340.

[6] 联合国教科文组织国际教育发展委员会. 学会生存：教育世界的今天和明天 [M]. 华东师范大学比较教育研究所，译. 北京：教育科学出版社，1996：7-8.

[7] 联合国教科文组织. 教育：财富蕴藏其中 [M]. 2版. 联合国教科文组织总部中文科，译. 北京：教育科学出版社，2014.

[8] 联合国教科文组织. 为了21世纪的教育：问题与展望 [M]. 王晓辉，赵中建，等译. 北京：教育科学出版社，2002.

[9] 邬志辉. 教育全球化：中国的视点与问题 [M]. 上海：华东师范大学出版社，2004.

[10] 李荣安，古人伏. 世界公民教育：香港及上海中学状况调查研究 [M]. 香港：乐施会，2004：7.

[11] 中华人民共和国教育部. 普通高中课程方案（2017版）[M]. 北京：人民教育出版社，2018：3.

［12］林崇德. 21世纪学生发展核心素养研究［M］. 北京：北京师范大学出版社，2016.

［13］中共中央宣传部. 习近平总书记系列重要讲话读本（2016年版）［M］. 北京：学习出版社，2016：265.

［14］人民教育出版社. 教育改革重要文献选编［M］. 北京：人民教育出版社，1986：15.

［15］黄志成. 国际教育新思想新理念［M］. 上海：上海教育出版社，2009：79.

［16］联合国教科文组织. 一起重新构想我们的未来：为教育打造新的社会契约［M］. 北京：教育科学出版社，2022：15.

［17］程广云，夏年喜. 作为公民教育和对话教育的哲学教育［M］. 北京：中国社会科学出版社，2012：37.

［18］黄宗良，林勋健. 经济全球化与中国特色社会主义［M］. 北京：北京大学出版社，2005：4.

［19］于军，张弦. "一带一路"倡议与构建人类命运共同体［M］. 北京：当代中国出版社，2019：1.

［20］张蓉. 学做世界公民：中美中学生国际理解观比较研究［M］. 北京：科学出版社，2015：28.

［21］黄光雄，蔡清田. 核心素养：课程发展与设计新论［M］. 上海：华东师范大学出版社，2017：10.

［22］北京大学《荀子》注释组. 荀子新注［M］. 北京：中华书局，1979：124.

［23］萧延中. 中国思维的根系：研究笔记［M］. 北京：中央编译出版社，2020：4.

［24］张立文. 中国传统文化与人类命运共同体［M］. 北京：中国人民大学出版社，2018：1.

［25］王义桅. 人类命运共同体：新型全球化的价值观［M］. 北京：外文出版社，2021.

［26］吴启春，李皓. 人类命运共同体［M］. 上海：华东师范大学出版社，2021.

［27］中共中央宣传部. 习近平新时代中国特色社会主义思想学习问答［M］. 北京：学习出版社，2021：404.

[28] 李方. 现代教育研究方法 [M]. 广州：广东高等教育出版社，2007：166.
[29] 马云鹏. 教育科学研究方法 [M]. 长春：东北师范大学出版社，2002：117.
[30] 宁虹，蔡春. 教育研究导论 [M]. 4版. 北京：北京师范大学出版社，2021.
[31] 黑格尔. 小逻辑 [M]. 2版. 贺麟，译. 北京：商务印书馆，1980：38.
[32] 亚里士多德. 政治学 [M]. 吴寿彭，译. 北京：商务印书馆，1981：7.
[33] 中共中央马克思恩格斯列宁斯大林著作编译局. 马克思恩格斯全集：第十二卷 [M]. 北京：人民出版社，1962：734.
[34] 何九盈，王宁，董琨. 辞源 [M]. 3版. 合订本. 北京：商务印书馆，2019.
[35] 滕尼斯. 共同体与社会：纯粹社会学的基本概念 [M]. 北京：北京大学出版社，2010.
[36] 中华人民共和国教育部. 义务教育历史课程标准（2022年版）[M]. 北京：北京师范大学出版社，2022：1.
[37] 马克思，恩格斯. 德意志意识形态（节选本）[M]. 中共中央马克思恩格斯列宁斯大林著作编译局，译. 北京：人民出版社，2018：168.
[38] 习近平. 论坚持推动构建人类命运共同体 [M]. 北京：中央文献出版社，2018：417.
[39] 许慎，汤可敬. 说文解字今释 [M]. 长沙：岳麓书社，1997：844.
[40] 中国社会科学院语言研究所词典编辑室. 现代汉语词典（2002年增补本）[M]. 3版. 北京：商务印书馆，2002：744.
[41] 朱智贤. 儿童心理学 [M]. 5版. 北京：人民教育出版社，2009：200.
[42] 苏霍姆林斯基. 给教师的建议 [M]. 周蕖，等译. 武汉：长江文艺出版社，2018：6.
[43] 伯姆. 论对话 [M]. 王松涛，译. 北京：教育科学出版社，2004：5.
[44] 现代汉语辞海编辑委员会. 现代汉语辞海：最新修订版 [M]. 北京：中国书籍出版社，2011：910.
[45] 洛克. 政府论 [M]. 叶启芳，瞿菊农，译. 北京：商务印书馆，1964：59.
[46] 萨特. 存在主义是一种人道主义 [M]. 周煦良，汤永宽，译. 上海：上海译文出版社，1988：12-13.

[47] 希尔兹，爱德华兹. 学会对话：校长和教师的行动指南［M］. 文彬，译. 北京：教育科学出版社，2009：17.

[48] 中共中央马克思恩格斯列宁斯大林著作编译局. 马克思恩格斯全集：第三卷［M］. 北京：人民出版社，1971：84.

[49] 赵中建. 全球教育发展的历史轨迹：国际教育大会60年建议书［M］. 北京：教育科学出版社，2005：8.

[50] 陈琦. 教育心理学：原理与应用［M］. 合肥：安徽教育出版社，2004：143.

[51] 伍新春. 儿童发展与教育心理学［M］. 北京：高等教育出版社，2004：195.

[52] 韩仁生，李传银. 教育心理学［M］. 济南：山东人民出版社，2008：279.

[53] 中华人民共和国教育部. 义务教育语文课程标准（2022年版）［M］. 北京：北京师范大学出版社，2022：6.

[54] 中华人民共和国教育部. 义务教育地理课程标准（2022年版）［M］. 北京：北京师范大学出版社，2022：1.

[55] 康德. 道德形而上学原理［M］. 苗力田，译. 上海：上海译文出版社，2005：6.

[56] 中共中央马克思恩格斯列宁斯大林著作编译局. 马克思恩格斯选集：第一卷［M］. 北京：人民出版社，1995：48.

[57] 石鸥. 教学别论［M］. 长沙：湖南教育出版社，1998：157.

[58] 王策三. 教学论稿［M］. 2版. 北京：人民教育出版社，2005：195-196.

[59] 曾天山. 教材论［M］. 南昌：江西教育出版社，1997：94-95.

[60] 中国大百科全书出版社编辑部. 中国大百科全书：教育［M］. 北京：中国大百科全书出版社，1985：78.

[61] 钟启泉. 课程设计基础［M］. 济南：山东教育出版社，1998：1.

[62] 罗素. 西方哲学史［M］. 3版. 耿丽编，译. 重庆：重庆出版社，2016：485.

[63] 毛礼锐，瞿菊农，邵鹤亭. 中国古代教育史［M］. 北京：人民教育出版社，1979：494.

[64] 米歇尔. 规训与惩罚［M］. 3版. 刘北成，杨远缨，译. 北京：生活·读书·新知三联书店，2007：375.

[65] 金生鈜. 规训与教化［M］. 北京：教育科学出版社，2004：31.

[66] 弗莱雷. 被压迫者教育学［M］. 2版. 顾建新，赵友华，何曙荣，译.

上海：华东师范大学出版社，2014：1.
[67] 希尔伦斯，格拉斯，托马斯. 教育评价与检测：一种系统的方法 [M]. 边玉芳，曾平飞，王烨晖，译. 北京：教育科学出版社，2017：42.
[68] 陈玉琨. 教育评价学 [M]. 北京：人民教育出版社，2019.
[69] 田中耕治，松下佳代，西冈加名惠，等. 学习评价的挑战：表现性评价在学校中的应用 [M]. 郑谷心，译. 上海：华东师范大学出版社，2015：60.
[70] 张淑华. 社会认知科学概论 [M]. 北京：光明日报出版社，2009：2.
[71] 朱智贤. 心理学大词典 [M]. 北京：北京师范大学出版社，1989：498.
[72] 中共中央马克思恩格斯列宁斯大林著作编译局. 马克思恩格斯全集：第四十二卷 [M]. 北京：人民出版社，1979：169.
[73] 中华人民共和国教育部. 义务教育英语课程标准（2022年版）[M]. 北京：北京师范大学出版社，2022：1.
[74] 黑格尔. 历史哲学 [M]. 王造时，译. 上海：上海书店出版社，2006：68.
[75] 克拉斯沃尔，布卢姆. 教育目标分类学：第二册 情感领域 [M]. 施方良，张云高，译. 上海：华东师范大学出版社，1989：61.
[76] 张岱年，程宜山. 中国文化精神 [M]. 北京：北京大学出版社，2015：162.
[77] 黄忠敬，等. 国际理解教育：如何在学校中培养学生全球胜任力 [M]. 上海：华东师范大学出版社，2021：107.
[78] 皮亚杰. 发生认识论原理 [M]. 王宪钿，译. 北京：商务印书馆，1981.
[79] 雅斯贝尔斯. 什么是教育 [M]. 邹进，译. 北京：生活·读书·新知三联书店，1991.
[80] 梁漱溟. 东西文化及其哲学 [M]. 北京：商务印书馆，2018：12-14.
[81] 衣俊卿. 文化哲学十五讲 [M]. 北京：北京大学出版社，2004：12.
[82] 张政. 后疫情时代，世界向何处去：聚焦人类命运共同体 [M]. 北京：外文出版社，2021：117-123.
[83] 钟启泉，汪霞，王文静. 课程与教学论 [M]. 上海：华东师范大学出版社，2008：77.
[84] 张蓉. 国际理解教育课程建设的国际比较研究 [M]. 南京：南京师范大学出版社，2020.

[85] 斯克拉法妮. 美国青少年国际理解教育现状 [C]. 田毅松，译. //北京教育科学研究院. 北京 2006 年青少年学生公民教育国际论坛论文集. [出版地不详]：[出版者不详]，2012：101-105.

[86] 姜英敏. 东亚国际理解教育的政策与理论 [M]. 北京：高等教育出版社，2017：19.

[87] 钟启泉，张华. 课程与教学论 [M]. 沈阳：辽宁大学出版社，2007：308-309.

[88] 斯塔夫里阿诺斯. 全球通史：1500 年以前的世界 [M]. 5 版. 吴象婴，梁赤民，译. 上海：上海社会科学出版社，1988：85.

[89] 张德伟. 日本教育特质的文化学研究 [M]. 长春：东北师范大学出版社，1999：79.

[90] 欧文斯. 教育组织行为学（第 7 版）[M]. 窦卫霖，温建平，王越，译. 上海：华东师范大学出版社，2001：271.

[91] 中共中央马克思恩格斯列宁斯大林著作编译局. 马克思恩格斯选集：第四卷 [M]. 北京：人民出版社，1995：697.

## 二、期刊论文类

[1] 林崇德. 构建中国化的学生发展核心素养 [J]. 北京师范大学学报（社会科学版），2017（1）：66-73.

[2] 王远美. 促进"民心相通"：中小学国际理解教育的使命与愿景 [J]. 中小学管理，2017（5）：9.

[3] 熊梅，王敏. 国际理解教育：联合国教科文组织倡导之回顾与展望 [J]. 外国教育研究，2018，45（12）：112.

[4] 柳夕浪. 从"素质"到"核心素养"：关于"培养什么样的人"的进一步追问 [J]. 教育科学研究，2014（3）：5-11.

[5] 郑彩华. 联合国教科文组织与国际理解教育发展 [J]. 外国中小学教育，2013（2）：13-20.

[6] 徐辉，王静. 国际理解教育研究 [J]. 西南师范大学学报（人文社会科学版），2003（6）：85-89.

[7] 张娜. 联合国教科文组织的核心素养研究及其启示 [J]. 教育导刊，2015（7）：93-96.

[8] 顾明远. 国际理解与比较教育 [J]. 比较教育研究，2005（12）：1-

3，51.

[9] 姜英敏. 全球化时代我国国际理解教育的理论体系建构［J］. 清华大学教育研究，2017，38（1）：87-93.

[10] 何齐宗，晏志伟. 全球视野的德育理念：目标、内容、策略及启示：基于联合国教科文组织教育文献的研究［J］. 教育科学，2020，36（6）：7-14.

[11] 高兵，李英源，常永才. 试论文化视角国际理解教育革新的心理学基础：基于跨文化心理学家约翰·贝理思想的分析［J］. 外国教育研究，2017，44（1）：102-114.

[12] 金琦钦，张文军. "学会共存"视野下的学生国际理解素养评价［J］. 教育测量与评价，2016（9）：17.

[13] 张蓉. 中小学国际理解教育课程建设的未来展望：基于国际比较的视角［J］. 课程·教材·教法，2020，40（12）：46-51.

[14] 姜英敏. 东亚国际理解教育的价值冲突探析［J］. 比较教育研究，2007（5）：53-58.

[15] 杨红军. 教育国际化视域下的日本国际理解教育考察［J］. 比较教育研究，2016，38（7）：64-68.

[16] 姜英敏，王雪颖. 20世纪80～90年代美国国际理解教育论争刍议［J］. 比较教育研究，2010，32（1）：59-62，86.

[17] 楚琳. 全球化背景下美国国际理解教育改革策略的新发展［J］. 外国教育研究，2009，36（10）：18-22.

[18] 王淑娟. 亚太国际理解教育的翘楚：韩国［J］. 基础教育课程，2013（11）：25-30.

[19] 王远美，李晶. 北京市实施国际理解教育的回顾与思考［J］. 北京教育学院学报，2010，24（2）：49-53.

[20] 张怡，闫旭. 以家国情怀为底蕴的史家小学国际理解教育课程［J］. 中国教育学刊，2018（S2）：52-55.

[21] 杨敏. 国际理解教育实施的有效策略：以中学英语课程为例［J］. 中国教育学刊，2016（4）：66-69.

[22] 张建芬. 拥抱"海洋"看世界：小学国际理解教育的校本探索［J］. 中小学管理，2017（5）：20.

[23] 王静芝，陆云. 织立体网 做全局事：区域推进国际理解教育的苏州经

验[J]. 中小学管理, 2017 (5): 11-13.

[24] 崔学鸿. "全价值链"式系统构建: 国际理解教育的"南外经验"[J]. 中小学管理, 2017 (5): 16-19.

[25] 奚亚英. 人类命运共同体视域下小学国际理解教育的实践探索[J]. 人民教育, 2021 (Z2): 117-119.

[26] 四川省成都市教育局. 成都教育扩大对外开放 推进教育国际化工作方案[J]. 世界教育信息, 2012, 25 (14): 7-8.

[27] 武婷婷. 提升学生国际理解核心素养的"武侯策略"[J]. 中小学管理, 2017 (5): 14.

[28] 汪天皎, 杨伊, 黄廷美. 我国国际理解教育研究热点及演进分析[J]. 教育科学论坛, 2021 (25): 40.

[29] 吕朝阳. 在中小学实施国际理解教育的实践与思考[J]. 教师博览, 2013, 3 (3): 16-17.

[30] 李正平, 王玉梅, 刘文可. 学科渗透国际理解教育的实践研究[J]. 教育科学论坛, 2019 (10): 31-33.

[31] 陈红, 何妮妮. 试析如何在学科教学中渗透国际理解教育[J]. 课程·教材·教法, 2010, 30 (2): 72-77.

[32] 邓星辉. 多元文化教育、国际理解教育与外语教学[J]. 湖南科技大学学报(社会科学版), 2012, 15 (6): 181-183.

[33] 王建新. 把国际理解教育基因注入思想政治教学[J]. 中学政治教学参考, 2019 (15): 87.

[34] 宋世云. 中小学国际理解教育课程实施的有效模式[J]. 北京教育学院学报, 2013, 27 (6): 28.

[35] 安桂清. 基于核心素养的课程整合: 特征、形态与维度[J]. 课程·教材·教法, 2018, 38 (9): 48-54.

[36] 靳文卿. 澳大利亚中小学国际理解教育浅析: 基于新南威尔士州和西澳大利亚州的案例分析[J]. 教育参考, 2018 (3): 56-61, 67.

[37] 卜剑锋. 日本国际理解教育的发展及理论之考察[J]. 湖北广播电视大学学报, 2008 (4): 39-40.

[38] 张增田, 赵庆来. 教师教育共同体: 内涵、意蕴与策略[J]. 首都师范大学学报(社会科学版), 2012 (6): 132-135.

[39] 滕凯炜. "天定命运论"与19世纪中期美国的国家身份观念 [J]. 世界历史, 2017 (3): 69-81, 158-159.

[40] 蒋广学, 张勇. 强化"全环境育人"理念, 推动网络思政教育创新 [J]. 中国高等教育, 2014 (22): 33-36.

[41] 张东娇. 看见与听见: 学校文化的意会与言传: 兼论波兰尼的默会知识观及其启示 [J]. 教育研究, 2017, 38 (9): 28-36.

[42] 李刚, 褚宏启. 转变教学方式: 基于"国际学生评估项目2018"的思考 [J]. 教育研究, 2019, 40 (12): 17-25.

[43] 王策三. 应该尽力尽责总结经验教训: 评"十年课改: 超越成败与否的简单评价"[J]. 教育科学研究, 2013 (6): 5-19.

[44] 胡昕. 小学生学业自我效能感培养的研究 [J]. 中小学心理健康教育, 2012 (3): 37.

[45] 郭元祥, 刘艳. 我国教学设计发展20年: 演进、逻辑与趋势 [J]. 全球教育展望, 2021, 50 (8): 3-14.

[46] 郑东辉. 试论课堂评价与教学的关系 [J]. 课程·教材·教法, 2014, 34 (12): 33-38.

[47] 陈炎. 文明与文化 [J]. 语文教学与研究, 2013 (6): 18.

[48] 张增田, 靳玉乐. 论新课程背景下的对话教学 [J]. 西南师范大学学报 (人文社会科学版), 2004 (5): 77.

[49] 袁娥. 民族认同与国家认同研究述评 [J]. 民族研究, 2011 (5): 91-103, 110.

[50] 钱雪梅. 论文化认同的形成和民族意识的特性 [J]. 世界民族, 2002 (3): 1-9.

[51] 彭斌. 理解国家认同: 关于国家认同的构成要素、困境与实现机制的思考 [J]. 社会科学战线, 2018 (7): 203-209.

[52] 王海明. 集体主义之我见 [J]. 上海师范大学学报 (哲学社会科学版), 2004 (5): 1-5.

[53] 王海英. 教育无"思"的质询 [J]. 湖南师范大学教育科学学报, 2004 (4): 16-19.

[54] 张增田. 教学当代转向: 从"规训"到"对话" [J]. 中国教育学刊, 2012 (12): 43-46.

[55] 张传燧. 说"弘毅"与人格修养 [J]. 中国德育, 2014 (20): 24-28.

[56] 纪政文. 当代中国社会主义公民意识探析 [J]. 东岳论丛, 2009 (3): 151-155.

[57] 傅慧芳. 公民意识建构的中国理路: 基于对西方公民意识普世性的反思 [J]. 政治学研究, 2013 (5): 45-54.

[58] 姜英敏. 国际理解教育≠对外国、外国文化的了解 [J]. 人民教育, 2016 (21): 62-65.

[59] 高德胜. "文化母乳": 基础教育教材的功能定位 [J]. 全球教育展望, 2019, 48 (4): 92-104.

[60] 石鸥, 廖巍. 教科书内容的确立与有效教学的风险 [J]. 湖南师范大学教育科学学报, 2015, 14 (2): 36-42.

[61] 石鸥. 最不该忽视的研究: 关于教科书研究的几点思考 [J]. 湖南师范大学教育科学学报, 2007 (5): 5-9.

[62] 张增田, 彭寿清. 从"蓝本"走向"文本": 当代课程内容观的转变 [J]. 教育研究, 2011, 32 (11): 95-98.

[63] 郭晓明. 从"圣经"到"材料": 论教师教材观的转变 [J]. 高等师范教育研究, 2001 (6): 17-21.

[64] 叶波. 教科书本质: 历史谱系与重新思考 [J]. 课程·教材·教法, 2018, 38 (9): 75-79.

[65] 张华. 试论教学中的知识问题 [J]. 全球教育展望, 2018, 37 (11): 7-14.

[66] 石鸥, 张文. 学生核心素养培养呼唤基于核心素养的教科书 [J]. 课程·教材·教法, 2016, 36 (9): 14-19.

[67] 游小云. 名师引路: 从实体性思维到生长性思维的转变 [J]. 今日教育, 2020 (5): 54-55.

[68] 游小云. 单元整体教学设计: 教学观的应然追求: 以"分数的意义和性质"为例 [J]. 江西教育, 2021 (2): 22-24.

[69] 游小云. "自然生长"的数学教学策略 [J]. 教育研究与评论 (小学教育数学), 2017 (12): 77-79.

[70] 管健, 杭宁. 知情意行: 四维一体铸牢中华民族共同体意识 [J]. 南开学报 (哲学社会科学版), 2021 (6): 53-67.

[71] 何晓丽,谢荣慧. 群体共情对群际关系的影响：基于社会冲突解决的视角 [J]. 心理科学, 2018, 41 (1): 174-179.

[72] 高建京,张维平. 我国高校自主招生的程序悖谬及其匡正 [J]. 高校教育管理, 2011, 5 (1): 53-57.

[73] 叶澜. 论影响人发展的诸因素及其与发展主体的动态关系 [J]. 中国社会科学, 1986 (3): 83-98.

[74] 翁文艳. 国际理解教育课程的构建 [J]. 课程·教材·教法, 2004 (11): 92-96.

[75] 勾瑞波. 正义原则与共同体原则兼容吗：兼及科恩与罗尔斯正义论的差异 [J]. 学术研究, 2019 (8): 37-41.

[76] 余新. 访谈美国全球教育专家肯尼斯-泰博士 [J]. 比较教育研究, 2004 (7): 88-90.

[77] 张家军,钱晓坚. 论文化回应性教学及其对我国教育的启示 [J]. 比较教育研究, 2015, 37 (5): 87-92.

[78] 荣开明. 论文化自信的几个基本问题 [J]. 中国延安干部学院学报, 2017, 10 (2): 21-26.

## 三、学位论文类

[1] 郑梦萍. 基于主题单元教学的国际理解素育培育研究 [D]. 上海：华东师范大学, 2020.

[2] 马彦军. 中学地理学科的国际理解教育研究 [D]. 长春：东北师范大学, 2021.

[3] 徐晓燕. 苏州工业园区中小学国际理解教育的实践研究 [D]. 苏州：苏州大学, 2010.

[4] 吕耀中. 英国学校多元文化教育研究 [D]. 上海：华东师范大学, 2008.

[5] 何敏. 联合国教科文组织跨文化教育研究 [D]. 苏州：苏州大学, 2016.

[6] 鲁卫群. 跨文化教育引论 [D]. 武汉：华中师范大学, 2003.

[7] 宋强. 世界公民教育思潮研究 [D]. 长春：东北师范大学, 2016.

[8] 翟艳芳. 全球教育的理念与实践 [D]. 武汉：华中科技大学, 2010.

[9] 王威. 日本国际理解教育政策变迁研究 [D]. 北京：北京师范大学, 2008.

[10] 陈洁. 国际理解教育研究 [D]. 上海：华东师范大学, 2003.

［11］洪文梅. 当代日本国际理解教育的考察与思考［D］. 兰州：西北师范大学，2005.

［12］李荣荣. 跨文化沟通能力问卷的编制及测量［D］. 上海：华东师范大学，2010.

［13］丁伟平. 我国国际理解教育的回顾与展望：1949－2019［D］. 长沙：湖南师范大学，2019.

［14］栗蕊蕊. 社会文化变迁中公民教育的本土演进：基于民国时期中小学的历史考察［D］. 上海：华东师范大学，2013.

［15］王润. 数字时代教科书的中华民族文化认同研究［D］. 北京：首都师范大学，2020.

［16］余潇希. 我国大学生责任担当意识及其培育研究［D］. 南京：南京工业大学，2017.

［17］李程远. 两岸小学教师国际素养的比较研究：以南京市与新北市为例［D］. 南京：南京师范大学，2019.

［18］李刚. 指向教师教学改进的学校管理变革［D］. 北京：北京师范大学，2017.

［19］任秀梅. 社会调查在高中历史教学中的运用探究［D］. 南昌：江西师范大学，2015.

［20］陆鑫. 高中学生发展性评价现状及其对策：以学生思想政治素质发展性评价为例［D］. 苏州：苏州大学，2013.

［21］李桐. 新加坡中学社会科中国际理解教育的研究［D］. 上海：上海师范大学，2020.

［22］王攀峰. 试论当代课程知识观的新发展及其对我国课程改革的启示［D］. 武汉：华中师范大学，2002.

［23］王建林. 我国中学化学课程标准（教学大纲）之比较［D］. 武汉：华中师范大学，2003.

## 四、网站信息类

［1］国家中长期教育改革和发展规划纲要（2010—2010年）［EB/OL］.（2011－10－29）［2018－03－25］. http//www.moe.gov.cn/srcsite/A01/s7048/201007/t20100729_171904.html.

［2］UNESCO. Records of the general conference of the United Nations

Educational, Scientific and Cultural Organization: Third session beirut 1948 [EB/OL]. (1948 - 12 - 10) [2018 - 03 - 10]. http://unesdoc. unesco. org/images/0011/001145/114593e. pdf♯page=112.

[3] UNESCO. Records of the general conference Eighteenth session Paris, 17 October to 23 November 1974, v. 1: Resolutions [EB/OL]. (1974 - 11 - 19) [2018 - 04 - 10]. http://unesdoc. unesco. org/images/0011/001140/114040e. pdf♯page=144.

[4] UNESCO. Records of the general conference, 31st session, Paris, 15 October to 3 November 2001, v. 1: Resolution (chi) [EB/OL]. (2001 - 11 - 02) [2018 - 04 - 11]. http://unesdoc. unesco. org/images/0012/001246/124687c. pdf♯page=84.

[5] UNESCO. 保护和促进文化表现形式多样化公约 [EB/OL]. (2005 - 10 - 20) [2018 - 4 - 20]. http://unesdoc. unesco. org/images/0014/ 001429/ 142919c. pdf.

[6] UNESCO. Records of the general conference fifteenth session [EB/OL]. (1968 - 11 - 19) [2018 - 03 - 19]. http://unesdoc. unesco. org/images/ 0011/001140/114047e. pdf♯page=134.

[7] 教育部关于印发《完善中华优秀传统文化教育指导纲要》的通知 [EB/OL]. (2014 - 04 - 01) [2019 - 12 - 27] http://www. gov. cn/xinwen/ 2014 - 04/01/content _ 2651154. htm.

[8] Competences for democratic culture: Living together as equals in culturally diverse democratic societies. [EB/OL]. (2018 - 04 - 20) [2019 - 04 - 22] https://publicsearch. coe. int/♯k=Competences％20for％20Democratic％ 20Culture％3A♯f=％5B％5D. 2019 - 4 - 22.

### 五、英文参考资料

[1] Hanvey R G. An attainable global perspective [J]. Theory into Practice, 1982, 21 (3): 162 - 167.

[2] OECD. Asia Society Teaching for global competence in a rapidly changing world [R]. New York: OECD, Asia Society, 2018: 13.

[3] Aho E, Haverinen H L, Juuso H, et al. Teachers' principles of decision-making and classroom management: a case study and a new observation

method [J]. Procedia-Social and Behavioral Sciences, 2010,(9):395 -402.

[4] Henderson D, Fisher D, Fraser B. Interpersonal behavior, laboratory learning environments, and student outcomes in senor biology classes [J]. Journal of Research in Science Teaching, 2000, 37 (1): 26 – 43.

[5] UNESCO. Guidelines and criteria for the development, evaluation and revision of curricula, textbooks and other educational materials in international education in order to promote an international dimension in education [M]. [S. 1.: s. n.], 1994.

[6] Gaus R. Global (Citizenship) education as inclusive and diversity learning in religious education [J]. Journal of Religious Education, 2021, 69: 179 – 192.

[7] Mansilla V B, Jackson A W. Education for global competence: Preparing our youth to engage the world [M]. [s. l.]: ASCD, 2011.

[8] Bryk A S. Musings on the moral life of schools [J]. American Journal of Education, 1988, 96 (2): 256 – 290.

[9] Coatsworth J H. Globalization, growth, and welfare in history [M] // Suarez-Orozco M, Qin-Hilliard D. Globallization: Culture and education in the new millennium. California: University of California Press, 2004.

[10] Bakhtin M M. Response to a question from the Novy Mir editorial staff. Bakhtin M M. Speech genres and other late essays. Austin: University of Texas Press: 1987, 7.

[11] Wei-Ming T. Culture China: The periphery as the center [J]. Daedalus, 1991, 120 (2): 1-32.

[12] Hickman H, Porfilio B J. The new politics of the textbook: Critical analysis in core content areas [M]. Rotterdam: Sense Publishers, 2012: 3.

[13] Hamiliton D L, Sherman S J. Perceiving persons and groups [J]. Psychological Review, 1996, 103 (2): 336 – 355.

[14] Rutchick A M, Hamilton D L, Sack J D. Antecedents of entitativity in categorically and dynamically construed groups [J]. European Journal of Social Psychology, 2008, 38 (6): 905 – 921.

[15] Barreto M A, Gonzalez B F, Sánchez G R. Rainbow coalition in the golden state? [M]//Kun J, Pulido L. Black and brown in Los Angeles. California: University of California Press, 2013: 203-232.

[16] Tagliabue M, Squatrito V, Presti G. Models of cognition and their applications in behavioral economics: A conceptual framework for nudging derived from behavior analysis and relational Frame Theory [J]. Frontiers in Psychology, 2019 (10): 2418.

[17] Kawakami K, Amodio D M, Hugenberg K. Intergroup perception and cognition: An integrative framework for understanding the causes and consequences of social categorization [M] //Berkowitz L. Advances in experimental social psychology. [S. I.]: Academic Press, 2017: 1-80.

[18] Transue J E. Identity salience, identity acceptance, and racial policy attitudes: American national identity as a uniting force [J]. American Journal of Political Science, 2007 (1): 78-91.

[19] Turner R N, West K, Christie Z. Out-group trust, intergroup anxiety, and out-group attitude as mediators of the effect of imagined intergroup contact on intergroup behavioral tendencies: Mediators and consequences of imagined contact [J]. Journal of Applied Social Psychology, 2013, 43: E196-E205.

[20] Nath S. Teacher preparation for the global age: The imperative for change [R]. Silver Spring: Longview Foundation for Education in World Affairs and International Understanding, 2008: 7.

[21] Mansilla V B, Jackson A, Education for global competence: Preparing our youth to engage the world [R]. New York: Asia Society, 2011: 98.

# 附录

## 附录一  山东省济宁市中小学教学中"国际理解"素养落实程度调查问卷

尊敬的老师：

您好！我是首都师范大学教育学院的博士研究生，目前正在进行"济宁市中小学教学对'国际理解'素养培养的落实程度"的调查研究。本问卷旨在了解中小学教师在实际教学工作中对"国际理解"素养培养的落实程度，问卷采用匿名方式，所收集的资料仅用于本研究，绝不泄露您的个人信息，请您根据实际情况如实填写，谢谢您的合作！

联系人：游小云

首都师范大学教育学院

### 一、个人信息统计

| 1. 您的性别 | | | |
|---|---|---|---|
| □男 | | □女 | |
| 2. 您的年龄 | | | |
| □25 岁及以下 | □26—35 岁 | □36—45 岁 | □46 岁及以上 |
| 3. 您的教龄 | | | |
| □3 年及以下 | □4—10 年 | □11—20 年 | □21 年及以上 |
| 4. 您任职的年级 | | | |
| □一至三年级 | | □四至六年级 | □七至九年级 |
| 5. 您的学历 | | | |
| □大专及以下 | | □大学本科 | □硕士研究生及以上 |
| 6. 您的职称 | | | |
| □中小学二级教师 | □中小学一级教师 | □中小学高级教师 | □正高级教师 |
| 7. 您所在学校属于 | | | |
| □城市普通学校 | □城市示范学校 | □农村普通学校 | □农村示范学校 |

(续表)

| 8. 您任职学校所在的地区 | | | |
|---|---|---|---|
| □曲阜市 | □兖州区 | □梁山县 | □邹城市 |
| □嘉祥县 | □泗水县 | □汶上县 | □鱼台县 |
| □金乡县 | □微山县 | □任城区 | □高新区 |
| □北湖区 | | | |
| 9. 是否接受或者讲授过"国际理解"教育相关培训课程 | | | |
| □是 | | □否 | |
| 10. 是否认为"国际理解"素养对人的培养非常重要 | | | |
| □是 | | □否 | |

## 二、教学中"国际理解"素养培养的落实程度调查

落实程度以1~5这5个数表示，即落实程度"非常不好"用1表示，"不好"用2表示，"一般"用3表示，"好"用4表示，"非常好"用5表示。

| 一级指标 | 二级指标 | 具体内涵 | 评价等级 | | | | |
|---|---|---|---|---|---|---|---|
| | | | 1 | 2 | 3 | 4 | 5 |
| 全球意识 | 民族理解 | 1. 在教学过程中，能全面地向学生讲授世界各民族知识、民族平等的意义和原则 | | | | | |
| | | 2. 在教学过程中，引导学生尊重世界各民族文化，帮助学生树立世界各民族文化平等的观念 | | | | | |
| | | 3. 在教学过程中，能积极主动地帮助学生树立世界各民族平等的观念 | | | | | |
| | 人的发展 | 4. 在教学过程中，能充分、准确、全面地向学生讲授关于尊重他人、尊重自己的知识 | | | | | |
| | | 5. 在教学过程中，能引导学生理解人的发展含义，并通过具体事例感知人的发展的重要性 | | | | | |
| | | 6. 在教学过程中，能积极主动地引导学生关注和思考世界范围内人的发展问题，积极主动地帮助学生树立发展自己、发展他人的观念 | | | | | |

(续表)

| 一级指标 | 二级指标 | 具体内涵 | 评价等级 | | | | |
|---|---|---|---|---|---|---|---|
| | | | 1 | 2 | 3 | 4 | 5 |
| 全球意识 | 环境理解 | 7. 在教学过程中，向学生讲解环境对生活的影响，帮助学生养成爱护环境的习惯 | | | | | |
| | | 8. 在教学过程中，能充分、准确、全面地讲述环境污染对世界带来的影响，积极主动地帮学生树立保护环境、低碳生活的意识 | | | | | |
| | | 9. 在教学过程中，能引导学生关注环境污染、气候变暖等国际社会共同面临的全球性问题，帮助学生建立高质量、可持续发展的理念 | | | | | |
| | 人类文化遗产 | 10. 在教学过程中，能向学生详细讲解不同民族、不同国家、不同地域和不同领域均有自己的文化，并结合实例让学生了解文化的多元性；能帮助学生树立理解和尊重其他文化的观念 | | | | | |
| | | 11. 在教学过程中，能引导学生结合实例感受文化的差异性，并引导学生了解造成这种差异性的原因；帮助学生树立珍惜和保护世界文化遗产的意识 | | | | | |
| | | 12. 在教学过程中，能帮助学生了解中国文化发展过程中的重要节点，感受文化融合能够促进发展的历史规律，并帮助学生涵养接纳不同文化的胸怀，树立文化融合的理念 | | | | | |
| | 和平理解 | 13. 在教学过程中，能积极主动地帮助学生学会站在他人的角度思考问题，学会表达自己和体谅他人，学会与人共处 | | | | | |
| | | 14. 在教学过程中，能全面、充分地向学生讲解团结合作的必要性，并通过具体情景或任务帮助学生学会团结、学会合作 | | | | | |
| | | 15. 在教学过程中，能帮助学生借助史实了解战争给世界带来的灾难和创伤，积极培养学生的契约精神，增强学生维护和平、信守和平的意识 | | | | | |

(续表)

| 一级指标 | 二级指标 | 具体内涵 | 评价等级 | | | | |
|---|---|---|---|---|---|---|---|
| | | | 1 | 2 | 3 | 4 | 5 |
| 全球意识 | 联合国体系 | 16. 在教学过程中，能帮助学生了解联合国知识，进行角色认同，让学生感受到自己在不同的集体中角色是不一样的，并帮助学生学会在集体中生活 | | | | | |
| | | 17. 在教学过程中，能充分、准确、全面地向学生讲授关于地球村的相关知识，引导学生认识到世界各国生活在同一个地球上，战争、环境、资源等问题需要全人类共同面对 | | | | | |
| | | 18. 在教学过程中，能帮助学生了解世界各国的状况和发展趋势、国际时事、全球化概念及参与全球经济一体化对国家的影响；能帮助学生认识到人类社会有共同利益和共同价值观，也面临共同挑战与困难，让学生意识到合作共赢是历史潮流，也是现实需要 | | | | | |
| 跨文化对话能力 | 创新能力 | 19. 在教学过程中，启发学生独立思考、积极主动地查找相关资料，并分析各种因素，拟定问题解决方案，提升问题解决能力 | | | | | |
| | | 20. 在教学过程中，引导学生理解多元世界、学会从不同角度理解文化差异，培养学生的创新意识 | | | | | |
| | | 21. 在教学过程中，培养学生在自己的社区、其他社区，以及在作为一个整体的世界里，主动地提出问题和发现问题，并大胆假设、小心验证，进一步提高想象能力和思考能力 | | | | | |
| | 自信能力 | 22. 在教学过程中，培养学生相信自己能独立处理事情的能力，并通过讲授家乡与祖国的发展与壮大，激发学生的荣誉感与归属感，激发学生树立文化自信意识，增强实现中国式现代化的责任感与使命感 | | | | | |
| | | 23. 在教学过程中，引导学生加强国际文化交流，以宽容开放的心态接受各类事物，同时认同中华民族优秀传统文化的优越性 | | | | | |
| | | 24. 在教学过程中，树立学生对为实现特定目标而采取行动的积极信念，培养学生发现、提出、分析、解决问题的能力 | | | | | |

附 录

(续表)

| 一级指标 | 二级指标 | 具体内涵 | 评价等级 | | | | |
|---|---|---|---|---|---|---|---|
| | | | 1 | 2 | 3 | 4 | 5 |
| 跨文化对话能力 | 合作能力 | 25. 在教学过程中，启发学生尊重、倾听他人对世界的看法、观念，向学生渗透个人观点和行为由多种因素决定，因背景与假设不同存在个体差异的理念 | | | | | |
| | | 26. 在教学过程中，培养学生参与集体活动、解释和消除分歧、创造共同联系并实现共同目标所需的能力 | | | | | |
| | | 27. 在教学过程中，引导学生认识在共同任务中合作的价值，培养积极主动的合作态度，增强团队合作的意识 | | | | | |
| | 沟通能力 | 28. 在教学过程中，讲授跨文化背景的文化规范、互动形式和对话方式，培养学生根据实际灵活地调整行为和交流方式的能力 | | | | | |
| | | 29. 在教学过程中，帮助学生形成利用母语之外的至少一种语言与其他国家的人们进行交流并理解其他国家文化的技能 | | | | | |
| | | 30. 在教学过程中，培养学生倾听并与不同的人进行有效沟通的能力，选择适当的技术和媒介手段进行交流的能力，与不同文化背景的人进行开放、得体、有效沟通的能力 | | | | | |
| | 批判能力 | 31. 在教学过程中，培养学生以系统完善和逻辑严谨的方式分析、评估和判断文本、事件等材料的能力 | | | | | |
| | | 32. 在教学过程中，有效地结合世界知识和批判性推理，培养学生运用高阶思维的能力 | | | | | |
| | | 33. 在教学过程中，结合具体生活情境，增强学生的批判性意识，提高学生的批判性能力 | | | | | |
| | 问题解决能力 | 34. 在教学过程中，能够培养学生认真听讲、主动学习、积极思考的习惯，提升学生综合运用自主、合作、探究等方式解决问题 | | | | | |
| | | 35. 在教学过程中，结合具体情境，启发学生创造机会并采取积极有效、可操作性的策略解决问题 | | | | | |
| | | 36. 在教学过程中，培养学生解决在各种国际关系中所产生的问题的能力，使其能够以一种客观的和系统的方式分析冲突，并对这些冲突提出系统的解决方案 | | | | | |

195

(续表)

| 一级指标 | 二级指标 | 具体内涵 | 评价等级 | | | | |
|---|---|---|---|---|---|---|---|
| | | | 1 | 2 | 3 | 4 | 5 |
| 共同体观 | 认识自己 | 37. 在教学过程中，能够引导学生正确认识自己的重要性，引导学生掌握认识自己的途径和方法 | | | | | |
| | | 38. 在教学过程中，引导学生能够客观评价自己，正确自我定位，不盲目羡慕、嫉妒或鄙视他人，并尝试体验尊重自己带来的快乐 | | | | | |
| | | 39. 在教学过程中，引导学生从客观、正确的角度认识自己和客观世界，激发学生的自我内驱力，引导学生朝着更好的方向发展 | | | | | |
| | 认识他人 | 40. 在教学过程中，引导学生掌握认识他人的方法和途径，提供学生相互认识的机会和场所 | | | | | |
| | | 41. 在教学过程中，借助具体情境帮助学生学会换位思考，理解、体谅他人的行为 | | | | | |
| | | 42. 在教学过程中，引导学生在日常生活中要善于欣赏、接纳他人，尊重他人的隐私、人格 | | | | | |
| | 仁爱 | 43. 在教学过程中，积极主动引导学生在人际交往过程中理解他人的立场和感受，并站在他人的角度思考和处理问题 | | | | | |
| | | 44. 在教学过程中，帮助学生形成与他人情感共鸣的能力，培养学生同情弱势群体、助人为乐的精神品质 | | | | | |
| | | 45. 在教学过程中，引导学生逐步形成对他人情绪、情感的感受力和理解力，鼓励学生感受对方的内心世界，体验对方的感受，并作出恰当反应 | | | | | |
| | 责任公心 | 46. 在教学过程中，增强学生我为人人、人人为我的意识，引导学生为他人、国家、世界做一些力所能及的事情 | | | | | |
| | | 47. 在教学过程中，坚持正面引导，加强社会实践，提高学生的执行力 | | | | | |
| | | 48. 在教学过程中，激发学生乐于奉献、敢于担当的精神，培养学生的责任感 | | | | | |

(续表)

| 一级指标 | 二级指标 | 具体内涵 | 评价等级 ||||| 
|---|---|---|---|---|---|---|---|
| | | | 1 | 2 | 3 | 4 | 5 |
| 共同体观 | 开放心态 | 49. 在教学过程中，启发学生以批判质疑、开阔包容的心态了解不同的文化 | | | | | |
| | | 50. 在教学过程中，引导学生了解文化的多样性，引导学生以宽容开放的心态接受外来事物 | | | | | |
| | | 51. 在教学过程中，引导学生接纳不同民族、不同国家的文化，尊重其差异性，培养学生的"国际理解"意识 | | | | | |
| | 世界公民 | 52. 在教学过程中，提倡学生关注国际新闻资讯，帮助学生理解有关世界政治、经济、文化等对世界和生活产生影响的知识 | | | | | |
| | | 53. 在教学过程中，充分、准确、全面地向学生讲授世界各国的状况和发展趋势，以及其对国际社会的影响，提高学生解决全球性问题的能力 | | | | | |
| | | 54. 在教学过程中，启发学生积极参加各种社会实践活动，在活动中学，培养学生的世界公民意识 | | | | | |

## 三、"国际理解"素养培养的教学态度、行为测量

1. 您对"国际理解"素养的概念是否了解
   □非常了解　　　□比较了解　　　□一般
   □不太了解　　　□一点都不了解

2. 您是通过哪种途径了解到"国际理解"素养培养这一概念的【多选题】
   □课程方案或课程标准　　　□相关著作和学术期刊
   □教研活动或学术会议　　　□其他

3. 您认为您不了解"国际理解"素养的原因是【多选题】
   □缺乏了解渠道　　□没兴趣　　　□分数对孩子非常重要
   □工作忙，没时间　□其他原因

4. 您是如何看待在学科教学中培养"国际理解"素养的
   □非常重要　　　□一般　　　□没有必要

5. 您在"国际理解"素养培养过程中遇到的主要困难是【多选题】

☐没有困难 ☐教学条件不足 ☐缺少强有力的指导
☐课时紧张 ☐学生不参与 ☐受中考的压力
☐对"国际理解"素养的具体内涵不够了解
☐认为"国际理解"素养培养不重要
☐教学能力不足 ☐其他

6. 您是否在课堂上渗透"国际理解"相关内容?
　　☐经常　　　　　☐偶尔　　　　　☐从不

7. 您会在教学中应用"国际理解"教育的方法吗?
　　☐经常　　　　　☐偶尔　　　　　☐从不

8. 您备课时会利用"国际理解"相关的教学资源吗?
　　☐经常　　　　　☐偶尔　　　　　☐从不

9. 课后您会布置学生查阅和拓展"国际理解"方面的作业吗?
　　☐经常　　　　　☐偶尔　　　　　☐不会

10. 您如何看待中小学教师接受"国际理解"教育的培训?

_____

_____

# 附录二 山东省济宁市中学生"国际理解"素养养成程度调查问卷

亲爱的同学：

你好！

我是首都师范大学教育学院的博士研究生，本问卷是针对中学生"国际理解"素养养成程度的一项实证调查，问卷包含两个部分，即个人信息统计和"国际理解"能力自评。本问卷采用匿名形式，问卷内容主要是调查中学生"国际理解"能力水平的现实情况，问卷结果只用于学术研究，对你的个人信息绝对保密。请同学们认真完成问卷中的问题，根据你对这些问题的理解如实回答，这对保证我们研究结果的客观性非常重要，谢谢你的大力支持！

联系人：游小云<br>首都师范大学教育学院

## 一、个人信息统计

1. 你的性别

    □男　　　　　　　　　　　　□女

2. 你学习所在的地区

    □曲阜市　　□兖州区　　□梁山县　　□邹城市
    □嘉祥县　　□泗水县　　□汶上县　　□鱼台县
    □金乡县　　□微山县　　□任城区　　□高新区
    □北湖区

3. 你的家庭所在地

    □农村　　　　　　　　　　　□城市

4. 你的学校属于

    □城市普通学校　□城市示范学校　□农村普通学校　□农村示范学校

5. 你是否对"国际理解"内容感兴趣

    □非常感兴趣　　□一般　　　□不感兴趣

## 二、中学生"国际理解"能力自评

填写说明：本部分是中学生"国际理解"素养能力自评量表，请根据你本人的实际情况，从"1、2、3、4、5"中选择一个数进行自我评分，并在数字上打钩（1—非常不符合；2—不符合；3—一般；4—符合；5—完全符合）。

| 一级指标 | 二级指标 | 具体内涵 | 评价等级 | | | | |
|---|---|---|---|---|---|---|---|
| | | | 1 | 2 | 3 | 4 | 5 |
| 全球意识 | 民族理解 | 1. 我了解世界各民族的知识、民族平等的意义和原则 | | | | | |
| | | 2. 我能够尊重世界各民族文化，并认为不同种族和民族都是平等的 | | | | | |
| | | 3. 我已经具备世界各民族平等的观念 | | | | | |
| | 人的发展 | 4. 我已掌握尊重他人、尊重自己的相关知识 | | | | | |
| | | 5. 我已经理解人的发展含义，并知道人的发展的重要性 | | | | | |
| | | 6. 我在生活中能积极主动地关注和思考世界人的发展问题，并已树立发展他人、发展自己的观念 | | | | | |
| | 环境理解 | 7. 我了解环境对生活的影响，并已养成爱护环境的习惯 | | | | | |
| | | 8. 我了解环境污染对世界带来的影响，已经树立保护环境、低碳生活的意识 | | | | | |
| | | 9. 我能够关注环境污染、气候变暖等全球性问题，已经树立高质量、可持续发展的理念 | | | | | |
| | 人类文化遗产 | 10. 我知道不同民族、不同国家、不同地域和不同领域均有自己的文化，明白文化具有多元性，并已经树立理解和尊重其他文化的观念 | | | | | |
| | | 11. 我了解文化具有差异性以及形成差异性的原因，已经树立珍惜和保护世界文化遗产的意识 | | | | | |
| | | 12. 我了解中国文化发展过程中的重要节点，理解文化融合能够促进发展的历史规律，具有接纳不同文化的胸怀，并已经树立文化融合的理念 | | | | | |

(续表)

| 一级指标 | 二级指标 | 具体内涵 | 评价等级 | | | | |
|---|---|---|---|---|---|---|---|
| | | | 1 | 2 | 3 | 4 | 5 |
| 全球意识 | 和平理解 | 13. 我能够站在他人的角度思考问题，能够准确表达自己和体谅他人，能够与人和睦相处 | | | | | |
| | | 14. 我了解团结合作的必要性，并能够团结他人、合作共事 | | | | | |
| | | 15. 我了解战争给世界带来的灾难和创伤，具有契约精神以及维护和平、信守和平的意识 | | | | | |
| | 联合国体系 | 16. 我已掌握联合国知识，清楚自己在不同的集体中角色是不一样的，已经学会在集体中生活 | | | | | |
| | | 17. 我了解地球村的相关知识，知道世界各国生活在同一个星球上，战争、环境、资源等问题需要全人类共同面对 | | | | | |
| | | 18. 我了解世界各国的状况和发展趋势、国际时事、全球化概念及参与全球经济一体化对国家的影响；我认为人类社会有共同利益和共同价值观，也面临共同挑战与困难，合作共赢是历史潮流，也是现实需要 | | | | | |
| 跨文化对话能力 | 创新能力 | 19. 我能进行独立思考，能积极主动地查找相关资料，并能根据资料分析各种因素，拟定问题解决方案 | | | | | |
| | | 20. 我知道什么是多元世界，能从不同角度理解文化差异，具有一定的创新意识 | | | | | |
| | | 21. 我能主动地提出问题和发现问题，并大胆假设、小心验证，具有一定的想象能力和思考能力 | | | | | |
| | 自信能力 | 22. 我相信自己能独立处理事情，我喜欢中国文化并对中国的传统文化充满信心，我要为实现中国式现代化努力学习、贡献力量 | | | | | |
| | | 23. 我能以宽容开放的心态接受各类事物，并认为中华民族优秀传统文化具有优越性 | | | | | |
| | | 24. 我能为实现特定目标而采取积极的行动，并能在发现、提出、分析问题后找到解决问题的最优方法 | | | | | |

(续表)

| 一级指标 | 二级指标 | 具体内涵 | 评价等级 | | | | |
|---|---|---|---|---|---|---|---|
| | | | 1 | 2 | 3 | 4 | 5 |
| 跨文化对话能力 | 合作能力 | 25. 我能尊重、倾听他人对世界的看法、观念,知道个人观点和行为由多种因素决定,存在个体差异 | | | | | |
| | | 26. 我喜欢参与集体活动,能够解释和消除分歧,并能为实现共同目标而努力 | | | | | |
| | | 27. 我知道在共同任务中合作很重要,我会主动与人合作 | | | | | |
| | 沟通能力 | 28. 我已了解跨文化背景下的文化规范、互动形式和对话方式,并能根据实际灵活地调整行为和交流方式 | | | | | |
| | | 29. 我已形成利用母语之外的至少一种语言与其他国家的人进行交流,并理解其他国家文化的技能 | | | | | |
| | | 30. 我已具有倾听和有效沟通的能力,可以选择适当的技术和媒介手段进行交流,可以与不同文化背景的人进行开放、得体、有效的沟通 | | | | | |
| | 批判能力 | 31. 我能以系统完善和逻辑严密的方式分析、评估和判断文本、事件等材料 | | | | | |
| | | 32. 我能有效地结合世界知识和批判性推理,具备一定的运用高阶思维的能力 | | | | | |
| | | 33. 我已具备批判性意识和能力 | | | | | |
| | 问题解决能力 | 34. 我能认真听讲、主动学习、积极思考,并能综合运用自主、合作、探究等方式解决问题 | | | | | |
| | | 35. 我能创造机会,并采取积极有效、可操作性强的策略解决问题 | | | | | |
| | | 36. 我已能够以一种客观的和系统的方式分析冲突,并对这些冲突提出系统的解决方案 | | | | | |
| 共同体观 | 认识自己 | 37. 我能够正确认识自己的重要性,并已掌握认识自己的途径和方法 | | | | | |
| | | 38. 我能够客观评价自己,正确自我定位,不盲目羡慕、嫉妒或鄙视他人,并且已清楚认识到自重的重要性 | | | | | |
| | | 39. 我能从客观、正确的角度认识自己和客观世界,并努力朝着更好的方向发展 | | | | | |

(续表)

| 一级指标 | 二级指标 | 具体内涵 | 评价等级 | | | | |
|---|---|---|---|---|---|---|---|
| | | | 1 | 2 | 3 | 4 | 5 |
| 共同体观 | 认识他人 | 40．我已经掌握认识他人的方法和途径 | | | | | |
| | | 41．我已学会换位思考，并能够理解、体谅他人的行为 | | | | | |
| | | 42．我在日常生活中善于欣赏、接纳他人，尊重他人隐私和人格 | | | | | |
| | 仁爱 | 43．我在人际交往过程中，能够理解他人的立场和感受，并能站在他人的角度思考和处理问题 | | | | | |
| | | 44．我能够与他人情感共鸣，同情弱势群体，喜欢帮助别人 | | | | | |
| | | 45．我能感受对方的内心世界，体验对方的感受，并作出恰当反应 | | | | | |
| | 责任公心 | 46．我已具备"我为人人、人人为我"的意识，希望能为他人、国家、世界做一些力所能及的事情 | | | | | |
| | | 47．我喜欢参加社会实践，具备一定的执行力 | | | | | |
| | | 48．我乐于奉献、敢于担当，具有强烈的责任感 | | | | | |
| | 开放心态 | 49．我能以批判质疑、开阔包容的心态了解不同的文化 | | | | | |
| | | 50．我已了解文化的多样性，能以宽容开放的心态接受外来事物 | | | | | |
| | | 51．我能接纳不同民族、不同国家的文化，能够尊重其差异性，已具备一定的"国际理解"意识 | | | | | |
| | 世界公民 | 52．我经常关注国际新闻资讯，了解世界政治、经济、文化等对世界和生活的影响 | | | | | |
| | | 53．我了解世界各国的状况和发展趋势，以及其对国际社会的影响，正努力提高解决全球性问题的能力 | | | | | |
| | | 54．我积极参加各种社会实践活动，在活动中学，已具备世界公民意识 | | | | | |

# 附录三  山东省济宁市小学生"国际理解"素养养成程度调查问卷

亲爱的同学：

　　你好！

　　我是首都师范大学教育学院的博士研究生，本问卷是针对小学生"国际理解"素养养成程度的一项实证调查，问卷包含两个部分，即个人信息统计和"国际理解"能力自评。本问卷采用匿名形式，问卷内容主要是调查小学生"国际理解"能力水平的现实情况，问卷结果只用于学术研究，对你的个人信息绝对保密。请同学们认真完成问卷中的问题，根据你对这些问题的理解如实回答，这对保证我们研究结果的客观性非常重要，谢谢你的大力支持！

联系人：游小云

首都师范大学教育学院

## 一、个人信息统计

1. 你的性别

　　□男　　　　　　□女

2. 你的学习阶段

　　□一到三年级　　□四到六年级

3. 你学习所在的地区

　　□曲阜市　　□兖州区　　□梁山县　　□邹城市

　　□嘉祥县　　□泗水县　　□汶上县　　□鱼台县

　　□金乡县　　□微山县　　□任城区　　□高新区

　　□北湖区

4. 你的家庭所在地

　　□农村　　　　　　□城市

5. 你的学校属于

　　□城市普通学校　　□城市示范学校　　□农村普通学校　　□农村示范学校

6. 你是否对"国际理解"内容感兴趣

　　□非常感兴趣　　□一般　　□不感兴趣

## 二、小学生"国际理解"能力自评

填写说明：本部分是小学生"国际理解"素养能力自评量表，请根据你本人的实际情况，从"1、2、3、4、5"中选择一个数进行自我评分，并在数字上打钩（1—非常不符合；2—不符合；3——般；4—符合；5—完全符合）。

| 一级指标 | 二级指标 | 具体内涵 | 评价等级 | | | | |
|---|---|---|---|---|---|---|---|
| | | | 1 | 2 | 3 | 4 | 5 |
| 全球意识 | 民族理解 | 1. 我了解我国是一个多民族的大家庭，知道部分少数民族的名称以及主要分布地点，如维吾尔族主要分布在新疆维吾尔自治区 | | | | | |
| | | 2. 我能够尊重各民族文化，了解各民族的饮食习惯，并认为我国各民族都是平等的，没有高低贵贱之分 | | | | | |
| | | 3. 我知道世界各民族人民的生活是联系在一起的，他们可以相互影响，共同进步 | | | | | |
| | 人的发展 | 4. 我了解小学生享有国家规定的正当权利，比如：坐在教室享受教育的权利，保护自己的身体不受他人违法侵犯的权利等 | | | | | |
| | | 5. 我初步理解人的发展含义，养成自尊自信的生活态度，学会平等待人、换位思考、欣赏他人的能力，能做到尊重他人、发展自己 | | | | | |
| | | 6. 我在生活中能积极主动地关注和思考世界人的发展问题，这种权利不会因民族或国籍而有所不同。每个人的生命、财产、自由和尊严都应当得到保全 | | | | | |
| | 环境理解 | 7. 我了解环境污染会让人生病，并已养成爱护身边环境的习惯，如不乱扔垃圾 | | | | | |
| | | 8. 我热爱并尊重自然，能自觉保护环境、爱护动物，将垃圾进行分类，具有绿色生活和可持续发展理念并做出行动，如没有疫情的时候，我会提醒家人少开汽车，多乘坐公共交通工具 | | | | | |
| | | 9. 我积极关注环境污染、气候变暖等全球性问题，并树立人与自然要和谐相处的理念 | | | | | |

(续表)

| 一级指标 | 二级指标 | 具体内涵 | 评价等级 | | | | |
|---|---|---|---|---|---|---|---|
| | | | 1 | 2 | 3 | 4 | 5 |
| 全球意识 | 人类文化遗产 | 10. 我知道不同民族、不同国家、不同地域和不同领域都有自己的文化 | | | | | |
| | | 11. 参观文物古迹时,我不随意攀爬、涂画,保护文物古迹不受损坏 | | | | | |
| | | 12. 我了解中国文化发展的重要历程,知道宣传本地区文化和学习借鉴周边城市文化能够促进发展 | | | | | |
| | 和平理解 | 13. 我能看到别人的优点和长处,并及时向他(或她)学习;当和别人产生矛盾时,我能理解对方发脾气的原因,并化解矛盾 | | | | | |
| | | 14. 我了解团结合作的必要性,能够与他人平等地交流与合作,并建立良好的同伴关系 | | | | | |
| | | 15. 我了解战争会让很多战士牺牲自己的生命,我希望所有的国家都不要打仗,全世界人民和平共处 | | | | | |
| | 联合国体系 | 16. 我初步了解联合国知识,清楚自己在不同的集体中角色是不一样的,正在学习如何在集体中参与决策、承担责任 | | | | | |
| | | 17. 我知道世界各国生活在同一个星球上,每一个国家的战争、环境、资源等问题都会影响地球上的所有人 | | | | | |
| | | 18. 我关心身边公益事业,了解国际大事,经常参与力所能及的社区公益活动和学校组织的志愿者服务活动 | | | | | |
| 跨文化对话能力 | 创新能力 | 19. 我能进行独立思考,在家务劳动、学校劳动和社会实践中,会主动想办法把劳动完成得更好 | | | | | |
| | | 20. 我知道什么是多元世界,不同的世界文化意识形态是多样的,我能从不同角度理解文化差异,具有一定的创新意识 | | | | | |
| | | 21. 我能主动地提出问题和发现问题,并想出不一样的办法解决自己遇到的问题 | | | | | |

（续表）

| 一级指标 | 二级指标 | 具体内涵 | 评价等级 | | | | |
|---|---|---|---|---|---|---|---|
| | | | 1 | 2 | 3 | 4 | 5 |
| 跨文化对话能力 | 自信能力 | 22. 我相信自己能独立处理事情，喜欢中国文化，并为中华民族创造的文明成就感到自豪 | | | | | |
| | | 23. 我能以宽容开放的心态接受各类事物，做事有耐心，能够在克服困难中增强自信心 | | | | | |
| | | 24. 我能为实现特定目标而采取积极的行动，并立志为实现基于国情的中国特色努力学习、贡献力量 | | | | | |
| | 合作能力 | 25. 我能尊重、倾听他人对世界的看法、观念，知道个人观点和行为存在个体差异 | | | | | |
| | | 26. 我喜欢参与班级和学校组织的活动，我喜欢分享自己成功的经验 | | | | | |
| | | 27. 我知道在共同任务中合作很重要，我会积极主动与人合作 | | | | | |
| | 沟通能力 | 28. 我能够清楚地表达自己的感受和见解，乐于倾听他人的意见，学会团结和包容，能够有礼貌地与别人交往 | | | | | |
| | | 29. 我正努力掌握英语使用技能，可以与其他国家的人进行交流并了解其他国家的文化 | | | | | |
| | | 30. 我已具有倾听和有效沟通的能力，可以选择适当的方法与不同文化背景的人进行开放、得体、有效的沟通 | | | | | |
| | 批判能力 | 31. 面对一些事情时，我能判断这件事自己能不能处理好 | | | | | |
| | | 32. 遇到一件事时，我会同时思考这件事带给我的好处和坏处分别是什么，并且勇于挑战难度大的任务 | | | | | |
| | | 33. 我敢于提出自己的不同观点，并说明理由 | | | | | |
| | 问题解决能力 | 34. 我能养成良好的学习习惯，找到了适合自己的学习方法；遇到问题时，我会先自己思考，再想别的办法，直到问题得到解决为止 | | | | | |
| | | 35. 我不怕困难，遇到困难我会积极思考，乐于想出不一样的方法解决问题 | | | | | |
| | | 36. 我能在对事物进行观察、比较、分析、概括、判断等的基础上，采用科学的逻辑方法，解决简单的实际问题 | | | | | |

(续表)

| 一级指标 | 二级指标 | 具体内涵 | 评价等级 | | | | |
|---|---|---|---|---|---|---|---|
| | | | 1 | 2 | 3 | 4 | 5 |
| 共同体观 | 认识自己 | 37. 我知道自己的优点和缺点，知道如何保护自己，远离伤害 | | | | | |
| | | 38. 我善于自我反思，有较强的自制力，不随便发脾气，受到挫折不气馁 | | | | | |
| | | 39. 我在学习和生活中能发扬自己的优点，并不断改正自己的缺点，努力朝着更好的方向发展 | | | | | |
| | 认识他人 | 40. 我能够在与别人的交往中发现别人的优点和缺点，并已学会学习别人的优点，同时借别人的缺点提醒自己 | | | | | |
| | | 41. 当我请求帮助而别人不愿意帮助我的时候，我知道他（或她）是有难处的，不会生气 | | | | | |
| | | 42. 我在日常生活中善于发现别人的优点，也知道谁都有缺点；当别人告诉我他（或她）的秘密时，我不会告诉别人 | | | | | |
| | 仁爱 | 43. 我在人际交往过程中，能够换位思考，并能站在他人的角度思考和处理问题 | | | | | |
| | | 44. 我同情弱势群体，真诚友善，能理解别人的难处，并喜欢帮助别人 | | | | | |
| | | 45. 当我听到别人的高兴事时，我也会很高兴；当我听到别人的伤心事时，也会很难过 | | | | | |
| | 责任公心 | 46. 我已具备"我为人人、人人为我"的意识，希望能为他人、为集体做一些力所能及的事情 | | | | | |
| | | 47. 我喜欢参加学校的学雷锋活动，也喜欢为社区做一些力所能及的事，并能感受到快乐 | | | | | |
| | | 48. 我乐于奉献、敢于担当，具有强烈的责任感 | | | | | |
| | 开放心态 | 49. 我希望了解别的民族和国家的人是怎么生活的 | | | | | |
| | | 50. 对于我没见过的东西，我不会排斥，我会慢慢了解它，接受它，甚至喜欢它 | | | | | |
| | | 51. 我能接纳不同民族、不同国家的文化，能够尊重其差异性，对国际事务具备一定的认识和了解 | | | | | |

(续表)

| 一级指标 | 二级指标 | 具体内涵 | 评价等级 | | | | |
|---|---|---|---|---|---|---|---|
| | | | 1 | 2 | 3 | 4 | 5 |
| 共同体观 | 世界公民 | 52. 我热爱集体，关心国家大事，热爱我们的祖国 | | | | | |
| | | 53. 我经常关注时事，了解部分国家的状况和发展趋势，能根据规则积极参与校园实践活动 | | | | | |
| | | 54. 我积极参加各种社会实践活动，在活动中学，已具备世界公民意识，能将个体的行为与责任放大到全球中去考量 | | | | | |

# 附录四  山东省济宁市中小学生"国际理解"素养培养的访谈提纲

亲爱的老师：

您好！

我是首都师范大学教育学院的博士研究生，本访谈是针对山东省济宁市中小学生"国际理解"素养培养现状的一项实证访谈，主要有四个问题。访谈结果只用于学术研究，对您的个人信息绝对保密。请您认真完成访谈中的问题，您对这些问题的真实回答，对保证我们研究结果的客观性非常重要，谢谢您的大力支持！

联系人：游小云

首都师范大学教育学院

我们学校开展"国际理解"素养培养活动吗？如果是继续访谈。

1. 我们学校"国际理解"素养的培养目标是什么？
2. 我们学校"国际理解"素养的培养内容是什么？
3. 我们学校"国际理解"课程的主要做法是什么？
4. 我们学校"国际理解"素养培养最大的困难是什么？

# 附录五  山东省济宁市中小学生"国际理解"素养评价量表

| 一级指标 | 二级指标 | 目标表述 |
|---|---|---|
| 全球意识 | 民族理解 | 理解平等和民主原则，了解这些原则是所有民族平等、生活、自由和自决权利信念的基础 |
| | 人的发展 | 使学生认识到人无关性别、种族、肤色、宗教、语言、财产、社会地位，均是平等的，具有基本的发展权利。使学生理解并尊重他人、自己；理解人的发展含义，感知人的发展的重要性；关注和思考世界人的发展问题，树立可持续发展理念 |
| | 环境理解 | 使学生从全球角度理解因追求无节制的发展而导致的生活品质与环境问题的危害，思考环境、资源与未来社会，培养可持续发展的实践态度 |
| | 人类文化遗产 | 通过对他国、他地区文化的探究，理解文化的多样性与普遍性，学习理解他文化的方法，使学生作为全球公民为我国文化和人类文化发展作出贡献 |
| | 和平理解 | 使学生理解因战争、暴力、贫困、压制、歧视等造成的冲突与纷争，以及它所造成的威胁与严重性，认识到日常生活中的非和平现象，探索非暴力、和平解决冲突的可能方法，培养积极参与促进地区与人类和平活动的态度 |
| | 联合国体系 | 理解急剧发展的全球化带来的积极、消极影响，培养全球公民的素养与素质，以促进个人、集体、国家与国际社会之间的相互交流与合作。培养全球视野与国际意识，培养作为中国人积极活跃在世界舞台上的态度 |
| 跨文化对话能力 | 创新能力 | 使学生独立思考，积极主动地查找相关资料，并分析各种因素，拟定问题解决方案，提升问题解决能力，理解多元世界，学会从不同角度理解文化差异、培养创新意识，主动地提出问题和发现问题，并大胆假设、小心验证，进一步提高想象能力和思考能力 |
| | 自信能力 | 能够清楚并自信地与他人交流，培养自己为实现特定目标而采取行动的积极信念，以及对自己能够理解问题、能够选择完成任务的适当方法、成功地克服障碍和在世界上有所作为的信心 |
| | 合作能力 | 能够欣赏在共同分担的任务中合作的价值，并且能够为了一个共同的目标与其他的个人和团体进行协作 |

(续表)

| 一级指标 | 二级指标 | 目标表述 |
| --- | --- | --- |
| 跨文化对话能力 | 沟通能力 | 能够使用母语之外的至少一种语言，来帮助自己与其他国家的人们进行接触并理解其他国家的文化 |
| | 批判能力 | 能够以一种开放和批判的心态了解各种问题，并且在面对新的、合理的证据时愿意改变自己的观点，能够识辨和挑战偏见思想的灌输和宣传 |
| | 问题解决能力 | 能够以一种客观的和系统的方式分析不同的冲突，能够对这些冲突提出系列的解决方案，并能够适当地实施解决这些冲突的方案，能够使用一种跨学科的解决问题的方法 |
| 共同体观 | 认识自己 | 理解尊重自我的目的是尊重他人，对自己的思想、信仰、感情和动机以及自己的文化归属和对世界的看法进行批判性理解 |
| | 认识他人 | 尊重他人，尤其是那些来自不同国家的、具有不同文化和家庭背景的人，能够敏感且设身处地感受别人的观点和感觉或心情，尤其是那些属于不同于他们自己的团体、文化和民族的人 |
| | 仁爱 | 理解他人的立场和感受，并站在他人的角度思考和处理问题，形成与他人情感共鸣的能力，培养学生同情弱势群体、助人为乐的精神品质，引导学生逐步形成对他人情绪、情感的感受力和理解力，鼓励学生感受对方的内心世界，体验对方的感受，并作出恰当反应 |
| | 责任公心 | 尊重自然环境，以及环境中容纳生命的所有地方，并应当对地方的和全球的环境具有责任感 |
| | 开放心态 | 愿意以批判且开阔的心胸了解各种不同的信息资源、人们和事件 |
| | 世界公民 | 培养一种对共同关心的问题的真正兴趣和奉献意识，并且在全球层面上寻求这些问题的解决办法 |

# 后 记

## "苦日子"中有"甜科研"

致谢可能不是句号,而可能是感叹号;致谢也可能不是感叹号,而可能是省略号……致谢到底是什么?

法国著名哲学家、思想家和教育家卢梭曾说过:"我们生来就是弱者,所以需要力量;我们生来无助,所以需要帮助;我们生来无知,所以需要理性。一切我们生来不具备的才能,一切我们成长的必需因素,都来自教育的馈赠。"

论文接近尾声,我曾经不止一次地在心里酝酿这篇致谢之词。然而,当提笔作结时,却发现无从下笔。44年的人生经历和26年的从教经历,一幕幕在脑海中回旋,将我带回人生的几个难忘时刻。

1980年10月,我出生于江西省乐安县的一个小山村。那时候,家里很穷很穷,我4岁就开始帮家里放牛、收谷子、做农活、带弟妹……打从上小学起,父母就叮嘱我要好好读书,跳出农门,长大做一个有出息的人。

15岁,我考取中等师范学校;18岁参加工作,成为一名小学数学教师;22岁成家,23岁时我家谦谦出生。为了改变生活面貌,让妻儿过上好日子,我多次外出求职,2005年8月下西南入职昆明南洋国际学校,2006年8月又东进福清西山国际学校,2007年北上入职苏州外国语学校,一家三口才定居在苏州这个美丽的城市。来到苏州,我才进入真正意义上的教育教学研究,先后获得江苏省第二届小学数学青年教师基本功二等奖,9次获得市、区评优课、基本功、素养大赛、网络教研等各类比赛一等奖第一名。各级各类的技能比赛极大提升了我把握课堂教学的能力。

2014年7月,我第一次做校长,在伦华教育创始人、总校长曹伦华先生的提携下,创办泰州市第一外国语学校。2019年8月,又创立济宁高新区蓼河新城外国语学校,再次成为首任校长。创校的艰辛,唯有经历者才有深刻体会。2023年12月，被评为正高级教师。2024年2月，被评为"济宁名校长"。每一个成长收获的喜悦，都来自科研结出的幸福之果。

回首自己的求学之路，也是一部多幕剧。1997年，我开始自学汉语言文学和英语两个专科学历。自学英语纯属是个人兴趣。那时候，中等师范学校不学英语，没有想到在考研究生和博士生时却派上大用场，印证了老子"无用之用，方为大用"的人生哲理。接着自学汉语言文学和数学与应用数学两个本科学历，获得理学学士学位。之后在职学习教育和工商企业管理，获得硕士研究生学位。最后求学于首都师范大学教育学院，成为学校课程与教学论专业教育博士。

多年的求学之路和从教之路，我吃过很多苦，更享受到很多甜，让自己一直坚持下来的密码就在于"喜欢琢磨教育科研"。

在我看来，这篇博士论文是一段学习的总结，更是开启下半生学习阶段的新起点。

我常常思考：如何善待我的学生，做一个合格的老师？如何善待我的教学，做一个永葆激情的追梦人？如何善待我的家人，正确处理家庭和事业的关系，做一个有情有义的人？如何善待我的事业，做一个匠气十足的教书匠？如何善待我的教育科研和专业成长，在思考中不断前行？……想着想着，就明白人是要有想头的，要成为精神高贵富足的人。

作为一名草根博士研究生，我很高兴地看到自己的博士论文慢慢成长。记得我的师父、全国著名特级教师华应龙说过："读书学习就像怀孕，时间久了，总能看得出来。"每每想到最初确定"'国际理解'素养培养"这个选题的时候，我不禁一阵阵欣喜。在写这篇博士论文的过程中，我迷茫过、彷徨过、困惑过，而每当求而不得感到困惑时，又常常想要退却、放弃，这是一个不断地自我怀疑、自我否定的历程，也是一个需要不断地自我挑战和自我超越的历程，更是一个不断地自我发展、自我成长的历程。

感谢我的博士生导师张增田教授，您自始至终的支持使我不敢懈怠、不敢放弃，怕有负导师您的期待。"要时刻记住，你是一位博士，要饱有科研思维。"导师，您的这句话深深印刻在我的脑海中。在每每遇到困难、想要消极退却的时候，您坚定而强有力的精神力量总使我挺起胸膛、打起精神、深入思考，用有限的时间投入无限的科研思考中去。感谢我的导

## 后 记

师，为我树立了人生的坐标。

感谢我的师父华应龙先生，您以"化错养正"的育人主张和理念始终践行自己的教育理想并引领我进入数学教育的神奇殿堂。您的"化错教育"深深地影响我，让我总是发出感叹：小学数学还可以这么教？为什么我没有想到……

感谢伦华教育创始人、总校长曹伦华先生，您对教育的执着和对工作的创新必将对我今后的教育人生产生积极的影响。感谢伦华教育，感谢我为之奋斗过的教育热土，您是我生命成长中的重要驿站。

感谢首都师范大学，感谢您引领我一路为学为师、求实求新……

感谢给我们上课的石鸥教授、蔡春教授、朱晓宏教授、王攀峰教授、郜舒竹教授、陈正华教授、胡萨教授……

感谢岳文岚、张亚、马兰、赵娜、李栋、平悦、何孟轲等同门的打气，感谢王润、陈国秀、张奂奂、关成刚等师兄师姐的鼓励……

感谢石力刚、马宁、白显达、王颖忆、杜荀荀、郑岳、朱苓云、魏明慧等同事的建议和帮助，也感谢孙超、张华君、蔡丽蔓、王太平、孙静、孙怡然、张梦瑶、王秋实、吴清华等同事提供的教学案例或助力……

还要感谢生养我的父母和岳父、岳母，是你们全身心地教育我成人成才，要善待自己的学生，做一个学生喜欢的好老师。你们勤俭节约的品质让我明白，唯有勤奋拼搏才有可能改变命运……

最后，更要感谢我的妻子黄明英女士和儿子游致谦，是你们给了我自由驰骋的天空，让我把主要精力花费在求学求新、为学为师的修行之路上；是你们对我的信任在我心底打下了最自信的底色，让我不断超越自我、自强不息、追求完美。你们是我一生中永远的靠山和后盾，让我明白生命的意义在于理解他人、彼此成就、利他利己……

有你们真好！真好真好……

大道思远、大道至简、大道不孤……